公共關係

王 德 馨 著
俞 成 業

王 德 馨

學歷：國立東北大學法學士

經歷：中興大學、東吳大學、文化大學、
淡江大學、銘傳管理學院教授、
考試院考試委員

現職：交通大學管理科學研究所教授
中國公共關係協會常務監事

俞 成 業

學歷：國立成功大學管理學士
國立交通大學管理科學碩士

經歷：高等考試、乙等特考及格，
國營事業機關公職

現職：電信訓練所公共關係、管理講座

三 民 書 局 印 行

ISBN 957-14-0077-7 (平裝)

公共關係 ©

編著者　王德馨
　　　　俞成業
發行人　劉振強
著作財產權人　三民書局股份有限公司
發行所　三民書局股份有限公司
　　　　地址／臺北市復興北路三八六號
　　　　電話／五○○六六○○
　　　　郵撥／○○○九九九八──五號
印刷所　三民書局股份有限公司
門市部　復興店／臺北市復興北路三八六號
　　　　重慶店／臺北市重慶南路一段六十一號
版次　中華民國六十四年十一月初版
　　　中華民國八十四年八月三版
編號　S 57087

國立中央圖書館出版品預行編目資料

公共關係／王德馨，俞成業編著．--三
　版．--臺北市：三民，民84
　面：　公分
　參考書目：面349-352
　ISBN 957-14-0077-7 (平裝)

1.公共關係

541.84

序

　　公共關係是一種管理哲學，為科學與藝術的結合，它與一切企業的管理問題融合交織在一起，其職能在衡量社會大眾的態度，測驗個人或企業組織的政策是否與公眾利益相符合，並按計劃、組織、協調、執行、分析之管理過程循環，逐步施行，並採取種種措施來贏得社會的好評與諒解。

　　本書從公共關係的理念闡述，進入公共關係的管理功能，包括意見溝通、行銷與廣告、調查研究、大眾傳播、企業形象等。

　　並且傳統式地界定公共關係的範圍，包括對內員工關係、對外股東和顧客關係、社會團體關係、政府關係、教育界關係和對新聞界的關係。

　　以新穎的管理技術來探討公共關係的實施程序，包括研究技術、計劃程序和回饋與評估。

　　為實際探討公共關係的活動，提出幾件國內的公共關係個案實例研究，包括組織溝通的實例、危機事件處理的實例，和國營事業之公共關係行銷活動及公共關係研討會的實例探討。

　　美國的公共關係推行歷史悠久，績效顯著。本書亦提出美國的企業界推行公共關係的現況及實效，包括社會責任強化、環保及公害問題的處理、消費及保護主義、城市問題及社會環境、國際社會的公共關係等範疇。

　　最後提出我國公共關係的未來展望和新方向作為本書的結語。

　　著者多年來在各大學院所及公民營訓練機構講授公共關係及管理有

關學科，對公共關係的理論架構和實務探討，中外學說與制度兼採，理論與實務並重，乃將授課教材及各相關實例資料，編撰成輯，均為著者潛心研討的心得，藉供教學、訓練及機關與公民營企業機構管理業務之參考。惟自維譾陋，難免疏誤，尚祈賢達，不吝賜正。

　　本書出版，乃承應三民書局劉董事長振強邀約撰著，敬誌謝忱。

王　德　馨
俞　成　業　謹　識

中華民國七十九年八月

公共關係　目次

第五章　公共關係專業化

第二篇　公共關係的管理功能

第六章　公共關係與意見溝通

第七章　公共關係與行銷

第八章　公共關係與廣告

第九章　公共關係與調查研究

第十章　公共關係與大衆傳播

第十一章　公共關係與企業形象

第三篇　公共關係的範圍

第十二章　對內員工的關係

第十三章　對外的股東關係

第十四章　對外的顧客關係

第十五章　對社會團體的關係

第四篇　公共關係的實施程序

第十九章　公共關係與研究

第二十章　公共關係的研究技術

第二十一章　公共關係的計劃

第二十二章　公共關係的回饋與評估

第五篇　公共關係的實例研究

第二十三章　組織內部溝通的實例

第二十四章　電信公共關係行銷活動的實例

第二十五章　電信公共關係研討會實例
第二十六章　危機事件處理的實例

第六篇　公共關係的未來趨勢

第二十七章　社會責任觀念的強化

第二十八章　環境保護及公害問題的處理

第二十九章　消費者權益及保護主義擡頭

主要參考書目

第 一 篇
公共關係的理念

第一章　公共關係的意義

　　每種事業都不能脫離其他事業，需和他人交往，才能繁榮；必須接近羣衆，才有發展。

　　在中國歷史傳統有關公共關係者，最早爲周公制禮作樂，逐漸構成中國幾千年傳統的倫理道德，孕育了現代的公共關係。

第一節　何謂公共關係

　　公共關係就是「公誼」。「公誼」卽代表人人良好的關係。有人說是管理的智能和企業的哲學，有人說是交往傳播的活動，又有人說是在適當的時機，用適當的方法作適當的事。

　　具體來說，公共關係是哲學、科學、又是藝術，是綜合性的社會科學。因其哲學是企業的哲學，科學是社會的行爲科學，藝術是人性的藝術。其作用是促進個人與個人之間、團體和個人之間、社會和區域之間、團體和團體之間各種關係的協調。

　　協調是自由社會人類進步的一種動力，共黨國家沒有公共關係可言。公共關係乃是講求人性的尊嚴，採用科學的民主式來協調社會關係的一種知識，也就是社會工程學，是研究人羣關係的工程學。是建立善言，使事業和大衆維持良好的關係。是以公衆利益爲前提，以諒解信任

爲目標，以配合協調爲手段，以服務羣衆爲方針，以事業發展爲目的。

公共關係代表民主的精神，也提示科學的方法。是研究整個人類社會活動關係的科學，是綜合性的社會科學。

第二節　何謂公共關係學

公共關係，是英文 Public Relation 的直譯。望文生義，公共關係便是和公衆發生關係的意思。

人不能離羣獨居，所以任何一個人，都脫離不了和公衆的關係。在家庭有和父母兄弟姊妹的關係，在學校有和師長同學的關係；其他如里鄰的關係、親屬的關係、僚友的關係等等不勝枚舉。

不過個人與公衆之間的關係，是線的關係，比較單純。一般也不能把它叫做公共關係，而叫做人際關係。現在大衆所稱的公共關係，乃是指一個機關、一個企業、一個團體和公衆之間的關係而言，就規模而言，要比人際關係大得多，就內容言也要比人際關係複雜得多。

其次，公共關係並不是單純講與公衆之間的關係，而是有一個目的，那便是要有良好的關係。以人來說，和公衆相處，有的人緣好，有的人緣壞。人緣好的便是公共關係好；人緣壞的，便是公共關係不好。機關、企業、團體也是一樣。

所以所謂公共關係學，就是講求與公衆保持和促進良好關係的學問。不用說，有了良好的關係，工作業務就可順利進行。

當然，良好的公共關係，是任何個人、機關、企業或團體所追求的，但是如何達到這個目的，卻並不簡單。尤其在現代社會中，機關、企業、團體規模這麼大，如果與公衆的關係不好，得不到善意的瞭解和共同的支持，其後果會十分嚴重。所以近代的公共關係已經成爲一門學

間，由專家從事研究；所以公共關係學，正是這種以爭取公衆善意和瞭解爲目標的專門學問。

第三節　公共關係的涵義

公共關係的起源可溯至一九〇六年美國艾維・李 (Ivy Lee) 受聘爲賓州鐵路公司 (Pennsylvania Railroad Corporation) 開始，李氏原爲宣傳家，對公共關係有獨到的見解，他認爲：（一）公共關係的主旨在於「企業人性化」，把公共關係推展到員工、顧客、股東及社會大衆。（二）推行公共關係的主管，應只對企業的負責人負責，如企業負責人不積極支援或親自參與其事，公共關係工作必難以收到實效。

李氏離開賓州鐵路公司以後，一九一六年在紐約開設公共關係事務所，於是公共關係始成爲專門的職業，在此期間，少數有遠見的企業家亦在其企業組織中設立公共關係部門，例如美國電報電話公司的公共關係做得首屈一指。至一九二九年世界經濟不景氣時，公共關係始普遍爲企業界所重視，公共關係正式成爲企業機構的一部門，許多企業家均致力推行公共關係政策，至第二次世界大戰期間，公共關係已成爲大多數企業組織中的一個重要部門。企業競爭越激烈，對社會大衆的意向也越注意，企業家非但要注意羣衆意見的研究，也公認企業的政策與活動均須隨時視大衆的態度加以調整。

公共關係的涵義嚴格說來尚無定論，但經美國全國公共關係專家所組成的委員會，就公共關係定義徵詢二千餘位公共關係專家的意見，歸納成一些較有代表性的定義：

《韋氏國際辭典》(*Webster's New International Dictionary*) 爲公共關係所下的定義如下：

一、促進個人、企業、機構與其他個人、特定的羣衆或社區民衆
　　之友好關係; 採用之辦法為: 分發宣傳品, 增進彼此瞭解,
　　重視羣衆反應等等。

二、1.個人或團體獲得羣衆瞭解及友好關係之狀況及程度。
　　2.為了建立良好關係所運用之技巧。

三、1.發展相互瞭解及友好的一種藝術或科學。
　　2.從事此項工作之專業人員。

　　以上的定義是公共關係定義中較為完備的一個。因為它包括: (一)
一個機構和它羣衆之間的關係。(二)這種關係的品質, 即好的或壞的公
共關係。(三) 公共關係的活動。(四) 公共關係為一門學問。(五) 從事
公共關係工作之人員。其內容甚為週詳, 而且切合公共關係的內涵。

　　國際公共關係協會所下的公共關係定義如下:

　　公共關係為一種管理上的職能, 它具有長期計劃的特性, 公私機
　　構以此贏得並保持有關羣衆之瞭解、同情及支持, 即是衡量羣衆
　　的意見。本機構之政策及措施應儘量與之配合, 利用有計劃的及
　　大量的傳播資料, 以爭取建設性之合作, 獲致共同之利益。

　　美國公共關係新聞 (Public Relations News) 提出一個定義,
亦普遍為人所採用:

　　公共關係具有管理上之職能, 以之測定羣衆態度, 查驗一個人或
　　團體之政策以及各種措施是否與羣衆利益相符合。同時實施各種
　　計劃, 以爭取羣衆之瞭解與同情。

　　上述定義指出公共關係專業人員的任務為: (一)測定羣衆意見,
(二) 對管理當局提供處理羣衆意見的有關方法, (三) 運用傳播工具以
影響羣衆意見。

　　艾默生・雷克 (W. Emerson Reck) 認為:

公共關係是一種現象，以及意見溝通的技巧，這種現象牽涉到某一組織與其內部與外部份子的接觸；內部份子為該公司的員工，外部份子為特定的或一般性的大眾。該組織與大眾的關係是好是壞，決定於大眾對這個組織的態度，而大眾的態度又取決於大眾對這個組織的瞭解程度。

希代爾 (J. C. Seidle) 說：

公共關係是一個繼續不斷的過程，在此過程中，管理部門努力設法獲致顧客職工及一般社會大眾的諒解與信譽，對內採取自我分析及糾正，對外運用各種表現方式。

公共關係是一種管理哲學，在所有決策和行動上，都以公眾的利益為前提，此項原則應釐訂於政策中，向社會大眾闡揚，以獲得諒解及信譽。

歸納以上的看法，公共關係的操作定義有三：

一、公共關係是一種管理制度和企業哲學、是一種人性的藝術，因它可促進個人與個人、團體與團體、團體與個人以及區域與個人之間的協調與溝通。

二、公共關係是研究人羣關係的工程學，它是建立在善意依賴的基礎上，達成社會與人羣合為一體的互動目標。

三、公共關係不只是宣傳，也是一種管理的職能，它要負責測驗大眾的意見，使企業政策能符合公眾的利益。

第四節　公共關係的功能

根據上節所列舉的公共關係定義可以顯出公共關係的功能有分析、計劃、組織、協調、執行等。茲說明如下：

一、分 析

分析一個機構的政策及目標，分析這個機構與所有羣衆之間的關係，包括員工、顧客、經銷商、股東、財政金融界、政府、新聞界，並應不斷的研究，以保持這種分析資料不致於陳舊。

二、計 劃

擬訂各種行動的計劃，以達成目標，在此計劃中，需要採用各種公共關係的技巧，並對羣衆從事傳播。

三、組 織

是指設計一套辦法，使各項公關活動彼此協調、配合。使公共關係的結構建立起一套工作與職權的關係。使各項公關的工作可以按計劃執行及協調。

四、協 調

公共關係最主要的功能就是協調，藉着對內及對外的意見溝通，達到協調上下、溝通左右的目的。

五、執 行

執行公共關係計劃，是利用所有對內對外的各種途徑從事傳播，以爭取羣衆之了解，並促使其採取於我有利之行動。

有許多專家學者對於公共關係的功能也有所解釋：

一、公共關係就是先要使自己好，然後才會因而受到益處。

二、公共關係是百分之九十要靠自己做得對，百分之十才靠宣傳。

三、現代公共關係是一個各種有關政策與行爲之計劃性的方案，它能建立公衆信心，並增進公衆瞭解。

四、公共關係旨在求取對某些產品、理想或人員發生好感的活動，以期最後能增加銷路。

五、公共關係爲分析人事、制度或大衆團體間的情勢，其目的在於對此情勢予以改進。

六、公共關係是一種聯絡機構，旨在促進社會人士與工業之間的好感。

七、公共關係是一種藝術和科學，旨在使你所代表的人或產品獲得社會大衆的最好印象。

八、公共關係是旨在推廣銷路的活動。

九、公共關係在於使我們同儕人士發生覺察意識。

十、公共關係是要替那些打算推銷商品、制度或任何事物的人士改進及維持社會大衆的善意。

十一、公共關係是一種處理社會中個人間相互接觸的活動。

十二、公共關係是代表某一機構向大衆求取最好印象的所有活動的綜合。

十三、公共關係是一種以推銷產品爲最終目的的活動。

十四、公共關係是研究如何與人們相來往的一門學問。

十五、公共關係多少是一種強力推銷活動；它完全是一種銷貨術。

十六、公共關係是一種把他本人及理想推銷給大衆的方法。

十七、公共關係是調查人類的需求、愛好與厭惡，並把這種知識與學術應用在一個團體、機構或制度的對人類關係的活動中，以求取成功的推進工作。

十八、公共關係是促進善意的活動和工具。

十九、公共關係是一種方法，用來把個人的人格或他的產品介紹給其他人士。

二十、公共關係是一種應用到商業上的藝術，其最終目的在於推廣銷路。

二十一、公共關係是新聞學的一部分，它是一種研究如何與人相處的藝術。

二十二、公共關係是要研究那些大眾要某一種產品，以及如何把這種產品向他們推銷。

二十三、公共關係就是推銷，是讓大眾對你的商店有好感。

二十四、公共關係乃是任何企業與一般大眾之間的媒介。

二十五、公共關係是一種技術，此種技術係在激發大眾對任何個人或組織之瞭解而使之發生信仰。

綜合以上公共關係的功能定義及解釋，可定出公共關係的功能架構圖（如圖一）。

在今天的社會中，人與人、機構與機構間相互依賴，個人（或機構）受到公眾的益處，同時他也該對公眾負有責任．因此社會責任（social responsibility）在公共關係的管理功能方面逐步成形，一個機構採取公共關係的觀點就是承認它的社會責任。

由於機構之龐大，因此它需要雇用各種專門人才來協助管理，公共關係就是其中重要之一環；同時公共關係也逐漸發展為一行專門職業，它有一套完整的理論體系和技術水準，可以勝任各種管理功能，就如圖一所示，包括意見溝通、行銷及廣告、調查研究、大眾傳播與企業形象等管理功能，將於本書第二篇中詳細分章敘述。

廣義的公共關係是高階層管理當局的責任，而不是公共關係部門專業人員的責任，公共關係專家只是被雇來協助管理當局，而不是來擔負

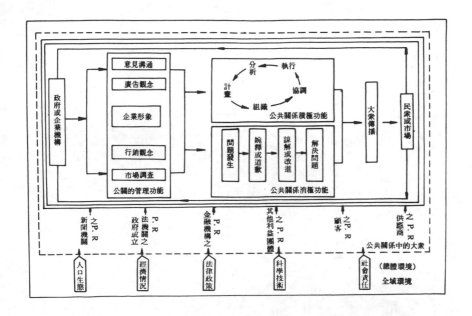

圖一　公共關係的功能架構圖

管理責任的。

　　在美國，一般公司都自設公共關係部門辦理業務，他們的公共關係事務所也很普遍，多數是自設部門又聘有顧問。廣告公司對傳播工具之運用爲其所長，有的廣告公司附有公共關係部門，多以廣告業務爲主兼及公共關係。

　　我國公營事業及大規模的民營企業均設有公共關係部門，政府機構的公共關係則由新聞單位主辦，目前公共關係事務所相當風行。如聯太國際公共關係顧問公司及聯廣公司等大規模之專業公司已爲各公民營企業設立公共關係制度及行銷推廣策略，預計八〇年代末期將是公共關係開花結果的時期。

第二章　公共關係的發展與演進

第一節　公共關係的發展

一、從企業人性化研究公共關係的發生

自有人類以來就有公共關係，但以前是沒有系統的研究。在產業革命之前，即手工業時代，資本家壓搾勞工，不考慮大衆的利益，只求圖利，注重私人物質利益，而不顧企業的人性面。

從泰勒 (Frederik Winslow Taylor) 提倡科學管理後，注重利他和利羣。使管理部門注重企業標準化、企業合理化和企業人性化。把只求利潤的態度，變成福羣利羣的目的，使達成人性化的管理，而企業人性化的結果就萌發出公共關係。

二、從經濟的發展研究公共關係的發展

在經濟發展的研究中，由以往社會資本主義，發展成爲注重社會大衆利益的協調。

由於恢復人性的企業，使以往發明家的血汗不能得到適當的報酬，需經過協調，才能產生合理的報酬，應運而產生公共關係。

三、從政治的發展研究公共關係的發生

太史公曰:「堯舜之盛, 禮樂作焉。」(《史記·禮書》), 在舜時派契作司徒官, 教以人倫:「父子有親, 君臣有義, 夫婦有別, 長幼有序, 朋友有信。」(《孟子》)。人與人之間建立起一定的秩序。五倫是人的常道常理, 亦卽人與人的公共關係。周公制禮作樂, 繼承當時歷史傳統, 發揚光大, 爲後世所遵循。禮之範圍極廣, 所謂「禮, 經國家, 定社稷, 序民人, 利後嗣。」(《左傳·隱公元年》), 禮的基本觀念是「親親尊尊之義。」(《穀梁傳·成公元年》), 親其親則爲仁, 尊其尊則爲義, 此爲人倫的兩大綱領。

中華五千年歷史有「禮 —— 中國數千年歷史的核心」, 及禮的精神是秩序, 樂的精神是和諧, 也就是建立人與人之間的良好關係。他如史伯對鄭桓公曰:「民之所欲, 天必從之。」楚大夫范無寧曰:「民, 天之生也, 知天必知民矣。」(《國語》), 孟子曰:「民爲貴, 君爲輕, 社稷次之。」吾國歷代, 帝王類多能愛民如子, 我國有封建社會, 但從無奴隸制度, 治富乃靠節儉, 所以說我國是一講求公共關係的民族。我國古代聖賢之遺訓, 絕大部份是立身處事待人接物之道。

西方初因天主教宣傳教義, 對宣傳理論與實務均有相當成就, 後則工商發展, 因欲推銷商品, 宣傳乃成有系統之知識, 成爲一門科學, 後來由傳遞而至注重輿論, 而研究民意, 而成公共關係雙向溝通的基礎。

四、從社會組織本身發展研究公共關係的發生

人類倫理組織由經濟、政治、文化各方面發展的結果, 已經引起很大的變化。故社會自然發展, 必定要有一個新的社會倫理組織的學說, 才能建立新的社會秩序, 使社會達到安定。尤其我國社會正由農業變爲工業的轉型期, 農業社會道德崩潰, 而工業社會道德還未建立, 工業生活習慣尚未養成, 由鄉村到城市生活, 一切發生懷疑、仇視和敵對, 現

在社會秩序呈現了混亂的現象，是農業社會接受工業社會必然的過渡時期。

由於過去農業社會的自給自足，和外界隔絕，而當工業發達和外界接觸頻繁後，社會活動的節奏加速，給人們創造許多冒險的機會，使貧富懸殊，成敗的機會增加。由於這些因素，使這時期的人羣，對環境產生不安和恐懼的感覺，造成社會的行為紊亂，自然就導致社會關係緊張而失調。

我國的社會正好並存於平時和戰時的兩種時代，私權和私慾的膨脹，和戰時的約束發生牴觸，一切都與生活慾望和個人權利兩種因素，無法彼此相容，正如人在少年時期要奔放、要發洩、要創造，但受法律和道德的約束，除非還有辨別是非善惡的良知，否則社會秩序就難維持。

現代因為科學、發明、商業、交通、藝術、教育及其他事業上的發展，衝突、戰爭、刺激等因素同來，鋼代替了鐵，成為工業上的基本材料；電力和石油代替了蒸汽；機器使工作發展到極限；汽車、飛機、鐵路在交通運輸上不斷發展；電話、無線電等通信設施在通訊系統上有極大的發展。

人造衛星及太空梭等發射已經把人類帶進了太空時代，各事業分工越多，分工越精細，組織與個人、機構與社會大衆、主管與部屬在對內對外，一切的互動關係 (interaction) 有調整的必要。所以在社會的自然發展中，必需有新的社會及倫理的學說理論基礎，使社會秩序建立，使社會秩序重新安定，這個新的社會組織學說即為「公共關係」。

研究公共關係的共同目標是改造人類舊觀念，而建立新的社會秩序觀念。

第二節　我國近代公共關係的演進

　　我國的公共關係制度，在民國四十二年三月廿七日，行政院第十三次檢討會議中，決定在我國政府機構中設立公共關係單位，並由專人負責。

　　前在民國四十年，交通部賀衷寒部長集中交通部所有首長在北投訓練班舉行三個禮拜的檢討會，在業務上徹底檢討，產生構想，建立交通事業企業管理制度。民國四十一年上半年，又開企業管理檢討會，定出交通事業企業管理六大制度實施方案，經行政院核准，定於民國四十二年五月一日實施，公共關係列為方案之一，交通部單位設企業管理室，其中包括公共關係和檢核工作。在賀部長召開此項研討會之前，各交通單位都存本位主義，在此項研討會之後，各交通事業單位成為一整體分別設立公共關係單位，促使交通事業突飛猛進。

　　我國由於交通機構首先設立公共關係單位，其他事業亦即相繼設立。一九七三年美國哈佛大學兩位教授在他們公共關係的著作中，就提出中華民國在民國四十五年成立「中國公共關係協會」，民國四十七年四月廿三日行政院公佈「政府各級機關及公營事業推進公共關係方案」。

　　因此所有政府機構，及公營企業都設立公共關係室，各民營企業亦多設有公共關係單位。後來政府機關改設「發言人」，由新聞局管轄，新聞局為公共關係主管單位，每年舉行一次檢討會。

　　民國四十八年開始，在各大學商學院及新聞系設立公共關係課程，民國五十二年世界新聞專科學校首設公共關係科。

第三節 美國公共關係的發展史

一、殖民地公共關係時期（公元一六○○至公元一八○○年）

在英國屬殖民地時期，公共關係偏重於政府的政治宣傳活動，作好與各國之間的外交協商及政治宣傳。

二、公共關係擴展時期（公元一八○○至一八六五年）

在經濟發展中，傳播工具有革命性的改進，一八三二年發明電報，此時期美國發生南北戰爭，由殖民地時代的宣傳員技術，進步到林肯總統運用的輿論技術。

三、反公共關係時期（公元一八六五至一九○○年）

此時代的特點是工業迅速發達、社會迅速變化、充滿個人主義及富豪間競爭的精神。時代發生變革，國家經濟體系改變，每一企業均想獨霸一方，不顧大眾利益，因之稱爲反公共關係時期。

四、公共關係觀念萌芽時期（公元一九○一至一九一九年）

公共關係名詞乃出自一九二一年，乃艾維・李 (Ivy Lee) 在一本《通訊》中首先提出，他在一九○三年首創公共關係事務所，代理企業界擔任公共關係顧問。當時報紙爲最靈通最權威的傳播工具，紐約州長每天接見記者，開始舉行記者招待會，成爲公共關係的萌芽期。

五、公共關係顧問時期（公元一九一九至一九二九年）

一九二九年胡佛就任總統，發生最大的經濟危機，股票市場崩潰，

經濟不景氣，乃加強公共關係的發展。有許多公共關係顧問興起，彼此約束行爲，推廣公共關係。

六、公共關係鼎盛時期（公元一九二九至一九四一年）

當羅斯福繼而出任美國總統時，全世界發生激烈的經濟社會及政治變動，更發生空前未有的大規模宣傳、報導和公共關係活動。第一次世界大戰時即發現「輿論」的重要，及大眾對政府、商業、勞工與其他團體的公共關係活動的影響，達到巔峯。

七、公共關係的時代（公元一九四一年以後）

由第一次大戰到第二次大戰，爲求戰爭勝利，美國成立「戰時新聞局」，成千成萬的公共關係官員，均成推行公共關係基本理想的生力軍，美國羅斯福總統的爐邊談話，建立民心的基礎。因此公共關係成爲人類社會中永遠存在與發展的過程，公共關係將與人類歷史一起延續下去。

第三章　推行公共關係的原則

第一節　推行公共關係的要素

一、服務大衆的利益

公共關係的要件在於滿足大衆利益，若離開大衆利益，關係必將因之而惡化。

美國通用汽車公司公共關係主任卡瑞特 (Carrett) 說：

> 公共關係是心理上的一種基本態度，又是一種管理哲學，是對於某業務行動有影響的任何決策，均須用審慎而大公無私的方式，把大衆利益先放在第一位。

美國流行的名言：

> 一個企業的存在與發展，是依靠大衆，決定於大衆，及爲大衆利益而服務。

二、保持經常與良好的聯繫

公共關係是爲減少人類矛盾和調整人類關係，應運而生的，其宗旨爲考慮他人立場，建立良好的聯繫。

公共關係是企業界建立公司的信譽，而不可缺少的基礎，所以要將企業管理的政策向大衆報告，也將大衆的意見反應到企業中，使得雙方

彼此了解，而溝通一致。

三、培養良好的道德與態度

社會人士視公司員工爲公司的代表，公共關係是公司集體活動的表現，是公司全體人員長期表現的累積。

公共關係主管的任務是注意員工的行爲和表現，故員工行爲就是將來對顧客的反應。

公共關係是一種美德，個人是人格，機構是信譽，員工友好的態度是對大衆善意的重要條件。

第二節　推行良好公共關係的基本條件

在一個組織中全體員工如有溫馨、和諧的感受，卽會令人感到舒適，要創造這種組織氣候的條件是：

一、建立充分而有益團體的標準。

二、員工團體共同參與所面臨的問題。

三、領導者和部屬要並肩合作。

四、所有員工要虛懷若谷、從善如流。

五、擁有健全的回饋系統。

爲達成以上的條件，員工團體需有以下的作法：

(一)先有自知之明　對自己要有平實、客觀的看法，不要自大，亦不自卑，言行舉止才能有分寸，一般而言：「喜悅之言多失約，憤怒之言多失禮。」不孤傲也不自憐。增加自知之明的途徑如下：1.評核自己的條件，2.觀察自己的環境，3.衡量自己的教育背景，4.考核自己的工作經驗，5.檢討自己目前的態度，6.想想自己的行爲動機，7.檢討自己

工作以外的行為，　8.評價自己的工作表現，　9.評估自我滿足的程度，　10.評價自己的成就水準。

　　(二)對別人要有信心　　相互信任是良好公共關係的基礎。我們要他人信任自己，就先要對他人有信心。在現實社會中，儘管「害人之心不可有，防人之心不可無。」普天之下絕大多數的人心地還是善良的。比較正確的作法，應該先肯定他人，然後由事實來證明，而非先否定他人的一切。

　　(三)與同仁打成一片　　儘管人類有「物以類聚」的心理傾向，但為組織的目標，每位員工要克服「孤芳自賞」、「標新立異」的心理作祟，此乃拉長人際關係距離的作法，公共關係所需者乃縮短人際關係，使員工羣起效法。

　　(四)具備同理心　　「同理心」就是要「設身處地，易地而想」的意思。凡事要能考慮他人立場，然後以對方的立場來着想，所謂「己所不欲，勿施於人。」

　　(五)加強溝通頻率　　縮短人際間距離的做法是要增加溝通頻率，經常與人來往才會互相接納與相互諒解。因此增加溝通頻率乃是促進相互了解的手段。

　　(六)尋找回饋　　一個人所做所為，在別人眼中的看法和自己的看法經常會不一致，自己喜歡的事別人未必喜歡，為了縮短兩者之間的距離和糾正自己的觀念，就得虛心地多方去尋找回饋，以獲得正確的資訊。

第四章 公共關係對企業的決策

近代公共關係已提昇至策略規劃的層次。

近來越來越多成功的企業，對於公共關係的力量都刮目相看。從巴西的聖保羅到中華民國臺北市，企業高級主管們都逐漸體認到，外界對企業的認知足以左右公司重大經營策略的成敗。「封鎖新聞」過去被認為是公共關係工作中的主要部份，但是現在卻有許多公共關係人員得以參與內部高層會議並與決策者保持密切的聯繫。

第一節 運用公共關係樹立公司新形象的實例

西德歐寶汽車 (Opel Co., 通用公司的子公司) 公共關係負責人兼董事漢斯‧蓋博 (Hens Kaiber) 曾經說過：

> 十年前，公共關係被視為「卑陋」的工作，但是在現代生活中由於政府、企業界、環境以及社會大眾間的互動關係已經變得極端複雜，公共關係可以使一個公司成功，也可以使它失敗。

這是眾所週知的事實，因此大部分的國際性大企業幾乎都將公共關係的考量列入其策略規劃中的每一個步驟。歐寶汽車公司直到一九八二年才將公共關係負責人蓋博調升為公司董事，這種作法不要說和美國企業比較，即使比起其它知名的西德汽車公司，諸如賓士、國民車、福特

（Ford Co.）及 BMW 等公司，都已經顯得落後。 而相形之下，福特公司在一九八四年將一位地區性的公共關係人員提昇爲新成立的巴西分公司董事，尤屬不同凡響。 此外，義大利曼狄遜公司（Madison Co.）和英國標準電話電纜公司也有相同的實例。 至於在其它一流的國際性企業中，高級公共關係人員也都普遍能和公司高級首長直接定期性地舉行會議。

另一方面，這種變遷也使受過良好訓練的專業公共關係人才益顯重要。和過去不同的是，以前的公共關係人員泰半由新聞記者轉任，而如今許多都是管理學院的畢業生。義大利國營英契米卡化學公司（Ancher Miekar）董事 —— 三十六歲的班度尼（Bandoniee）即爲一例，他對於這種現象有一個專精的看法： 即經理人員必須經營公司的形象。

目前的問題在於那些仍然心存觀望的跨國型企業以及絕大多數規模較小的公司能否儘速接受新觀念 —— 公共關係工作並非外人所想像的「後見之明」，也不是公司的附產品。相反地，經由它所樹立並對外投射的公司形象，正是公司邁向成功的關鍵因素。開竅的主管們已經體認到公共關係和財務、人力一樣，都是公司最重要的基本資源。

瑞典侖德大學企業管理敎授伯格（BorKer）曾經說過： 「有些公司已經了解，公司不但要改變其體質與形象，而且也應隨之改變其經營策略，才能整合對外溝通的功能。他們對自己先有深切的瞭解，也知道自己想做些什麼，然後設法與外界進行溝通。」

第二節　當今熱門的公共關係話題

有些企業將公共關係視爲有效的防衞工具。舉例來說，我們知道某些大公司的代表們在歐洲秘密聚會，研商如何應付某些好惹麻煩的壓力

團體，另一方面也有少部分公司仍然靠應付和說謊，意圖誤導公衆。

無論如何，今天的公共關係實務已經大有進展。企業溝通的問題是當今的熱門話題，而公共關係作業也需要如臨床診斷般地精確。它通常由精緻的商業午餐開始，引伸到一連串的社教活動，設置贊助金及安排鉅額的廣告。在這個階段中，新聞界、投資者、政治家、政府官員和消費者都無可避免地扮演了評估、分析及制定規劃的角色。

重視公共關係的風潮發軔於美國，世界各地的企業組織就紛紛起而效法。僅僅在三年之前英國的馬拉松石油公司仍然沒有公共關係計畫，也未設置公共關係人員。現在他們卻說：「我們的策略就是要運用公共關係來達成重大的企業目標。」

這種思潮自然會導致公共關係經費的大幅膨脹。規模獨步全球的美國波森馬特勒顧問公司 (Boson Martler Co.)，在一九八四年的總收入創下歷年的最佳紀錄，達八千四百萬美元，較前一年成長了百分之三十二。該公司總經理鮑伯‧李夫 (Bober Leever) 說：「最令人驚喜的是，世界各地都有同樣的成長現象。據英國拜爾顧問公司 (Bail Corporation) 估計，單是英國企業在一九八四年的公關活動經費就高達六億美元，比一九八〇年多了一倍。」

拜爾公司最近所做的調查報告也指出：在英國前一百名大企業中有八十六家運用公共關係顧問，而五年前卻只有二十六家。拜爾公司的一位處長亞蘭巴特勒 (Elen Bardler) 說：「各式各樣的壓力迫使各國的企業都必須支付經費來改善公司對外的溝通。」

即使是深受傳統社會態度、禮儀嚴厲束縛的日本人，不論是在國內及國外都顯得比以前開放。例如日本日立、三菱等大企業都聘用了歐洲的公共關係顧問，而日本規模最大的國際公共關係顧問公司也指出，要求他們就樹立公司形象及海外貿易活動方面提供諮詢建議的企業組織也

已日漸增加。不久以前，日本電話電報公司仍然和大多數日本企業一樣，把公共關係視爲雕蟲小技，因爲它從未像西方企業般面對公衆的質疑和敵視。但是現在它卻已經採取西洋的方法來應付美國電話電報公司、國際商業機器公司等的強力競爭。

　　日本電話電報公司以典型的好萊塢秀揭櫫其公司標誌而震驚了外國記者。在閃爍的投射輝映下，公司總經理神籐久解釋其豪邁的藍橙色曲線商標將會給予客戶一種「朝氣活力」的感受，而這種效果並非精密的數學計算可以理解的。同時也宣佈計畫每三個月對外國記者作一次簡報，這件事本身在日本就是一個意味深長的大變革。

　　在公共關係這一行中曾經出現不少傑出的人才，多虧他們敏銳的眼光，各自爲公司樹立了迷人的魅力與奮發進取的形象。他們將公共關係理論發揮得淋漓盡緻，並且付諸實施，使公司上下全體同仁都深信公共關係是成就事業不可或缺的一部分。雖然也有些成功的大企業家仍蓄意維持「儘量不要曝光」的作風，但他們勢將不免受到潮流的衝擊。渥爾夫‧歐林（Wolf Olin）在倫敦是一位知名的「公司形象製造者」，他說：「你必須使社會大衆明白，你是在他們監督之下，而且不斷在求新求變。成功的企業組織不可能老是墨守成規。」

　　瑞典航空公司公共關係負責人約翰‧赫伯特（John Herbert）也指出，對外開放溝通的革命性措施確實使該公司從連續三年虧損的困境中重現生機，貢獻卓著。瑞典航空公司在一九八四年的利潤達八千一百萬美元，足爲其它北歐企業的楷模，事實上瑞航就是因爲深知創造知名度的道理而獲致成功。福特汽車公司挪威廠以及瑞典電信管理局都相繼採用瑞航模式，足資佐證。

　　瑞典航空公司的對外溝通管道眞是夠開放的。每一位職員都可以就其業務範圍接受新聞界採訪，沒有任何限制；而公共關係處長赫伯特

也可以參加所有的高階層會議，也因而引起許多人的好奇詢問。他的解釋是：「我們這兒有一句格言：不能提供消息的員工本來就不能負責任事；反過來說，可以提供資訊的人也都不能逃避責任。」

除了服務業以外，許多公司也對策略性的公共關係所能發揮的力量有了新的體認。譬如說，法國的阿奎泰恩公司(Arkwoe Taien Corp)已經把公共關係目標納入公司整體的策略規劃。設於日內瓦的美國電腦製造商 —— 國際數據公司歐洲廠，過去三年內在公共關係方面也有急速的發展。該公司公共關係經理布烈德・曼(Brood Mann)說：「我們希望能在這個高度工業化的環境裏使業務快速成長，因此必須對市場動態有充份的瞭解。我們已經了解到我們的「可見度」、我們的困難弱點，而且態度上也比從前更為開放。」

挪威國營的國家石油公司是該國規模最大的企業，其一九八四年營業額超過三十八億美元。在短短十三年內它由草創階段發展到今天的茁壯，就是因為它善用卓越的公共關係顧問來處理政治上的反對力量，並且克服許多來自其他國際石油公司一連串不友善的質疑。

英國萊恩顧問社總經理赫林 (Her Lin) 也說：「我們被要求提供更多的諮詢建議，客戶也在較早的階段就來尋求協助，而問題的層次也逐漸提高。」

著名的美國製藥廠美強生公司在一九八二年九月從波森馬特勒顧問公司緊急召來一批「危機處理小組」，因為該公司產品泰勒諾（一種鎮痛藥），蒙受含毒的陰影而損失重大，市場佔有率從百分之三十直線下降到百分之六。結果美強生製藥廠採納了顧問的建議，在危機發生後六個星期內就舉行了全球首創的人造衞星記者會，同時向全美三十個大城市的記者們澄清解釋。今天泰勒諾的銷售量已經接近到事件發生前的水準。

英國的 BOC 公司在股票經紀人之間精心樹立了「幹練敏銳」的公司形象，也足以顯示公共關係活動確有其微妙的效果。在一九七九年，凡是曾經和 BOC 公司打過交道的經紀人都一致認為該公司缺乏革新進取的品質。但是到了一九八四年卻有百分之六十的人認為 BOC 確實是一家積極奮發的公司。該公司負責對外溝通的主管羅威（Norwei）坦白承認：「事實上我們公司並沒有太大的改變。雖然我們擴充了營業範圍，但是改變的程度並沒有公司形象改變的幅度那麼大。」眞正的原因是 BOC 公司委託了一位專業的投資者關係顧問才達到這個神奇的效果。

最大的問題可能是缺乏優秀的人才。法國的學校每年都供應大量的公共關係畢業生，遠超過市場需求，但是卻到處都有人才難求之歎。國際公共關係教育基金會主席希禮（Shlin K.）說：「就是沒有足夠的大將之才，不過話說回來，企業界領袖對於公共關係功能的體認也往往是後知後覺的。」

美國公共關係學會希望說服美國大學的商學院能在近期內敎授公共關係，但是由於許多課程無法銜接，使得企管碩士們也難以充分掌握策略性公共關係規劃的潛力。

貝泰（Beita）公司的例子告訴我們，公共關係人員要想說服公司主管改變態度有多麼困難。兩年前貝泰公司在歐洲舉行記者會宣佈其對外開放政策，但是同時又拒絕回答有關該公司銷售實績的問題，使得記者們為之發噱。

第三節　公共關係策略的經驗與敎訓

歐洲汽車廠商之間對於如何應付歐洲經濟共同體所頒佈以汽油為首

的一連串汽車管制措施而引發的爭執，可以說明歐洲汽車廠商對於早先發生在美國的公共關係教訓，學習得很緩慢。卡爾‧維森（Karl Wilson）是倫敦的一位公共關係顧問，他說：「這場爭論其實就是一九七〇年代發生在美國相同問題的翻版，但是歐洲人卻未能從中獲得教訓。有人向他們建議在這種情況下必須增加汽車的設備，如此才能夠提高汽車的售價，而他們居然也信以為眞，實在敎我難以相信。」

主管 ICI 公司公共關係事務的馬丁‧雷（Martin Lane）說過：「每當公司董事們在報上看到出乎意料的消息，我們就會像蜂窩一樣地騷動起來。」

在處理熱門新聞話題及敎育具有影響力的人物方面，大企業調適的步調通常是比較慢的。他們往往等到記者已經和某些人士接觸聯繫，並且對重大問題大舉發難的時候，才舉辦一些平淡無奇的意見調查來找出記者們的看法，然後安排到現場參觀訪問。

第四節　學習克服面臨的危機

漢克化學公司（Hanker Chemistry Co.）在採行縮短工時制度以前，首先考慮到的問題就是避免新聞界的抨擊。公司人士指出：「我們先發制人主動對外說明整個市場狀況及經濟情勢，否則新聞界將會對我們的人事政策發表負面的評論。」

許多公司主管也比從前花費更多的時間來參加模擬記者會或者練習如何在攝影機前處理危機事件，以備有朝一日來面對問題。波森馬特勒顧問公司的李夫（Lief）說：「這是公共關係顧問行業中成長最快速的項目。」

曾經在一九七七年採訪過北海艾卡菲士克油田爆炸事件的一位挪威

記者回憶說，當時因爲菲利蒲石油公司挪威經理在記者會上無能的表現而且拒絕回答一些率直的問題使記者們倍感挫折與不滿。他又指出：「旣然記者會予人一種亂糟糟的感覺，那麼我想他們處理爆炸事件也好不到那裏。」

　　卽使是今天，公共關係專家們對於他們的活動仍可能諱莫如深。我們知悉來自三十多個跨國企業的公共關係部門主管曾經在歐洲某地聚會，討論可能對企業發生影響的一些問題。此類集會的先期規劃包括對各種壓力團體作廣泛愼密的研究以及這些壓力團體的基金來源。蒙珊多歐洲分公司公共關係主管皮耶承認他負責籌組這個集會，但是拒絕進一步討論。總之，公共關係策略就是要克服面臨的危機。

第五章 公共關係專業化

近三十年來，公共關係的發展已逐漸趨向專業化。由於美國在一九三二年經濟不景氣之後，公共關係的觀念卽廣泛地被人接受。

第二次世界大戰帶來了新的契機，因爲戰後國際局勢緊張，問題叢生更加強了公共關係的發展。同時新的傳播媒介，以及新的傳播技術致使公共關係進入新的溝通領域。

第一節 目前公共關係的業務

目前世界各經濟大國都注重發展工商業，大量生產需要找尋並創造市場，加之國際貿易擴展，需在海外辦理促銷活動。國際間之矛盾衝突需要進行說服或爭取同情。公共關係的地位和功能就更凸顯出重要性，目前公共關係的業務情況如下：

一、工商業、學校、社會團體、政府機構、同業公會等公共關係計畫正在增加。此項計畫不像以往以傳播爲主，現在的公共關係計畫中，傳播僅是其中的小部份。

二、美國、日本等工商業大國的公共關係事務所正在加速成長，並且需求殷切，我國目前也有專門的公共關係顧問公司設立。

三、大量的公共關係書籍、論文、刊物的發行。目前國外有關公共

關係的論著汗牛充棟，國內亦發行期刊及書籍。

　　四、公共關係人員的組織不斷增加，國外各公民營企業都設有公共
關係專職人員，國內大公司及政府機構亦設有公共關係單位及專門從事
公共關係的職員。

　　五、大學及研究所的公共關係課程正在擴充，學生人數亦大量增
加，課程內容也日見充實。

　　六、公共關係的工作方法及業務標準已趨於國際化和專業化。國際
間都互相注重傳遞公共關係的溝通資訊，使公共關係邁向國際性和專業
技巧性的領域。

　　公共關係的觀念和實務介紹到我國約有三十多年的歷史，由於政府
的提倡，各級政府機關、軍事機構及公營企業強調便民運動，致使公共
關係在便民及新聞的宣導下進行得相當順利。且因國內工商企業蓬勃地
成長，因而需要公共關係來辦理傳播及促銷工作。

　　品羅特（Pinlott）一九五一年在美國普林斯頓大學期刊中說：「公
共關係的文獻更多了，工作人員的組織也增加，大學的課程也正在擴
充，公共關係在二次大戰以後在飛躍地發展。」其後，公共關係的觀念
更廣為人們所接受，而且比以往更能發揮作用，業務更趨於成熟。如今
的公共關係工作重點着重在顧問業務及傳播工作，如今已沒有人會懷疑
公共關係在一般社會中的重要地位，而事實上公共關係的功能已普遍為
人所公認並被肯定。

第二節　公共關係的職業標準

　　公共關係的發展已趨於穩定，進一步要確定它對社會建設性的貢
獻。於是公共關係人員積極的探討公共關係的道德標準，目前大家所採

取的觀點是「爲公共關係而公共關係」。公共關係本身就是眞理，本身是有靈魂的。凡屬公共關係的工作人員，立志爲公共關係而努力，就當忠實的遵守公共關係的職業標準。

公共關係的職業標準包括下列三個範圍:

一、建立職業的地位及工作方法，以完成公共關係的功能。亦卽是建立公共關係的品質。

二、建立各個公共關係工作人員職業上的道德標準。

三、確定公共關係工作人員的訓練內容，以建立公共關係從業人員的資格條件。

公共關係正一步一步地走向專業化，它的腳步堅強而穩定。由以下各點可以看出美國公共關係職業化的趨勢:

一、美國全國性公共關係協會的成立，並得到各種專業性協會的支持。

二、公共關係協會會員守則的訂定。

三、一九六○年代起，美國公共關係協會已設立全國紀律委員會，強制其會員履行職業標準。

四、嚴格規定美國公共關係協會會員的資格標準，包括會員資格考試。

五、大學的公共關係訓練、教育、以及研究，有一小部份是由公共關係協會所支持的。

六、有關公共關係技術的書籍、報紙、雜誌等大量出版。

七、確定公共關係工作人員在機構內之地位。

八、公共關係工作人員對社會服務的貢獻日見增加。

在一九六○年代，可說是爲公共關係專業化工作打好基礎，嗣後只要再在這個基礎上建立公共關係專業的體系卽可。職業化不是簡單的一

句話，也並非自己說職業化就能職業化了，能否職業化乃決定於民意的認同。公共關係人員要知道自愛，才有可能把公共關係變成一行專業。

第三節　公共關係的教育現況

公共關係教育在美國可算是已屆成年，經過將近半世紀的組合、試驗、辯論之後，到現在教育家對於公共關係如何施教的問題似乎已有定論。他們對於公共關係課程在大學中所佔的地位，很顯然地已有一個明確的觀點，承認公共關係專業化的訓練，承認公共關係是社會中一股重要的力量。美國公共關係協會曾於一九六四年及一九七〇年舉行過兩次調查研究，以上結論就是根據這兩次調查研究而來的。

自從一九二三年在紐約大學開始講授公共關係課程以來，在這方面的教育已經過了六十多年的幼年期及青春期。在二十年代和三十年代這個初期，只供給一些零碎的課程，眞正的成長是直到二次世界大戰後才開始。當二十世紀四十年代末期，波斯頓大學成立公共關係學院以後，正式的公共關係教育才正式出現。

五十年代時，公共關係教育突然萌芽，因爲美國社會急速發展工商企業，於七十年代公共關係的教育更加發展，直到一九八〇年至少有一百所大學設有公共關係系，近四百所學校設有關於公共關係的專業課程。

我國公共關係教育進展情形較爲遲緩，研究工作仍待努力。目前設有公共關係課程者有交大管理科學研究所、政大新聞研究所及企管研究所、各公立及私立大學新聞系及企管系多設有關於公共關係之課程。世界新聞專科學校於民國五十二年九月設立公共關係科，二十五年來已有畢業生約二千人，大部分服務於工商企業、廣告業、新聞界及教育界，

可謂是我國公共關係人才的搖籃。

我國經濟開發進展至為迅速，工商企業的範圍日見擴大，產品外銷更加速成長。各企業本身需要傳播及促銷人才更加殷切，公共關係教育範疇以培養此種人才為目的。目前國內公共關係訓練課程有三個重點：

一、是工商業的知識：目前所有課程已大致完備，仍需加強國際貿易及行銷理論，以加強理論根基。

二、為傳播技術：應增強新聞寫作、評論寫作、溝通實務、攝影及圖畫編輯、新傳播媒體技巧及口頭傳播實習等課程。

三、為公共關係本身的知識：可加強公共關係理論，溝通及傳播學理論，及市場學、社會調查及廣告學的知識。

總之，公共關係學是哲學和藝術的理念層次，更要加上心領神會的實際經驗，目前國內大學的公共關係教育，已不遺餘力地提供各種軟體系統和硬體設備及優良師資，有計畫地培育未來公共關係的專業人才。

第四節　公共關係專業化的展望

最近四十年來儘管在公共關係方面有很多進步，但是它還不能成為一行專業。因它並不完全成熟、不能自律、缺少一致公認的訓練課程、缺少本身的研究發展計畫。它依然和新聞和宣傳相提並論，它的主要旨趣在如何左右輿論，而不是去瞭解民意，它的功能仍舊不能廣泛地為人所理解。從事此項工作的人們多因能力不能勝任，或是技巧上尚有欠缺，很難達到游刃有餘、十全十美的地步。

目前公共關係人員已開始爭取到他們的專業地位，不過只是剛剛開始而已。要爭取他們的專業地位，必需建立專業知識的體系並且要具備社會責任的意識。有了社會功能自然就能產生地位和聲響。公共關係人

員比誰都清楚，要得到民衆的信任必需具備信任的條件，單是道德標準或空口說白話均無濟於事。公共關係專業知識，它已由一般人們心中的常識，轉變而爲專門知識，亦即他的地位及重要性正日益增加。

美國有一位報紙發行人說:「道德完全是個人的問題,不是同行公議或是某行的領導人物發表公開聲明就能解決的。」公共關係顧問厄爾‧紐森（Earl Newsom）深表同意，他告訴公共關係工作者說:「我建議大家反省，我們究竟想完成什麼，職業道德不是什麼協會或委員會所能解決的。如果我們能樹立行爲的高標準，終必獲得我們的專業地位。」

公共關係可以爲全體民衆謀取最大福利，它將繼續發展而趨於成熟的、負責的職業，對於國家的團結進步及公共福利有所貢獻。公共關係的前途甚爲光明，因爲它是大衆傳播和溝通的重要一環，使我們的文化素質提昇，國民的團結都要依靠它。公共關係的專業有一主要任務，就是促進全國團結，目標一致，使全國國民相互瞭解，互相支持，達到和諧溝通、安和樂利的大同世界理想目標。

第 二 篇
公共關係的管理功能

第六章　公共關係與意見溝通

在人際交往的過程中，最重要是能與對方雙向溝通，公共關係就是建立在雙向溝通的基礎上，而且是以平等互惠的原則進行才能產生默契，溝通就能順遂。

從事公共關係的人員若能體會意見溝通的意義，瞭解意見溝通的障礙，而設法克服它，定能增強溝通意見的能力，作好協調和聯繫的工作。

第一節　意見溝通的意義

「溝通」一詞起源於拉丁文 "Communis"，原意為共同分享交換意見之謂。

意見溝通是人與人之間，彼此傳達思想、觀念或訊息的過程；也是人們透過符號或工具，有意識或無意識地影響他人認知的動態過程。換言之，經由意見溝通的過程，人們希望能達到分享訊息的目的。

《韋氏字典》對意見溝通所下的定義是：「文字、字句或消息的交流，思想或意見之交換。」

溝通學者肯尼斯 (Kenneth) 對意見溝通下的定義為：「意見溝通是將意思由一個人傳達給另一個人的過程；即為人們有意或無意地影響

別人認知的活動過程。」

凱玆（Katz）教授是研究意見溝通的權威，他認為意見溝通是訊息的交換與意義的傳達，也就是人與人之間傳達思想與觀念的過程。

由上述各種定義，可概括意見溝通的共同性質。所謂意見溝通乃是利用種種方法，傳達人與人之間的思想與意見，造成相互了解的認知行為和活動。企業之經營離不開社會人羣，藉助公共關係的溝通不只可掌握原有之消費羣，更能創造新顧客，同時能增進彼此之瞭解，建立互信互賴。

第二節　意見溝通的種類

按照人際間意見溝通的對象和流動的方向，可見意見溝通分成三類：有下行溝通、上行溝通與平行溝通。

一、下行溝通（downward communication）

下行溝通是把意見溝通的訊息，由上層傳達給下層。通常在組織中，主管對部屬指揮做事常屬下行溝通的方式。如指示、下達命令、改進方法、採集資料等。

我們從事公共關係人員面對同仁及客戶時，應該儘量避免使用下行溝通的方式。若常使用下行意見溝通，則容易引起對方反感，造成溝通障礙，無法達成任務，應該改用婉轉的平行溝通方式來進行就容易完成任務。

二、上行溝通（upward communication）

上行溝通的對象正好與下行溝通相反，上行意見溝通是下級人員以

報告或建議等方式，對上級反映其意見。理想的意見溝通方式，不是僅有上行溝通或只有下行溝通方式，而是下行溝通與上行溝通並存，整個社會構成意見溝通的循環系統，成為有效的意見溝通體系。

平常在機構組織中，上行溝通容易被忽視，由於主管頤指器使，員工不常主動地對上級主管提供意見，所以常設置意見反應箱等管道來改進溝通的方法，然而在一般公司及機構中並未發揮多大的效果。公共關係人員如能溫和謙恭地對外及對內都採取上行溝通的方式，就能產生有效的意見溝通，而圓滿達成任務。

三、平行溝通 (horizontal communication)

一般來說，平行溝通流行於同儕朋友之中，或地位相當的人中，是組織內處於同一層級，各單位之間或個體間的意見溝通。最常見者為組織內同階層工作人員的橫向聯繫，平行溝通常以辦理公共關係或其他非正式溝通的姿態進行，較有利於協調，進退比較方便。

例如當電信局擴充裝置電話線路時，必須重新埋設管道，常會侵犯到地主的權益，他們就會告發電信局，侵佔地主的土地所有權。此時可由公共關係人員出面處理，派遣對地政事務熟悉的業務稽查或對外公共關係代表，透過地政事務所的協調，及透過工務局或建設局的平行溝通，更經由地方士紳或地主的親友採用旁敲側擊的迂廻方式進行溝通，常能化險為夷，避免一場風波發生。

第三節 意見溝通的障礙和克服方法

當我們和他人在溝通意見時，常會因對方的內在心理因素的影響，或因外在環境因素的干擾，以致打斷我們的思緒，甚至使意見溝通停

止，這些就稱爲意見溝通的障礙 (barriers to communication)。面對這些溝通的障礙，使我們無法有效地進行意見交換，所以必須設法克服和化解這些障礙，常見的溝通障礙得和克服方法如下：

一、身份地位上的障礙

人與人在社會上有不同的身份和地位，社會心理學家指出，人因地位與身份的不同，對相同的問題就有不同的看法，對於意見溝通就有懸殊的差距。例如，年長的老人家和年輕的晚輩，在觀念和思想上不就有代溝？主管和部屬之間的意見交流亦有差距，員工和客戶之間也常有對立的心態出現，這些都是意見溝通時地位上的障礙。

雖然我們不可能希望使不同身份與地位的人們，彼此之間能平起平坐，直言無隱，達到完全自由暢通之程度，但我們可試求先瞭解對方的立場，以「同理心」來體會對方的感受，就可使雙方的地位距離和身份差距縮小。

例如： 我們和長輩在交換意見時， 就用謙恭尊敬的態度和他們交談，和部屬溝通意見時，尊重對方的意見並接納他們的觀念。和客戶交談時，處處爲對方設想，多採取平行溝通的方式，如此自然而然就能沖淡地位上的障礙。

二、地理上的障礙

我們都同意對同一辦公室內的工作人員表達意見，較之對數里外分機構的工作人員表達意見來得容易。在同一單位之中，同仁可以彼此面談表明自己的意見； 如遇有疑慮之處， 經過面對面的解釋、 闡述、 討論、研究、請教、說明即可獲得澄清，因而能完全了解對方的意願。但在另一種情況中，有時以函件或公文來表達自己的意見， 並不能像面談

那麼充分表達，而且如遇疑慮時，往往沒有面對面溝通的機會能加以澄清或解惑，因而未能收到溝通的預期效果。

地位障礙的問題，儘管近來溝通技巧不斷改進，但亦難完全解決。這種障礙使得意見之交換不夠充分，中央機構常認為分支機構人員不夠努力，而分支機構卻以為中央機構忽視其存在價值。因此，鼓勵中央機構人員與分支機構員工應相互訪問，藉此加速意見之溝通；或在重要公文往返前後，不妨先做電話之聯繫，作一番補充性的解釋；更以定期會議方式，發掘問題，研究問題，藉此交換意見，找出局部結論，採取行動，一致共同完成目標。

再者，由於機構組織之龐大，組織層級甚多，輾轉傳言，造成意見溝通之障礙，為了克服這種困難，應在機構內實行授權或分權，藉以掃除層級上的觀念障礙，設法補救因地理距離而引起之溝通障礙。

還有一種屬於地理之障礙又稱為環境的障礙，是由於溝通環境有流言、雜音、干擾、噪音等而影響溝通的效率。或因溝通的頻道失效，如電話障礙損壞等因素而造成溝通的失效。

克服此種障礙的方法是須改善環境和溝通的頻道，如設置隔音設備，或改良電信設備和通話品質、澄清流言、謠言、錯誤的譯意等，使各階層有正確的瞭解。

三、語意上的障礙

語意上的障礙常造成意見溝通的嚴重問題，俗語說:「會錯了意」，因為發訊者有他的思路，而受訊者也有他自己的思路，在雙方對不上頭時，就容易產生障礙。

語意的障礙最大的原因乃在於語言本身之結構及其應用字彙，常常不能適當地表達每個人的心意；而且每個字彙又代表幾種不同之意義，

例如「辦」這個字，就不知道有多少意義，如果確切了解其意義，須與其他的字拼湊在一起方可，諸如「辦事」、「辦人」、「辦法」、「辦公」等，皆因與不同的字組合而產生不同之含義。

同時，卽使一個字與其他的字拼湊在一起，變成一句意義清晰而完整的句子後，因爲講話者音調高低快慢之差別，也會反應出不同之含意。

例如說：「你這個人眞有辦法」，這句話的意義可表示讚揚，也可以表示諷刺，此乃完全聽其音調來決定。

還有當我們聽到不堪入耳之辭句，或看不順眼之符號，而在情緒上常有強烈激動之反感，或對發訊者之意見採取消極反應時，每每會阻礙意見之溝通。

因此，爲了克服這些困難，我們應保持一個開濶寬大的心胸，改進運用語言之技巧，平心靜氣地推敲對方實際的含意，才可了解別人之陳述，儘量使用簡短和清晰的辭彙，及用反問法確定對方的意思，才能減少語意上的障礙。

四、專業上的障礙

由於社會普遍地分工專業化，各行各業常在有意無意中發展出一套本行獨特的語言。如醫生認爲易懂的文字，對外行人來說，可能如希臘文般艱澀難懂；同樣的，工程師所繪的符號，醫生則不易瞭解。而在各機關內專業單位，亦皆有其技術上的專門術語；雖然這些術語對於在本行內經驗過的專業人員，運用時確實可使意見溝通得以順暢。

例如我國三大米市，米商相互在袖中交換市場行情，交談得十分流利，但從未見一人開口吐聲，其中最大的訣竅乃在經常使用並熟練這種手語而已，往往不爲外人道者，再如身體語言，各國互有不同，於是意見溝通隨之遲緩，足以影響了溝通效率。

　　現代組織多採分工專業化，多分爲業務單位和幕僚單位兩系統，組織中的業務單位和幕僚單位之間常常不易相互瞭解。其中部份原因係由於他們在組織中所處的地位不同：業務單位的活動通常和組織的基本問題或組織的職能有關；而幕僚單位在專業知識範疇內，其活動往往是和組織的協調、控制和服務有關，幕僚專業人員比較能接近高級主管，其地位自然爲之提高，很容易引起業務人員的猜忌與不滿。

　　其結果是幕僚人員所擬定的計劃，往往會遭到業務人員的不滿或破壞。這種偏激的抗拒作用，以及因從事設計及從事執行所具有先天或後天的不同觀點，影響有效的意見溝通，在在都會引起相當的困難。

　　改善的方法是意見溝通時儘量少用專業術語，而且業務和幕僚單位要建立起有效的溝通管道。

第四節　公共關係的口頭溝通

　　口頭溝通可能是組織中最有效、且較低廉的傳佈消息的方法，不論階級高低的主管經常要和員工交換意見。尤其經常要對股東、社會領袖或大衆作某項事件的宣佈，口頭溝通除了經濟有效以外，可以立卽接到對方的反應，而得到雙向溝通的回饋。

　　口頭講話最有用於宣告公司政策或作業方法，也是用作訓練、交換意見的最有效方法。管理當局可以演講方式傳佈消息給地方居民或鄰廠，有關公司活動及對於地方事業的捐獻。在股東會議時，報告公司經營狀況及財務狀況時，常是用口頭的溝迪。敎育單位與學生及敎帥有許多談話的機會；業務行政人員向經銷商與零售商，說明新產品或發售計劃；在政府各級官員面前解釋有關公司的業務及諮商法規也都是用講詞或口頭說明的方式。

公共關係在各種場合所用的口頭溝通方式有正式演講、圓桌會議、專題討論會、問題討論會、非正式談話及示範說明等。 玆簡要說明如下:

一、正式演講

在小團體面前由發言人傳佈消息,無疑是最快速最深刻的方法,如果講詞經由傳佈系統、廣播或電視臺播放,聽衆可能很遠很廣。演講最宜於傳達事實消息、發表宣言或下達給員工的指令。企業行政人員的講詞多半是傳達政策或訓令,或者是勸導員工合作採取管理當局所指望的行動。這種方式不宜咄咄逼人,還是要保留機會作雙邊互通意見較佳。

二、圓桌會議

管理當局常用圓桌會議方式與股東、供應商、地方人士、教育家及經銷商等交換意見,其目的在對卽需處理的重要問題,以非正式的交換意見及治談來解決問題、消除誤會、透露消息、及研究處理方法。這是最適合互相討論、發表觀念、訴說怨抑及獲致問題的答案。只要主席領導有方,圓桌會議最能帶給小團體圓滿的結果。

三、專題討論會

此型的討論會,供三數位權威人士對某一專題,向具有共同興趣的聽衆發表各個觀念。這種型式也可以用作股東會議,向股東報告企業各方面的情況,一個會員報告研究結果,另一會員報告製產近況,第三個報告營業情形,第四個報告財務狀況,或是管理陣容向外界教育家、社會領袖或地方人士,報告公司作業活動,俾使他們更爲了解。如果發生

管理與員工間糾紛，亦可以同一型式討論，各抒意見取得了解與溝通意見。

四、問題討論會

在問題討論會上由聽衆發問，一個或數人回答，聽衆也是或多或少熟悉問題的，所以能很有效地達到口頭溝通的目的。這一型式的討論會能消除聽衆的誤會，提供進一步消息或推介新觀念。所以最常用在股東會公司首長演講完畢之後，另定一段時間，給予聽衆一個發問的機會。問題也可能預先用文字提出，俾公司首長準備答案可應付自如。另一用途在一般會議討論已近尾聲時，由主席宣佈一段較短時間，由聽衆提出問題。如新政策有些不甚了解之處須要澄清，或新計劃局部程序要求更改等，都是修正錯誤或增提資料說明究竟的作用。

五、非正式談話

主管或領班與員工間的交談是最普通的溝通，員工與他們私人關係的交談，也是有效而極重要的傳佈消息給地方民衆或鄰近的方法。主管對於部屬的宣佈政策或指導工作，應予訓練。員工與員工親友或鄰近的談話，有關公司政策及一切活動，也都有給予更充分的瞭解與收集資料的必要。

六、示範說明

研究報告與正式演講同時用作內部或外界了解研究與公司活動發展的成果，示範說明也可以作公開展覽或類似場合展示公司出品或作業成果之用。

安排正式口頭溝通計劃爲企業總公司公共關係部門的責任。在多廠

公司的地方執行計劃的責任，則爲地方工廠與該廠地方關係有關的公共
關係經理。大型公司總部的公共關係部門，常負全國各廠公開演講計劃
的責任，有時聘用職業演說家，然而大部份還是從公司最高管理階級、
主管級或業務單位遴選代表人發言。

第七章　公共關係與行銷

公共關係實行的對象是人，人在經濟社會中是生產者也是消費者，其充當的角色是多元而且複雜的。人的慾望、觀念常會隨環境而改變。因此，公共關係人員應了解整個經濟社會的產品行銷理念及路徑，對社會經濟動向及成本有深刻的體認，進而實施市場調查分析，所得的資料訊息才不致離譜或無效。

第一節　公共關係行銷計劃

在一九七〇年代，人們開始瞭解，公共關係對商品行銷很有幫助。在七〇年代以前，行銷者一直注意到他們商品是否確實合乎顧客的需求，訂價是否有競爭性，發行面是否寬廣，以及促銷廣告活動是否做得普遍。

照理講，顧客應該對一般商品感到滿意才對，但事實不然，他們常抗議商品的價格太高，或品質不可靠，甚至政府也出面審查商品的價格或品質，因而動搖了傳統的行銷觀念。於是企業工商界要求廣告媒體應根據社會需要與社會責任來傳播它的訊息，顧客不僅考慮商品本身，同時還考慮該企業公司對環境污染及公害問題之處理方式。

如果要將公共關係作為行銷工具，就必需早就將公共關係放在行銷

計劃之中，而不能事後考慮。

　　含有公共關係的行銷計劃必需好好規劃出公司的目標、策略，以及促銷與銷售的方法。公共關係作行銷的工具可以實現下列幾項目標：

　　一、協助打開公司及產品之知名度。

　　二、協助新產品或改良產品上市。

　　三、協助延長產品的生命週期。例如利用公共關係資料從事產品廣告及促銷工作。

　　四、以少數費用找尋新市場或擴大舊市場。

　　五、爲產品及公司建立有利的形象。

　　使用正確的公共關係提供傳播方法實在物美而價廉，但可惜得很，十之八九的新產品都未能善加利用，此種失敗的成本，數以億計。因此，公共關係應包括在行銷計劃之中，不管是使新產品上市，或延長舊產品的生命，使用公共關係途徑都會有顯著的效果。

第二節　公共關係行銷活動

　　有許多公共關係的活動可供行銷之用，如產品報導、抽印文章、參加商展，及聘請公共關係發言人等方式。

一、產品的報導

　　一般公司對「產品報導」和「產品廣告」同樣地重視，因爲產品的報導有第三者支持的含義。報紙、雜誌及廣播、電視對產品的報導都隱含着支持此產品的意味。

　　尤其當產品的消息在新聞中出現時，並非由公司出錢購買廣告時間而來，此時訊息由第三者自行發出，動機單純、報導詳實，自然具有較

大的說服力。

當報導一個醒目而特出的產品時，漂亮的名稱常令人過目不忘，產生良好的印象。例如報導汽車新產品：「跑天下」、「全壘打」、「飛羚」、「速利」等，都有很好的效果。

許多行銷人員常運用產品報導的公共關係技巧作為廣告的工具，但很少的行銷人員能擴大廣告功能的領域達到公共關係的境界。

二、抽印文章

公司若收到報章雜誌，上面刊登有關該公司的產品報導文章時，就應該抽印發送以增加產品報導的效果。抽印文章應針對目標，如批發商、零售商或用戶大眾，他們可能根本沒有看到該篇報導，如果看到，再送一份抽印本，更可增加他們的印象。

抽印文章和其他公共關係活動一樣，要有下列原則：

(一)先做計畫　如果一篇文章對公司關係重大，應妥為規劃。最理想是先向報社或雜誌社訂抽印本，刊物一旦刊出，顧客即可收到抽印本。

(二)選擇目標大眾　將收件人的姓名、職稱、地址準備齊全，收件人經過仔細挑選，保證抽印本可送達最適當人選。

(三)指明抽印本的重要性　在抽印文件要點之下劃上紅線，或在抽印本眉端寫出要點，或另附函介紹這篇文章，使閱者可一目了然。

(四)同類或相關文件的滙合　通常將幾篇文章合在一起，一併寄發，同時抽印本可以裝訂成冊或作展示之用。

目前的影印及複製工具非常普遍及低廉，抽印文件不需要太多成本，在可能的範圍條件下應可盡量提供抽印文件。

三、參加商展

參加商展可使公司產品展示在大衆面前，至於應否參加商展，應由下列因素決定：

（一）**計畫分析** 分析此展覽會的觀衆是何許人？本公司的其他促銷文件，如抽印文章或當地報導是否均無法接觸？再者，這些觀衆是否爲本公司產品的可能用戶？

（二）**選擇主題** 將公共關係、報導廣告及促銷活動統一起來，舉辦商展應齊一公司步調，切忌內部自相競爭。

（三）**確定展出產品** 事先決定何種產品應予展出，應以公司中最有代表性及最叫好的產品爲主。

（四）**考慮商展特刊** 商展特刊乃爲商展而編印的刊物，編者需要照片及報導資料，應及早準備。

（五）**應強調新穎** 新是指陳列產品的新樣式、新特點、新用途，和最近所創的新紀錄。

在商展期間，公司在展出地做促銷工作，使民衆知道公司的產品並吸引觀衆前來參觀，故應考慮展示地點的促銷能力，並請當地報社及新聞記者作報導的工作。

第三節 顧客導向的公共關係

公共關係可以從消費者保護主義立場從事行銷。發展營養食譜、出版消費者通訊、遊說有利消費者之立法，都能有助於公司產品之行銷。如果顧客信任一個公司，這種信心會變成購買該公司產品的行爲。尤有進者，一個公司如果未經政府催逼，自動自發地從事有利於大衆的活動，必能獲得較競爭對手爲多的有利報導。

一個小型企業剛剛開始的時候，公共關係可行銷這個公司。只要用

一點公共關係的小技巧，就可以協助行銷公司的產品和公司本身，對於小型企業使用下列原則頗有幫助：

(一)打知名度　一個小型企業應利用免費的媒體報導其公司，當地媒體多半樂於採用一家新公司、新產品、新人事、新地點等消息，企業家只要花一點時間和當地的新聞記者相熟，總有一位願意採用公司新發佈的消息。

(二)編寫宣傳小冊　不管公司多麼小，總應該編寫一份簡易小手冊，說明你公司的產品、價格，以及你公司的經營哲學等，這種簡易小冊可以當名片使用，見人即送，用以推薦你的聲譽及可信度，這兩者對公司都很重要。

(三)以郵遞行銷　上述簡易宣傳小冊編印完成之後，可以郵寄給顧客及潛在顧客，至於名冊編印，外界有專門的服務業可以提供。該簡易小冊上要有一聯回執聯，或有一份貼足郵票之回信卡，以供收件人詢問問題之用。

(四)參加社團活動　企業家應參加當地商會或扶輪社等，只要肯花一點時間，和地方人士熟悉並不困難，一個小企業家勤於參與地方公共事務是很有價值的。

(五)善用廣告　對一個小企業而言，廣告有很大助益，但也不是非它不可。廣告相當貴，而且如果沒有好好的策略應用，則廣告常是白費的。在電話簿上登分類廣告可能效果不錯，因為這也算是地方性的媒體。印刷品廣告對一個小企業而言應該附上回條，讀者剪下寄回可領獎品，同時也可以知道有多少人閱讀過這些印刷品。

小企業的財力有限，因此最好利用公共關係技巧以加強行銷活動。

第四節 公共關係的行銷時代

行銷學教授菲力浦・考特勒 (Philip Kotler) 曾說過:傳統的行銷方式即將過去,代之而起的將是「社會行銷」,或「公關行銷」的時代。他說:「全球資源日漸減少,通貨膨脹不已,因而購買力降低;顧客變得精打細算;環境及生活品質爲人重視;以及政府之加強控制等,旣然有這麼多令人憂慮之處,今後一個公司如何維持於不墜已屬不易,以往追求成長的勝況將難再現。」

在這種社會特質轉變的情況下,很可能發展出一種「急迫的行銷」出來。其特徵:

(一)重視生活品質　這和以往的推銷術大不相同,將來行銷的任務可能是協助推銷者將推銷工作做得更好;協助購買者將採購工作做得更好;協助政府將有關法令規章訂得更好。行銷產品或勞務品質將是最重要的變數。

(二)利益導向　非如以往的需要導向,今後行銷重視顧客之教育或社會利益,而非其他任何東西。

(三)外界決定　將來可能由外界推派代表作成行銷決定而不再是公司自行決定價格,控制行銷的因素。

(四)無市場區隔　行銷者將無法自行選擇產品,他們將在產品的格式、顏色及款式方面受到限制,種類將大爲減少。

(五)少卽是好　將來的行銷將着眼於資源之節用,不使成本增加,不再像以往盡一切可能以滿足顧客之需要。

如今應強調行銷有關產品、價格、分配、促銷等傳統觀念以外行銷思想的重要性,未來的公共關係將成爲行銷的因素之一,而且會越來越重要。

第八章 公共關係與廣告

　　一般傳統上，廣告是用來推銷產品的，但也用作其他的用途。一九三六年美國華納與斯瓦塞（Warner & Swasey）公司就打出一個強調美國國力及美國商業對將來國家前途重要性的廣告。第二次世界大戰之後，該公司又曾刊登出提倡自由企業及反對政府管制企業的廣告。

　　如果公司企業的首腦人物能夠與其公司公眾的每一份子，坐下來坦誠地談到公司對其服務及人員的感想，以及如何善盡有用的公民與鄰居的責任，就是良好的公共關係。但是一個人怎麼能夠分身來應付數以百萬計的社會大眾呢？因此必須設法通過廣告及其他可行的通路，將公司的產品及服務能力的消息加以傳播。

　　以創造公司形象為目的而非推銷產品的廣告有許多種類。如企業廣告、形象廣告、公共服務廣告，以及公共關係廣告等。這些廣告通常用作宣佈公司名稱的改變、管理階層人事更動、公司合併，及其他有關公司形象之增進等，一九七〇年以後這種廣告形式逐漸普遍。

第一節 廣告的重要性

　　一般廣告是推廣產品與服務，宣傳產品的特點，是說服人們購買的最常用辦法，在許多情形之下，公司還可以購買發言機會，提出公司的

觀點，利用廣告達到促進公共關係之目的。

《時代週刊》稱廣告爲管理部門的喉舌：「不但可以向主顧、而且可向投資者、供應商、分銷商，現在及未來的員工以及輿論領袖進言。公司刊登廣告可以說明公司產品的種類繁多，爲介紹新產品而舖路，協助主顧銷售產品，擴大一種產品或一個部門所贏得的善意，建立公司產品與服務品質及可靠信譽。」

廣告祇不過是大衆傳播的一種技巧而已，使用得當就成爲可供管理當局運用的一項重要傳播工具，公共關係顧問哈羅‧柏森（Harlow Bowson）說：「付費刊登廣告在塑造公司形象方面影響力之大，與其他公共關係技巧是在伯仲之間。」

廣告的重要性日益增加，美國《星期六評論》自一九五二年開始設立一系列的年獎，以鼓勵促進公衆利益的傑出廣告，評審員評定三類促進公共利益的廣告活動：

（一）公司企業廣告　說明公司繼續改進產品與服務而做的研究、工程及管理方面的工作。

（二）公共關係廣告　討論公司或企業的問題、政策，以及社會哲學或經濟目標，使讀者羣衆對公司經營政策及方向有所瞭解。

（三）公共服務廣告　目的在促使個人志願採取行動，以解決全國性的問題，諸如較佳的道路、防止森林火災、較好的學校、宣導公路安全、減少民衆偏見以及鼓勵其他有價值的動機等。

卽使純粹的公司產品廣告，也能使人們了解製造這種產品的公司關懷主顧的福祉。

一位著名的廣告公司經理說：「祇推銷產品而不促銷公司形象的廣告，就是浪費金錢。」「不管廣告所推銷的是什麼，也會同時將出品的公司加以宣傳，這一點是千眞萬確的。因此，廣告爲產品許下眞實的諾

言還不夠，還要表明公司以其廠牌爲榮。」

格魯斯（Krous）說出他的結論：「有了這些考慮，草擬廣告時心中應具有公共關係的觀點才行。」

第二節　形象廣告的興起

一九七〇年代企業界在遭遇多種壓力之下，廣告界出現了新的面貌，非推銷產品性的廣告越來越普遍，其中有些是基於社會公益的廣告。例如社會責任、公平雇用、協助少數民族等的形象廣告。

從企業廣告轉變到形象廣告是非常微妙的過程，以往做廣告是告訴人們這個公司正在做什麼？現在卻是告訴人爲什麼這個公司要這樣做？這樣做對大衆有什麼好處？

以下是幾個形象廣告的例子：

一、我們員工的生活方式，入鄉習俗和本地民衆完全一樣（美國鋼鐵公司所提出）。

二、我們幫助黑人所辦的雜誌，就等於幫助黑人的企業家。（美國大通銀行所提供）。

三、我們不是談論機會，而是創造機會（美國德士古石油公司所提出）。

有一段時間，形象廣告在美國大行其道，但好景不常，不久就遭遇到困難。

一九七〇年代中期，人們不冉相信形象廣告的說辭，有一位廣告研究者指出，形象廣告之所以失去魅力，是因爲這種廣告不遵守傳播法則，而把廣告者的信息，強行加之於人，有時令人難以接受。

形象本身是無形的，不像產品是有形的實體。因此要做好形象廣告

很不簡單，賣牙膏、肥皂的廣告有實際的東西可以看得到、摸得着，但形象廣告所說的袍澤之愛、團隊精神、社會責任等，都是些抽象的觀念，難以令人信服，處理也極爲困難。

甚至有些大公司的高級主管對這種形象廣告的效果也抱懷疑的態度，也可能他們不瞭解形象廣告背後目的的緣故。

尤有進者，這種廣告的效果究竟如何？很不容易查出。因此，管理階層匆匆地接納了它，也匆匆地放棄了它。

一九七〇年代中期，形象廣告延伸而成爲事件廣告。事件廣告乃將特定的事件傳播給特定的對象，而形象廣告則是將綜合的事件傳播給一般的對象。事件廣告的內容係根據事實，讓大眾了解公司對該事件的立場。

第三節　公共關係廣告

美國每年廣告生意大概是二百億美元，最初廣告是用來出售產品和勞務的推銷，其後逐漸演變爲公共關係的工具。最先使用廣告作公共關係的是企業界，迄今仍是企業界用得多，其他機構很少利用，因爲購買報紙版面和廣播時間是很費錢的，不過非贏利機構利用廣告做公共教育工作，則日漸普遍。

「美國防癌協會」和「美國心臟協會」近年來在電視上播放抵制香煙的廣告甚爲有效。美國法令規定廣播及電視臺必需無償提供時間，播放這些公共服務性的廣告，我國目前在三家電視臺亦皆安排有此類「公共電視」節目的時間，這些都是公共關係的廣告推行效果。

希爾（Hill）爲公共關係廣告提供下列原則：

一、措詞要坦白、公正、誠實。

二、用對方慣用的語言，說明要單刀直入。

三、不要高舉或貶低任何人。

四、用簡單的字句說明事實眞象，使家庭主婦也能瞭解，並相信你所說的。

五、一則廣告只說一件事，內容切忌冗長。

六、少用數字，多用圖片，可舉簡單的日常事例。

傳統的公共關係廣告迄今應用仍極普遍。玆列舉如下：

一、公司合併及從事多角經營：當公司與其他公司合併時，大衆都想知道新公司的營業範圍及事業部門，公司可利用公共關係廣告向大衆宣佈。

二、公司人事變動：一個公司的經理人、推銷人員，以及全體員工是公司的最大資產，利用公共關係廣告發表人事消息，不僅表示公司重視員工，以員工爲榮，也建立了員工自己的信心。

三、公司的研究發展：公司投資於研究發展表示公司對未來挑戰的準備，同時也說明了公司未來服務社會的展望，這是公司的資產，值得做廣告從事宣傳。

四、公司生產及服務的能力：公司能夠生產品質精良的產品並且能如期交貨，這一點最爲用戶所稱許，所以值得刊登廣告廣爲宣傳。同樣能提供高品質服務的公司，也應該讓客戶瞭解。

五、公司成長的歷史：一個成長中的公司必然能把握各種有利的機會，人人都願意和這種公司做生意，大家也願意到這種公司去工作。因此，成長歷史是這種非推銷產品性廣告的好題材。

六、良好的財務結構：公司所追求的是財力雄厚及財務穩定，在公共關係廣告中描述公司財務結構健全可以贏得債權人、顧客，及股東對他們的信心。

七、顧客的信賴: 公司顧客也可以用來作為行銷的工具, 如果有某知名人士曾經購用本公司產品, 這就可以做為公共關係廣告, 以引誘別人也來購買本公司產品, 尤其是貴重的物品。如汽車、運動器材等最為有效。

八、公司變更名稱: 有時公司會更改名稱, 為了使大眾將新名稱牢記在心, 吾人必須依靠公共關係廣告來促使大眾注意, 並且一而再, 再而三地重複, 以使他們能熟悉新的公司名稱。

九、商標的保護: 全錄公司、可口可樂、百事可樂的產品名稱已經家喻戶曉。這些公司為了保護他們的商標不被模仿, 他們定期刊登廣告提醒大眾不要忘記他們的商標是什麼樣子。

十、處理緊急狀況: 公司有時會遭遇到一些緊急事件, 如罷工、工廠災害、某種服務中斷等緊急狀況。為了避免新聞記者曲解或報導不實起見, 可以刊登公共關係廣告, 說明公司立場或處置的辦法等, 以安定人心。

第四節　公共關係廣告的未來展望

未來公司所遭遇的壓力將越來越大, 如政府的管制政策、消費者保護主義、被他人控訴等, 大公司尤其如此。公司需要找到一個可以講話的場所, 非產品推銷廣告尤其將繼續為人所重視。

此外有許多公司逐漸關心到自由企業制度、資本形成, 以及經濟成長與環境維護二者孰重, 以及其他許多問題, 他們將利用廣告來表示這方面的意見。

一九七九年夏季, 美國花旗銀行旅行支票曾針對它的勁敵──美國運通公司在電視上所做的廣告大肆抨擊。它在各報刊登廣告, 指責「運

通公司在電視上所做的旅行支票廣告不實，令人誤會。」此種廣告融合了事件及產品推銷兩種性質不同的廣告。

　　非推銷產品性的廣告對我們公共關係從業人員而言，卻是一個重要的工具。每一個公司都有些對公司不滿的大眾，需要利用非推銷商品的廣告加以說服；公司高級主管的做法和想法，需要讓大眾知道，也需要利用這種廣告。等到這種非推銷商品性廣告發展爲事件廣告時，公共關係從業人員就顯得特別重要了。很多公司的廣告部門已經逐漸轉向公共關係範圍。例如大眾要求公司解釋它的信用情形、所作保證、社會責任、產品品質不良要求退換等，公共關係人員的業務範圍日見擴大，責任也日益加重。顯然將來成功的廣告公司不是那些長於推銷公司產品的公司，而是長於推銷公司意念與形象的公司。

第九章　公共關係與調查研究

　　公共關係人員有了行銷和廣告的理念之後，要如何對整體市場獲致結論，必須要有市場調查的分析技術。由於統計學的應用和電腦的普遍使用，致使市場調查或民意調查工作飛快地發展，有了這些工具促使公共關係管理功能更爲健全，調查的信度及效度因而提高。諸如市場供需情形、顧客需求與慾望、民意的傾向皆可由調查數字上獲致結論。

　　意見調查的工作是一項專門的學問，它是應用有系統、客觀、完整的科學方法對所要調查的對象加以蒐集、分析與研究，最後寫成調查報告，以供公共關係決策者的參考和依據。

第一節　意見調查研究

　　意見調查研究爲要「瞭解民意」，最可靠的辦法是找到每位消費者大衆，和他們面對面地討論，但這種做法事實上是不可能的，社會學家及市場研究專家已發展出一種方法極爲省事，只要和少數人談話就能代表一大羣民衆，如果選樣適宜，結果一定正確，這種抽樣的方法，乃是根據統計學和數學或然率的應用，非常可靠。

　　意見調查是目前公共關係實務工作的主要工具，從投資者、消費者，到自己員工及社區大衆，都可使用意見調查的方式進行公共關係的

研究，但在開始意見調查工作前，必須作如下準備。

一、決定在調查工作中確切需要的支援。

二、初步檢查過去在類似調查分析中的發現。

三、考慮並確定此次調查的概念與角度。

四、發展一項調查的假設。

五、決定適當的研究設計。

六、搜集調查所需的數據資料。

七、分析數據以獲取結論及建議。

標準的意見調查工作，包括對外的市場調查及對公司內部的調查在內，必需包括四項主要因素：

一、選樣：所選的目標對象，必須對想調查的全體大眾有代表性。

二、問卷：必須能引導適當資訊，且不會發生偏見反應。

三、訪問：其方式以獲得無偏見答案為原則。

四、分析：須能提供可靠依據，以便推薦行動。

以下就其四種因素，再分別敍述其重點。

一、選　　樣

一旦決定好調查的對象後，研究人員必須選擇適當的「樣本」，或一羣答卷人，答覆調查的問題。玆將各種抽樣調查的方法列舉如後：

㈠隨機抽樣法 (probability sampling)　被訪問者係根據一種機械式的辦法，隨意抽出而產生者，例如在一張名單上每隔若干人抽出一位卽可。

㈡區域抽樣法 (area sampling)　和上述隨機抽樣法相似，卽將所欲調查之地區分成若干單位，列成一表，再用任意法選出實際訪問的單位。

㈢配額抽樣法（quota sampling）　首先研究所欲調查民眾組成之成份，如性別、年齡、職業、收入等，抽樣代表應按照此項比率分配。

二、問　卷

在擬製問卷之前，最好先和它想接觸的大眾非正式地交換意見，這樣可以使你察覺出目標大眾的想法。編製問卷時，問題必須無偏見、不模糊、簡單明瞭。只請受訪者答「是」或「否」，或選擇答案。

一般而言，問卷之擬製，只想一個問題有一個答案，且須避免使用影響受訪問者意見的情緒性字眼，不遵守這些原則的調查，極可能產生無意義或且甚至錯誤的結果。

三、訪　問

透過訪問可以發現私人的直接感受。訪問的方式很多，包括面對面訪問、電話訪問、郵寄訪問及留卷訪問等。

私人面對面訪問可作深入性調查，是最可靠的方式，舉行時可採一對一方式，或採調查小組方式。

電話訪問常會遭到較多拒絕，許多人不願意被電話打擾，電話訪問也常因低收入者不裝電話，而高收入家庭電話常不列入電話號碼簿，而會產生誤差。

郵寄問卷方式費用比較低廉，但通常回件率很低，那些寄回問卷的人士，時常偏見很強。鼓勵高回收率的辦法之一，是附寄貼好郵票的回郵信封，或對回郵者提供免費贈品，以提高其回件率。

留卷訪問是面對面訪問與郵寄問卷技術的聯合使用。通常是訪問員經過面對面訪問後，再親自留下一份問卷。由於訪問員已經和受訪者建

立了一些良好的關係，回件率就較郵寄問卷爲高。

　　總之，不論舉辦何種研究訪問，最好在事前向專家求教。在組織及辦理訪問、擬製問卷等工作時，多參考其他人的意見總有好處。在訪問時，訪問員應避免在發問時加入個人的偏見，爲了避免在無意中提出個人偏見，可在事先作幾次練習。

四、分　　析

　　舉辦調查訪問並收集結果後，必須加以分析。時常需要很多分析工作才能發現有意義的建議。在求取結論之前，必須注意並考慮到誤差。爲了防止出現錯誤或誤導性結論，爲了表現數據資料的確實性，每一項調查研究在統計學上的重要意義，都必須予以檢討。

第二節　衡量調查結果

　　近年來，儘管以數量衡量結果的工作有長足的進展，但公共關係活動的衡量方面，仍甚粗陋。當然，目前確已使用電腦分析正面與反面的媒體宣傳內容，像美國賓州的新聞分析研究所 (News Analysis Institute) 與康乃迪克州的公共關係數據公司 (P. R. Data Inc.) 都從事於把一家公司製造出來的訊息和其所得到的媒體宣傳內容相比較，然後求得媒體對該公司形象的正面與反面描述的情形。這種方法較傳統上粗陋的衡量技巧（即根據剪報數量）已有甚大進步。

　　除去新式的電腦處理調查數據外，若干公司已經加緊努力於意見選樣工作。顧問事務所如希爾——諾爾頓，已經動員其各有關部門，爲客戶辦理態度量表及意見調查表，希爾——諾爾頓爲證券分析家所作的標準意見調查，包括如下各型問題：

一、您對我們客戶目前在市場的地位，意見如何？

二、何以投資人對這家公司有懷疑的態度？

三、我們客戶如何改變它在市場上的形象？

四、我們客戶如何能改進它的財務傳播工作？

五、您對我們客戶的管理才能評價如何？

六、您認爲我們客戶在今後數年內的賺錢成長潛力如何？

在管理部門繼續重視數量結果下，公共關係研究工作的重要性將日益增加（這種新的趨勢，我們或可稱之爲「計量公共關係」）。管理部門希望證明它所轄的各部門，或者能賺錢，或者能說明它的開支有道理，公共關係部門也不能例外。公共關係部必須使管理部門瞭解研究的結果，使它參與研究目標及達成目標的方法。

研究方法的明智使用，對確定問題與評估解決方案而言，都稱得上是一種科技。公共關係人員「只尚空談」的時間已成過去。今天，雖然直覺式判斷仍是一項重要技術，但管理部門則想看到能衡量的結果。公共關係雜誌編輯諾薩特 (Leo J. Northart) 曾說：「壓力越來越大，在警醒和注意成本的管理部門的密切監視，公共關係的結果和功效必須符合他們的要求，否則這個行業將在新聞宣傳及促銷的壓力下呻吟，而無法喘息。」

在另一方面，通曉事務的管理部門會看到，公共關係活動的結果，將永不能達到能容易精確衡量的境界，管理部門對公共關係的信心，是公共關係活躍推動不受拖累的先決條件。想提高管理部門的這種信心，有賴公共關係人員在研究工作上繼續努力。

第三節　民意調查研究

市場調查研究的歷史較為久遠，七十多年前，為了改善商品的分配與行銷，而有市場研究。美國在一九一○年開始為顧客做市場分析。至於民意研究用在探測人類複雜態度及動機為時甚暫。大概在一九三○年代初期才有民意測驗。現在一方面着重研究技術的發展，一方面進行民意的調查研究。其歷史雖短，但其前途卻未可限量。有一點必須了解，民意研究是一樁事，政策決定是另一件事，前者不能代替後者，僅能作為後者的指引。

民意調查測驗，數十年前僅有少數的公共關係先進國家加以利用，最近才普遍採行。美國電報電話公司是最早利用民意測驗的公司，在一九二九年即已成立一個民意調查研究單位，從那時以後，該單位即從事發展調查方法並協助貝爾附屬公司進行調查研究工作。貝爾各附屬公司民意測驗的範圍及目的互不相同，但是他們的注意力都集中在顧客意見，員工意見，以及一般民意的調查，以作公司制定決策及推行業務之參考。

從一九四六年以後，貝爾公司定期舉行顧客態度趨勢研究。一九四九年以後所有各公司都各自辦理趨勢調查。在早期實驗期間，貝爾民意研究員的心得有：

一、如果您請教顧客的意見，他們樂意回答您。

二、直接從顧客那兒獲得的消息最有意義。

三、這種消息對公共關係及電話業務人員都有用處。

二次世界大戰以後，民意測驗和態度調查加速發展，其趨勢正方興未艾。前幾年的甘廼廸、尼克森、詹森、韓福瑞，其後的福特、卡特、雷根和如今的布希總統等政治領袖們都普遍利用這種方法，所可惜的是往往在最緊急的時候，才有人想起民意測驗。

例如有客機掉毀在附近飛機場上，可能有人會想到利用民意測驗來

測定大家對這件事的看法，並探求其解決的途徑，至於平時，卻不易引起人們的興趣。

　　舉辦一次民意測驗可以告訴你，什麼人在發怒，什麼人很坦然，什麼人的消息正確，什麼人誤信謠言；民意測驗又可找出正確的消息、錯誤的消息與堅定態度之間的關係，可以分離刺激的因素，也可以發掘動機；民意測驗又可指出在特定的情形下，何種標誌可以引起羣衆的反應，何種標誌則否。聰明的公共關係人員利用調查來防止問題的發生，不應讓問題演變到不可收拾的時候再來處理它，民意調查研究不僅可作為長期計劃之指針，且可以改進公共關係和傳播的技術。

第十章　公共關係與大衆傳播

　　公共關係的專業人員沒有不重視大衆傳播的，所謂公共關係，顧名思義，就是要與公衆發生關係。

　　與公衆發生關係的途徑很多，譬如開會、演講，可以聚集數十百人；發傳單、貼海報，可以讓數百千人看到；用擴音器廣播可以讓數百千人聽到，舉行展覽或表演可以吸引數千人；出版刊物或書籍可以發行數千百本，這些都有利於公共關係，也各有其特殊用途。但在今日社會中，欲求與廣大的羣衆建立良好的關係，則唯有依靠大衆傳播的媒體。

第一節　大衆傳播媒體的特性

　　大衆傳播媒體乃是專門爲個體（包括個人、團體、政府機構、工商企業）與社會大衆相互接觸、傳遞訊息而成立的企業。任何單位均可利用大衆傳播媒體以傳達訊息，因此用作公共關係之工具最爲適當。因其具有下列特性：

一、普　　遍

　　大衆傳播媒體無論報紙、廣播、電視已成爲家家戶戶必備，人人必看的精神生活食糧。不論城市鄉鎮，不論各行各業，不論男女老幼，雖

然因其興趣不同、程度不同，對大衆傳播媒體的選擇不同、重點不同，但各項大衆傳播媒體亦均各有其變化不同之內容，以求適應。因此只要透過大衆傳播媒體，均能達到與其理想對象接觸之目的。

二、迅　速

由於工業及交通、通訊之進步及科學技術之發展，今日之大衆傳播媒體都以最迅速之方式向大衆提供訊息。一般而言，日報於每晚一時左右截稿，清晨六時左右可送達訂戶，廣播電視傳遞更爲迅速。因此具有時間性之訊息，必須利用大衆傳播媒體，始能不失時效。

三、眞　實

各大衆傳播媒體爲維持其信譽，對於訊息之處理，皆力求眞實。從而獲得讀者或聽衆、觀衆的信心，因此其影響力也特別深遠。

四、評　論

對於重要之訊息，大衆傳播媒體常由其資深記者、主筆或約聘專家作分析或評論，這在報紙中尤受重視，廣播、電視亦常於新聞報導中播入，此項評論尤能發揮領導輿論的作用。

由於大衆傳播媒體有上述各項特性，因此無論是政府機關或公司企業界的公共關係工作，均重視這些特性，儘量發生正面的、有利的作用，而避免負面的、有害的作用。

政府一項施政的推進，可因大衆傳播的有利配合宣導而順利推行，但也可因大衆傳播的不利報導評論而受到阻礙。今天所謂輿論之形成，幾乎都操在大衆傳播媒體之手。至於工商企業，因屬營利性質，與大衆傳播的關係，絕大部分係用廣告方式出之。但如公共關係工作者善於設

計，亦可不費分文，爲大衆傳播所樂於接受，收到公共關係的宏大效果。反之，常有某些工商企業，由於大衆傳播之不利報導而遭遇極大危機。固然其本身存在某些缺點，但對於公共關係的忽視亦爲重要原因之一。

第二節　大衆傳播媒體應持有的態度

大衆傳播在公共關係中旣有如此重要性，然則政府機關或工商企業應採取何種方式與態度，以對待大衆傳播媒體，以下爲數項一般性的原則：

一、指定專人

規模大的機構，應專設公共關係部門；規模小者，亦應指定專人負責。一則指定人員，必嫻熟公共關係業務，可以與大衆傳播媒體建立友誼，易於協調，而免不懂公共關係之人員，隨便應付。再則大衆傳播媒體可有確定之連繫對象，有事時易於溝通及聯繫。

二、注意平時

「平時不燒香，臨時抱佛腳」是公共關係業務之大忌。許多機構在需要大衆傳播媒體代爲宣傳或對某項不利自身之消息加以斡旋時，再去打招呼攀交情，使對方有被利用的感覺，自然不會有效果。因此公共關係人員應在平時與大衆傳播媒體經常來往，保持良好的關係。

三、廣結善緣

隨着工商業的發達，人民生活水準的提高，大衆傳播媒體的種類和

數量就日漸增加。就政府或工商企業公共關係的立場，應廣結善緣，而不應有所好惡。就大眾傳播媒體的成員而言，外勤的記者、內勤的編輯，以至於高級主管，應盡可能地普遍保持連繫，如此才可得到多方面的助力。

四、獨家新聞

大眾傳播媒體由於彼此間競爭激烈，必須出奇制勝，與眾不同，才能顯得突出，因此獨家新聞對每一大眾傳播媒體來說都是爭取的目標。大眾傳播媒體之公共關係部門必須了解這一點，才能妥為處理。

五、迅速處理

大眾傳播媒體所把握者，為一「新」字。凡一事件，如卽時發生，便具新聞價值，稍一擱延，便成明日黃花。大眾傳播多不願報導舊聞。因此對於有利事件，主管公共關係人員應立卽通知大眾傳播機構，予以報導宣揚，切勿延誤。對於不利之事件，則儘量予以延宕，使之事過境遷，便已失去新聞價值。至於大眾傳播機構已經作不利之報導者，則應立卽反應，以期彌補挽救，減少損害。

第三節　公共關係與各類大眾傳播媒體

大眾傳播媒體中，與公共關係最為密切的媒體為報紙、廣播和電視三類，公共關係人員應分別把握其特性，予以利用，以增進其效果。

一、報　　紙

報紙對於政府或工商企業等機構之公共關係極為重要，其利用方式

分爲數項:

　　(一)以新聞發佈或記者會方式主動提供具有新聞價值之消息，供其採用。

　　(二)遇有特殊事件，可特別安排參觀訪問。

　　(三)就某項有新聞性之問題，把握時效，舉行座談會，邀請記者採訪，可增加本機關的聲譽。

　　(四)各報均有工商服務欄，以新聞之方式，作商業性之宣傳，須酌付費用。

　　(五)逕行刊登廣告。

　　報紙如刊登不利於本機構的新聞，可採用下列四項方式來解決:

　　1.找到記者，就本機構的立場說明事件之眞相，請報紙本乎平衡報導之原則，另撰新聞，以抵消原來一面倒之報導。

　　2.具函報社對不實之部分予以更正。根據出版法，報紙如對已刊之新聞如無確實根據，卽應負責更正。

　　3.具函新聞評議會申訴，須詳細述明事實，顯示報紙報導已違反新聞道德。

　　4.向法院提出誹謗之訴訟。

二、廣　播

　　大衆收聽廣播的主要目的在娛樂，是公共關係人員應該瞭解的事實。因此，每一個廣播節目基本上都是屬於公共關係的領域。

　　與廣播媒體之公共關係，應注意下列幾點:

　　(一)廣播電臺雖亦有記者，但其人數遠較報紙爲少，其分工也不如報紙精細，因此除非特別重要的事件，甚難在廣播中作新聞處理。

　　(二)每一廣播節目均有主持人，主持人多著有聲譽，且有基本聽

衆，故公共關係的重點，應置於節目主持人。

（三）無論政府機構或工商企業，均可向廣播電臺包租時間，自行製作節目，作爲公共關係之宣傳。但節目內容應儘量沖淡宣傳意味，以免引起聽衆反感。

（四）在各檔廣播節目中，予以插播，亦可收增進公共關係之效果。節目之選擇，應配合宣傳之內容。

三、電　視

電視爲大衆傳播科技上的最新產物，其發展之迅速有壓倒一切之勢。如將電腦與電視結合之「電讀」大量推廣，則只須按鍵，報紙的版面卽出現在電視螢幕上，提供所需知道的新聞，則電視幾乎可以取代報紙了。

政府機構與電視公司的公共關係，可分三方面來說:

（一）新聞節目　電視臺的新聞節目，因其時間適當、傳播迅速，故能擁有極多的觀衆。同時因電視新聞節目爲配合電視功能，其取材偏重於活動畫面，故各機構如有比較突出之活動，可與當地電視臺記者聯絡採訪，播出更多新聞。

（二）特製節目　電視臺有若干時段，可由政府機構租用，作爲宣導政令之用。如省市政府、新聞局均常以此種方式播出節目，以達公共關係的目的。

（三）提供節目　以工商機構爲主，自製節目。節目內容以娛樂爲主，但在題目、主持人介紹、插播廣告等方面仍可作適當之使用，以增進公共關係。

（四）插播廣告　政府機構或民間團體爲宣傳政令，利用插播方式，製作短片或字幕，在電視臺播出，如行的安全、消防安全宣傳、衛生防

癌宣傳，及家庭計畫宣傳等。

電視廣告費用極高，但如適當安排，其效果亦極宏大。

(五)節目背景　電視節目中常需要現場錄影，以工廠、醫院、農場、庭園等爲背景。如能與節目製作人保持良好關係，當其在劇情上或取景上有需要時，爭取以本機構爲背景，使本機構之實際情形，出現於節目中，不必付廣告費，卻可獲宏大效果。

第十一章　公共關係與企業形象

　　公共關係是一項管理職能，包括評估公眾的態度；使個人或組織的有關政策及制度等，認同於大眾利益；及規劃與執行有關爭取大眾瞭解和接受的行動方案。

　　因此我們可以說，所謂公共關係，本質上正是行銷管理，不僅只是產品或服務的行銷管理，而是組織的形象管理，組織行銷的許多技術，同樣適用於公共關係的企業形象。例如：對閱聽人的需求、慾望，及心理的瞭解，溝通的技術，影響閱聽人的方案設計與執行等。

　　有些公司鑒於公共關係與企業形象之相關重要性，因此制訂一項塑造此種企業形象的行銷計劃，以提昇該公司的無形商譽，並增強用戶及大眾對公司的偏好及美譽。

第一節　企業形象的評估

　　一個企業組織若不先行研究大眾如何看該組織，則殊難建立一個有利的形象。一個人或一個羣體對某一標的物的整套信念，謂之形象 (image)。一個組織對其自身擁有的形象，倘認為滿意，則該組織將只需維繫其形象。又一個組織也許認為其擁有的形象已出現了嚴重問題，則該組織當必設法矯正，及改善其形象。

　　評估組織的形象，有賴於先制訂一項衡量的方法，用以測度各類公眾對該組織的形象。這項衡量包括兩個部份：一部份為衡量組織的「知名度及美譽度」(visibility-favorability)，另一部分則為衡量企業形象的實質構成要素。

　　圖二中：A為組織知名度及美譽度的示例，是對五家管理顧問公司的衡量結果。其中位於象限Ⅰ的兩家管理顧問公司，均享有極高的美譽。特別是公司1，知名度高，且又有極高的美譽。位於象限Ⅱ的公司3，美譽甚高，但卻不太為人所知。因此公司3的行銷需要，應為提高知名度，以使知道該公司為一家優秀管理顧問公司的人數增多。象限Ⅲ的公司4，獲致的好評不及前述三家公司；幸而對該公司印象不佳的人數也較少。因此公司4應保持其低姿態，力求改變其本身的管理顧問服務，俾能引起更多人的好感。倘能爭取好感，則應再行步入象限Ⅱ；然後象限Ⅱ再作較多的宣傳。最後，只有象限Ⅳ的公司5情勢最劣；不但一般認為公司5是一家甚差的服務提供者，而且知之者甚眾。這情勢使該公司降低其已享有的知名度，換言之，由象限Ⅳ轉移至象限Ⅲ；再行策劃，逐步轉向象限Ⅱ，終而至於象限Ⅰ。這一任務，誠非有若干年不

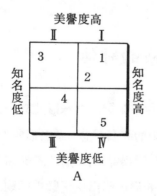

A

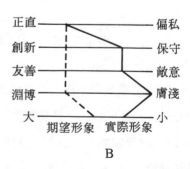

B

圖二　形象評估的工具

能爲功。由此可知，一家公司的企業形象上應採取的策略，確應由了解現有的知名度及美譽度開始。

　　形象分析的另一部份，是衡量企業形象的實質構成。所謂「風評差異分析」(semantic differential)，卽爲此項衡量的可用工具之一。參閱圖二B的圖示。風評差異分析，是先行認定對組織的風評中較爲重要的屬性；並將各項風評屬性分別以高低兩面的極端形容詞表示之。然後進行調查，請受訪人就各項風評屬性一一給予評分。調查研究人員根據評分所獲平均，乃在各屬性的評分標尺上繪成一點；然後連接各點，卽爲該組織的形象圖。

　　玆以圖二I的公司爲例：該公司的風評形象如附圖二所示的實線。由圖可知該公司經公衆評爲頗爲正直；但是卻嫌其偏於保守、敵意、膚淺，及規模過小。該公司從此必然深悉本身的缺點，可能影響其成長力和獲利力。

　　但是以上的分析，只是組織在各類公衆中所享的一種「平均」形象，因此倘就某一特定類別的公衆而言，企業形象也許並非如此。換言之，企業的形象，應就各類公衆分別分析之，倘分析結果，某類公衆對企業的形象可爲組織所接受，則自可不必針對該類公衆作太大的行銷努力。但是此外，尙應就各類公衆之內，研究本公司是否具有「形象一致性」。有些公司也許希望能獲得某項具體的形象；也有些公司也許寧願其在不同類型的公衆中，享有不同的形象，是爲形象的選擇。

第二節　企業形象的選擇和規劃

　　其次進一步的任務，組織應決定其本身希望建立怎樣的形象。決定本身期望的形象時，應注意求其切合實際，而不可好高騖遠，仍以上節

的管理顧問公司4爲例。

假定該公司期望達成的組織形象，如圖二B中的虛線所示。該公司對本身所享有「正直」程度已表滿意；惟願能改善者，是應有較高度的創新、淵博、友善及規模較大的形象。對於這幾項形象的屬性，該公司不妨分別訂出不同的「權數」（weight），以示輕重之別。該公司尚不妨對不同類型的公衆，分別培養其所期望的不同形象。

進至此一階段後，公司4即擬訂一項行銷計劃，俾使其組織的實際形象逐漸移轉至期望形象的位置。茲假定該公司比較重視管理知識的淵博形象，則在行銷規劃時也必以此一屬性爲重點。再假定該公司經檢討後，認爲本身的確缺乏學識優秀的管理顧問師，則自應積極充實人才。反之，倘認爲公司的管理顧問師已屬優秀，所缺者僅是不爲外界所知，則應加強其顧問師的對外表現。例如該公司應鼓勵其顧問師多參加各業協會團體的活動、發表公開講演、選定熱門課題主持研討會、發表有關論文，以及舉辦各項足以引起各業注意，和提高各行各業對公司的重視的頒獎活動等。

該公司尚必須適時再作同樣的形象衡量，始能瞭解公司的組織形象是否已獲得期望的改善。形象的改善，殊非一朝一夕所能爲功；固然由於公司的預算有其限度，同時也因爲公司形象通常皆有「惰性」（stickiness）的緣故。不過，倘若公司的形象歷久而仍無任何進步，則公司應能想到如果不是公司的本質確有缺憾，便應該是公司的形象溝通，尚有不足之故。

第三節　企業形象的加強

公共關係的管理功能不僅是對產品和服務的行銷管理，尤其著重在

組織的形象管理，故任何企業要進行良好的對外公共關係，就應加強建立企業形象。

對於如何加強企業形象，可就幾方面來討論:

一、大企業因爲產品多樣化，採多角化經營，由於廣告成本愈來愈高，因此希望以提昇企業形象來取代龐大的產品廣告費。除此以外，大企業常運用熱心公益，關心社會及顧客福利等活動來創造企業文化，以加強企業形象。

如何把企業形象經過傳播媒體向社會大衆及消費顧客來傳達，是目前公共關係活動的當務之急。由於企業界相互競爭激烈，故產品的區隔定位必須很確定，對象應只限於顧客中的一部份，當確定顧客對象外，再依據顧客的特性提供他們有關企業形象的訊息。

二、大企業應可舉辦提高企業形象的座談會，邀請公司顧問或知名學者舉行演講，推薦公司企業文化，提昇公司的形象。或主編公司的公共關係期刊，針對其消費對象，透過刊物向顧客說明公司的經營策略和消費訊息，使顧客們非但了解產品的內涵，亦得知公司經營的方針和趨勢。

三、企業形象的範圍包括產品的形象、服務的形象，和組織的形象等。故企業公共關係的範圍，不僅限於生產者和消費者之間，或廠商與購買者之間的關係，更包括了企業組織和整個社會之間的關係，所以企業公共關係的使命，一面是經濟性的，而另一方面是社會性的，它不只包括產品的交易過程，而且是社會進步的推動者。

四、目前臺灣的社會正處在一個轉型期的時刻，解嚴之後，我們的社會迅速開放，邁向民主化的時代；加上資訊電腦的發達，使企業界之間的訊息四通八達，加速彼此間的競爭；再則消費意識的抬頭，對於各種產品及售後服務，消費者經常激烈地表達出不滿的意見。倘若企業界

不提高警覺，注意產品的品質及加強各項服務，一定難以立足，尤其更應加強企業的形象，強化對顧客的公共關係。

加強企業形象的作法有許多，簡要提出數項：

(一)企業界首先應建立顧客的信心。

(二)設立消費者諮詢電話，聽取消費者的意見。

(三)籌辦消費者座談會，邀請消費者參與產品的開發。

(四)舉辦和參與社會的公益活動，如義賣、募捐等活動。

(五)提高社會責任，及接受善意的批評，並徹底改進。

綜上所提諸項，企業形象若能建立在「信心」、「誠心」、「愛心」和「責任心」的基礎上，必能被消費者和社會大衆所接納並賦予正面的肯定。

公共關係的長遠發展應確立良好的企業形象，使企業對外的公共關係能穩健而踏實地推廣。使企業界除能追求合理的利潤之外，建立良好的企業文化，對社會盡責任，爲全民謀福利，造福社會，回饋大衆。

第 三 篇
公共關係的範圍

第十二章 對內員工的關係

第一節 何謂對內員工關係

公司內部如果沒有良好的員工關係，想建立良好的外界關係幾乎不可能。 如果公司員工不支持公司， 而要外界大眾支持公司， 也必無可能。公共關係人員已逐漸承認「良好的公共關係來自公司自己內部」。

公司內部意見溝通已成為熱門的話題，公司當局通常都把員工視為一個整體，而不把他們視為各別的個人，忽略了每個人都有他自己的興趣、需要及其願望。如今良好的管理階層都承認，員工具有滿足感及熱切的工作願望，就是最有效的公共關係的廣告。

員工包含幾類大眾:

一、在公私營機構中支領薪水之經理、 管理階層主管、 領班、 班長、技術員、辦公室職員等人。

二、要對這許多不同類別的人只採用一種溝通方式，其成功的可能性很小，所以要關心所有階層的員工。

三、良好的員工關係，應該獲得與公司有關人士的瞭解與尊敬，向他們解釋公司的政策及旨趣，是為了職工的利益而服務。並且更應使那些和公司有關的人士有機會表達他們的意見，進而將社會大眾的意見轉達給管理當局。

第二節　員工關係的重要性

以往大部份的企業常為家族式的經營方式，或是由幾位密友合作，再不然就請鄰人共同經營。但當工業技術高度開發，機器代替了大批人工以後，舊日的家庭式店主與工人間的私人關係便不復存在。

若干僱主看見勞方與資方的隔閡日深，西方國家在一九二○年代便採取企業的父道福利運動，企圖重新建立起僱主與員工間的親密友好關係。但是他們這種父道精神的努力，不僅未獲得員工們的善意回報，反而使員工們對僱主的仇隙日深。

員工沒有機會向僱主表達他們的意見，若干中型和大型公司的員工便走向工會組織，以便與公司管理當局聯絡。公司當局與員工建立良好關係的努力，已經受到勞工立法的限制，勞資之間建立私人關係既然有如許障礙，兩者間的鴻溝便愈形加寬。

二次世界大戰後，因為各公司見到與員工建立良好聯絡關係的重要性，於是較好的員工關係也漸告達成。公司管理當局與員工之間的隔閡，由於員工與管理員間的密切關係及良好聯繫而逐漸消失。

中國的企業文化向來注重以和為貴，僱主與員工之間存着「家和萬事興」的理念，就能維持與員工良好的關係，以臻於「和氣生財」的境界。

第三節　員工關係的目的

員工經年累月在公司工作，對公司瞭解極清楚，因此管理階層必須也能很清晰地面對員工，建立起良好對內的員工關係，一般而言，進行

對內員工關係的目的如下：

一、供給員工各種活動的資料：包括公司的政策說明、工作報導、教育性問題、職工經驗談、退休人員報導、部門特寫等。

二、發展公司與員工間的相互利益：使員工深信公司衷心關懷員工的安全與福利，並使職工以服務本公司為榮的感覺，致使公司的產品品質更加精良，服務更易使顧客滿意。

三、提高員工自尊：公司應重視員工的成就及對公司的貢獻，並報導員工使產品成本降低之成就，及報導產品品質優良符合顧客要求之成就，以提高員工的成就感。

四、促使員工瞭解有關影響企業的因素：應經常溝通，提供有關公司經營的可靠資料，說明事實，使員工能明瞭問題的真象，促使員工十分瞭解影響本公司企業的政治及經濟等各種因素。

五、在最大的範圍內獲取員工之合作：公司企業有任何事故，尤其是有變革時，應於事前說明，而非事後解釋。一切對內公關以協助員工瞭解公司及其職務為原則，以獲得員工最大的合作。

六、建立良好的公司信譽：以事實爭取員工的信任，使其確實感覺公司係他們的理想工作場所，使員工以服務本公司為榮，建立好的公司形象，就易達成安內攘外之境界。

七、鼓勵員工及親友一起建立良好的公關：使員工的親戚朋友及鄰居有機會親自看看他的工作地點，通常公司在工廠內舉辦「家庭之夜」等活動，並招待參觀，及分送紀念品等事宜，無形中可使員工及親友對公司有歸屬及認同感。

第四節　員工關係之重要因素——建立良好的人事政策

健全的管理政策是所有員工關係計劃的基礎，無論就那方面的公共關係而言，都是如此。公共關係部門對員工們所講的話，必須由健全的人事政策所支持，否則便無意義可言。

建立良好的人事政策應包括下列各點：

一、尊重員工人格

(一)實施合理的工作時間　每個員工的體力和負荷都有限度，若是超過負荷或逾時的工作都易造成員工疲勞甚或疾病，所以實施合理的工作時間就是尊重員工人格的第一步要點，有了合理及適度的工時，就能使員工感受到受尊重的感覺，而且充滿了安全感，可安心地從事各種不同類型的工作。

(二)聽取員工不平之鳴　人類生而平等，雖有職務工作高低性質不同，但基本上每人都有表達意見和看法之自由。

員工在遭受不公平之待遇時，一定會發出埋怨或不平之鳴，管理階層應重視這種反應和聲音，有效公關的對內關係就是消彌此種怨尤和不平的管道，成爲員工上行溝通的橋樑，疏導員工的不滿情緒和不平之鳴成爲人事部門和公關人員的當務之急。

(三)提倡企業人性化運動　孟子曾謂：「人有惻隱之心，羞惡之心，謙讓之心和是非之心。」換言之，人生來就有同情心、自尊心，謙遜和進取心，如何提昇人性本善的一面，而消除性惡的劣根，就有賴企業的正常公關運作，對內疏導「誠」、「信」的觀念，致使員工人人守法，人人自治，養成良好的企業文化和健全人格。

二、公允的待遇

公平合理的待遇是良好人事政策的基礎，按照心理學家馬士洛（A.

H. Maslow）的需求層次理論中的第一階層，即為滿足員工溫飽的需求，所謂「衣食足然後知榮辱」，一個人若三餐不繼，則自尊、工作滿足及成就感等皆不重要。

公允的待遇最重要的原則是同工同酬，所謂同工同酬就是任何人從事同樣性質的工作，可獲得相對的同等的報酬。不會因人而異，因地而變。這是良好人事制度的基礎。

三、良好的工作環境

公司與企業的良好工作環境，亦為員工對內關係的基礎，有了良好的工作環境，員工對於公司才有向心力和歸屬感。

良好的工作環境需要有安全的設備，如在一般作業工廠單位，特別有工作安全的措施，還需要有衛生和便利的工作環境，以便員工能安心舒適地工作，沒有心理上的壓力和負擔，能全心全意地工作。

四、工作必須有保障

好的健全的人事制度，首要因素就是工作必須有保障，除了待遇公允，有良好的工作環境之外，最重要的還是工作必須有保障。

待遇的多寡固然影響了員工的工作情緒，良好的工作環境可促進員工的向心力，然而固定而安全的工作保障更是員工安心工作的保證。

任何企業或公司若是工作環境安全，人事制度健全，對員工的薪資及福利都有相當的保障，則員工就樂於在此工作崗位上盡心竭力地發揮一己之長，從事於其終生的職業。

五、加強福利措施

企業與公司更應注意加強福利措施，以維持與員工更良好的關係。

一般言之，公司的福利措施如下：

(一)保險制度　包括健康保險、醫療、生育及各種保險在內。

(二)撫卹制度　對於意外災害傷亡員工及其眷屬應給予優厚之撫卹金，使其無後顧之憂。

(三)補助津貼　員工除了有正常的薪資所得以外，尚需有各種津貼，例如生育補助、醫療補助及其他福利金等。

(四)各種優待辦法　對員工儘量給予優待的補助，例如籌辦低利貸款、分期付款及優利存款等。

(五)托兒所及幼稚園　婦女員工比率越來越高，籌辦托兒所及幼稚園可解決她們的後顧之憂。

(六)福利餐廳及合作社　在現代繁忙的社會中，一般員工的食衣住行若要全面照顧到，亦應為員工預備舒適的福利餐廳及採購物美價廉用品的合作社等福利措施。

(七)醫療服務及康樂設施　員工除了需要有公允的待遇和良好的工作環境外，亦須顧及其健康狀況，有了好的保健醫療服務才能使工作順遂及有效，並且有了好的康樂設施，可使員工儘情地宣洩其精神的壓抑及工作的疲乏。

以上各項為公司之福利措施的要點。

六、升遷與晉級

要激發員工的潛能和促使員工工作的熱忱，最重要的途徑，就是使員工有順暢的升遷管道和普遍晉級的機會，如何作到使每位員工都有工作的熱忱和晉昇的機會，就有賴於公允的升遷和晉級的人事制度。

員工的升遷與晉級應有客觀的標準和公平的原則，所謂：「不患寡，而患不均。」任何不公平的人事升遷與晉級都造成許多無謂的困擾

和糾紛。人事單位及主管必需採行一種客觀而公正的升遷制度，使員工能循序漸進，獲得合理而公允地晉升。如此非但可激發員工的士氣，更可獲得全體部屬的向心力和對內部的歸屬感，是促進員工對內關係的催化劑。

　　以上所述各項爲建立良好人事政策所必備之各項要件，亦爲員工對內關係成功之關鍵所在，有了良好的人事制度，自然能促進員工對內的向心力和凝聚力，「家和萬事興」這句話應用到公共關係仍爲不變的金科玉律。

第五節　促進對內關係的方法

　　與員工利益及態度有關的人事政策一經建立，獲得良好員工關係的次一步驟，便是將這些政策付諸實施，並須先行邀請公司內部員工們的支持。公司當局不能僅賴良好政策而獲得成功，必須經常努力去解釋及澄清政策的內容，以獲致員工們的諒解與支持。

一、聯繫員工的方法

　　由經驗證實，在建立聯繫系統將公司的活動、政策與問題宣示與員工時，必須採取若干基本原則，使所有的事實能以充分而自由地交換，其原則如下：

　　㈠公司當局必須眞誠願意與員工共同瞭解事實的眞象，並積極合作參加設計工作。如果管理部門對它的行動及意向保守秘密時，便無法獲得員工的合作。

　　㈡與員工的聯繫工作必須有往復的回饋系統，昔日由上到下的發佈命令的方式，目前已不適用，因爲它忽略了員工的意見，而他們對所

奉行的命令卻希望能參加些意見。員工們的建議時常會產生出更健全的管理政策和方法。

(三)凡經過幾層主管部門輾轉傳遞而使事實失去眞象者，均須設法避免。

(四)與員工的聯繫方法，在表達方式上應與員工們所受的敎育與經驗相合。

(五)聯繫的方法須由有經驗有訓練的專家擬製，解釋公司情形及報導公司政策的重要工作，不得交付無經驗的職員辦理。

(六)公司的報導，不應該有偏見的宣傳，而須根據確切陳述的事實。

(七)報導必須迅速，過時的消息毫無價值，且會時常引起誤會。

(八)反覆陳述是良好員工聯繫的重要原則。他們不僅須要瞭解事實，同一事實必須以不同方法反覆陳述，以期獲得他們的支持。

(九)向員工報導事實時，須採取分段剖析方法，才能使其明確瞭解。把一件事實分層分段予以報導，比全部報導較易吸收。

(十)員工聯繫的責任，應明白地劃歸公共關係部門統籌辦理。

以上各項爲公司管理當局向員工聯繫的原則。

二、員工向管理當局聯繫的方法

爲了要建立健全的政策，及有效地處理員工關係，管理部門應該瞭解員工對他個人的工作、公司、公司政策及管理部門的見解。

公司企業中通常利用好幾項方法來決定員工的見解，其中包括:

(一)諮詢員工意見　芝加哥西方電氣公司（ Western Electric Co.）首先採用員工顧問制度。第二次世界大戰期間，若干公司都聘用顧問，並正式實行諮詢計劃，以解決職工關係問題。由顧問所提的報

告，管理部門可以知道員工們的一般態度。

但有些公司僅在遇有必要時，才向員工作非正式的諮詢。據克利夫蘭工業聯合會的調查，克利夫蘭地區一百四十六個以上的公司，都是非正式地諮詢員工的意見。通常是在員工請求下，由人事主任或人事單位就工廠內外的員工問題提出諮詢。

(二)員工態度及情緒調查　員工態度及情緒調查，已經被若干大公司認為是可行的工作，因為它可以使員工們有機會表達出他們的滿意情緒及不滿情緒，並且可以找出改進策略、改善工作條件及改進員工關係的方法。員工也歡迎這一計劃，因為他們可以有機會表達意見，並且感覺到他們已經被接受為公司中的一份子。

員工態度調查可以採取五種方法：　1.個人單獨約談會面，　2.員工論文競賽，　3.個人意見調查表，　4.團體意見調查書，　5.調查表及個人約談法之合併使用。

(三)處理員工申訴案件之機構　員工的誤會和苦惱，乃是員工態度的重要反映，設置處理員工申訴案件的機構，乃是員工向管理當局聯繫的健全制度。若干大公司中，申訴的程序，在公司當局與工會所訂的協定上有詳細規定，有的公司則另訂有確定程序，將申訴事項提交管理人員或人事單位考慮。

員工的苦惱及誤會，一般先由管理員或領班予以處理，他們應該根據指示，把員工的不滿情緒立即按照規定程序報告管理部門。

定期檢討員工的困苦，不但可以幫助瞭解所有員工的態度，並且管理當局也藉此以釐訂改進的政策及活動。

(四)門戶開放政策　若干公司內，董事長、總經理或經理辦公室的門戶經常保持開放着，所有員工都可以和他們的老闆討論各樣問題。這乃是與員工取得聯繫的最有效方法之一。

公司主管公關部門的主管若每天固定挪出一小時來接見員工談話，便可使公司保持與員工的密切接觸，因為這是促進員工瞭解的要素。

（五）建議制度　遠在五十年前，許多大公司便以建議制度鼓勵員工向當局提供寶貴意見，在適當處理下，這項計劃乃是員工向管理當局取得聯繫的最好方式。

美國克利夫蘭工業聯合會 (Cleveland Industry Union) 曾經調查一百家當地工廠，證明四十九家工廠都有建議制度。二十五家工廠報告它們的制度推行得特別良好，三家報告它們的經驗很滿意，一家報告它的計劃非常成功，四家報告經驗平常，其餘工廠的報告是尚未發生作用。一九四九年，美國奇異電氣公司 (G. E. Eleletric Corp.) 平均在每千名員工中接到三百五十九項建議，每三項建議中就有一項被採納。

（六）員工代表參加討論　使員工與公司代表，坐在一起討論有關共同利益的問題，也是員工與管理當局聯繫的最好途徑。第二次世界大戰期間，曾成立若干勞資委員會 (Labor-Management Committee)，以促進雙方的瞭解，結果勞工情緒為之改進，他們都感覺到已獲到參加公司政策的權利。

許多成功的公司都使員工參加管理部門的工作。美國巴爾底摩的麥考米克公司，推行一種「多邊管理」(multiple management)，已有十七年歷史。該公司的管理工作由五個小組推行，五個小組中包括職工五十餘名，每半年由工人中自行推選。該五小組為工廠組、推銷組、少年組、商譽組，及成年組。各組建議必須先交成年組通過，然後再按程序提交公司當局。各組所提的建議，多為關於工作情形、人事及管理政策等問題。

以上六項方法乃為管理當局和員工之間保持良好溝通與聯繫的重要途徑。

　　對內公共關係乃為企業本身內部的策略及溝通協調，著重於內部向心力之凝聚及問題之解決，主要是經由互識、認同，以達成企業同心協力之目的。

第十三章　對外的股東關係

股東關係是公司對投資者之間的關係，公共關係工作方面的對象是股東。然而還有其他的人也在公司裏具有財務上的利益，而他們也應該對於公司的一切，獲得充分的瞭解。

第一節　何謂股東關係

公司管理當局與股東們必須明白，每一項由國家立法機構所賦予公司的權利，就具有一種義務或責任。一家公司總是屬於一個有限能力的法人，因爲公司乃是一個人爲的、無形的人身，所以它必須受人手的指導。那些管理公司營業活動範圍的人們，就要像作父母的預防小孩變成不道德的人似地，去盡可能地多負責任，以預防該公司成爲一個觸犯道德的組織。這項責任是肯定的也是否定的。法人的行爲應予以指導，才可以造福人羣。

倘若公司的管理當局和股東們都瞭解了他們對人羣的天職和任務，他們就應該不難明瞭彼此之間的責任。

良好的股東關係，以對股東的利益而言，是擬定健全的財政政策，保持與股東間的往復聯繫，以期獲得他們的瞭解與信賴，提高他們對所有權的自尊感，並可爭取他們的合作以促進公司事業的發展。

　　大多數公司管理部門對股東之漠不關心，是由於它們誤認爲他們只要有紅利可分，便不會關心公司的事務。有些公司人員甚至會把股東看成爲討厭的對象。

　　有的時候，公司管理人員認爲對小股東應該予以忽略或逐出，因爲他們無法瞭解公司的管理問題。有的則認爲不應該把「內部情形」洩露給股東，公司財政應該保持秘密，不能使股東向外洩露而引起競爭。

　　若干股東對公司活動並不關心，他們不出席年會，也不注意公司的問題或政策。少數股東更認爲管理當局可以從他們那裏獲得多數的投票代理權，而在公司集會時控制投票，因此小股東的投票毫無意義。他們對所投資的企業，絲毫沒有主權者的觀念。公司管理部門有責任喚起股東的興趣，及以良好的股東關係技術來爭取他們的支持。這乃是股東關係計劃中最重要的目的之一。

第二節　股東關係的重要性

　　在美國各公司股東的人數一直在增加，據估計有一千五百萬到兩千萬。有些公司的股東增加得非常快而且數量很多，有些是股東人數和公司裏的員工人數相等，有些甚至於股東人數超過了員工的人。重要的不是數字的增加，而是一種每十年增加的趨勢，雖然數字是可以指出一種資本所有權散佈的眞正增加，而且也因此顯示出了民主的資本主義的發展。而眞正的可貴之處，是用以維護公司管理當局之間的良好關係需要的增長， 以及股東增加的各方面 。 除非這種關係是一種完全的合夥經營，這個意義就是大家充滿了瞭解與信心，否則，就很難維護良好的公共關係。

　　股東是一些消息靈通的人，他們可以發表自己的意見，也可以使他

們的意見在地方上或全國性的各階層發生力量，儘管大半都忘記了股東們是創造輿論的一種工具，而事實上確是如此。公司當局如果不在每天的公共事務上去取得股東們的支持，這是一種重大的錯誤。有相當多的社團領導人物，和投資公眾們是一氣相通的。而且公司管理當局有責任去接近這種「財源」。一切營業都會有困難的時候，面臨這種困難的時期，友好而有同情心的股東們，就成為公司最有價值的一種財產。

一位股東，可以在多方面為本公司建立親善的關係。這種親善關係，可以協助公司方面生意興隆，而他自己也可以多分股息。股東之對於公司，除非由公司方面之邀請或提請注意公司之營業，他們是不可能認識他們對於公司營業上應具有職責的，關於這一點，就需要公共關係室主任去審慎計劃，及擬訂一項教育性的方案。

一家製造一般日常用品的公司，可以運用由股東中間選出來的消費者，舉行一個消費者座談會。美國摩托羅拉公司(The Motorola Corp.)，每年舉辦一次股東競賽會，凡是對於公司的改革提出最完善建議的，即視為優勝者。由公司發給優勝紀念品，及電視機一座，並且免費到芝加哥參加股東年會。同樣地，也可邀請股東之中的商業專家、工程師、化學家，或具有其他專門學識的股東舉行座談會，集思廣益，改善營業的方式，把股東視為公司的營業顧問，促使公司和股東關係更為密切。

第三節　股東關係的目標

完善的股東關係計劃目標，有下列十三種：

一、建立起股東對公司的興趣。

二、建立起公司與股東間的瞭解。

三、鼓勵股東使用本公司產品，並自動向他人推薦。

四、減少股東之轉讓股票，設法使股票成為長期投資。

五、減少股東對管理部門及公司政策的批評。

六、穩定公司債券在市場上的價格。

七、提高公司在主權者眼中的地位從而促進公司在社會人士眼中的聲望。

八、將社會大眾對公司的態度，報告並解釋給管理當局，這樣作等於社會輿論的氣壓計。

九、爭取一般股東的信任與支持，作為管理部門繼續控制的健全永久基礎。

十、獲取股東的支持，以為新資本的來源——股東將續投入必需的金錢或支持增募基金計劃。

十一、擁護民主原則，與股東討論自由企業制度的優點，並藉此而普及於一般大眾。

十二、建立起投資者的新利益。

十三、邀得投資顧問對公司債券的建議。

股東關係的目標是建立公司與股東的雙軌聯繫制度。美國通用食品公司股東關係計畫的目標如下：

一、促進人們對通用食品投資的興趣。

二、增加股東購用該公司產品的需求。

三、向財經界人士報導該公司的進步情形。

四、提高股東對該公司的信任。

五、把股東在公司裏的地位告訴員工。

六、擴大員工對股票的所有權。

七、擴大工廠所在地區對股票的所有權。

八、擴大一般社會人士對股票的所有權。

總之，公共關係中的股東關係目標是須建立公司與股東之間的雙向溝通管道的雙軌聯繫制度。公關部門有責任引起公司股東的興起，以及維持良好的股東關係，以穩固公司的財務和發展。

第四節　公司對股東應盡之義務

公司如想在公共關係方面領先，沒有比通過迅速改變中的股東關係更為快捷的途徑。

公司的公共關係單位應對股東們有良好的溝通，維持正常的聯繫，平時對股東們就應盡下列之義務：

一、使股東瞭解公司的一切概況，包括行政管理部門、服務概況、產品、政策，以及財經概況，都可鉅細靡遺地提供股東們參考。

二、提供閱讀與分析公司的報告，以及其他的文件，凡有關公司的各種資料，盡量地提供股東參閱。

三、促使股東親自與公司管理部門接觸，且在必要時為公司效力，股東們是一股無形的力量和資產，若能凝聚眾人的智慧和力量，必可落實公司的經營。

四、促使股東購買或勸使別人購買本公司的產品與股票，使股東成為本公司最好的推銷員，促使公司的產品更有銷路，股票更為活絡增值。

五、任何財務狀況，都應讓股東瞭解，使股東支持公司。公關部門去作一些支援本公司任何財經方面，改進方面及智慧方面的事，並且任何有關財務的狀況，都應使股東了解，並支持公司的政策。

股東們都喜歡公司尊重他們，並且加以禮遇，將會收到良好的效

果。公司應該善盡對股東的義務，則對股東的公共關係就成功了一半。

第五節　股東聯繫的基本原則

公司與股東必須經常保持聯繫，倘若遵行下列原則，便可與股東採取有效的聯繫。

一、向股東所提出的報告，必須簡明、容易瞭解、不用專門術語。因為各公司大部份股東都是一般社會大衆，很少有商業知識，更不懂得會計術語。

二、對股東的聯繫必須繼續不斷。因為經常有新股東加入公司，同時也有人賣掉股票。股東經常變動，與他們來往必須持續不斷。

三、採取一套引人入勝的廣告技術，來爭取股東讀者們的興趣，以謀求與股東的聯繫，大部份人士對財務報表及統計數字常感枯燥乏味，若採用較吸引人的廣告手法，則可引人入勝，漸入佳境。

四、管理部門與股東間的私人接觸，是良好股東關係的主要條件，公司的年度報告、股東雜誌及股息通知書等雖有很大功用，但是印刷品永遠不能代替私人接觸，相信提高股東興趣之法，是友誼的私人接觸。

五、為獲得股東的信賴，管理當局必須把公司兩方面的情形 —— 無論好的或是壞的 —— 都報導給他們。銷路增加與盈餘增加的消息，自然應該報告，但是公司的不幸情況，如罷工、原料缺乏、捐稅增加及減產等消息，也應該與股東公開討論，不可欺瞞股東。

第六節　股東聯繫的方法

個人的關係是公共關係最需要的方式，不過，時間與費用是一個限制因素。個人親自的接觸，可以在股東年會上，透過股東來公司訪晤，以及公司職員們在公共場所裏出現等方式通行。近年來對於股東年會的安排工作，已經有了改進。同時，力求年會的內容與性質兩方面，更能引起股東們的興趣，年會會址力求方便適宜，並且設備完善，可使會議成功。會前鼓勵股東們踴躍參加年會的宣傳工作，對於會議的成敗關係很大。會議如在大都市舉行，公司應供應交通車輛，且應供給膳食。年會進行期間，可同時舉行博覽會，並贈送與會人員紀念品，如：貨樣、日曆，以及小型紀念廣告等。也常常把有關公司的影片在會中試映。會中，由公司經理人員及各部門主管報告公司的各樣營業概況，並鼓勵與會股東發問與參加討論。

與股東聯繫的主要方法，為採用印刷品或電化教育的方法，或採用座談方式或私人接觸，或上述兩種方法的合併使用。良好的股東關係的計劃，必須是往復地聯繫，一方面獲得股東的意見，一方面把公司希望股東所知道的事物予以告知。

與股東們通信及編寫公司年度報告書是與股東聯繫最重要的工具。茲絜述如下：

一、與股東們通信

由於與股東們保持個人的接觸上具有顯著的限制，就產生了一種代用方法與之接觸。當然，有時候可以運用電話和股東們聯繫，但最重要的代用方法，就是一種或多種方式的通信工作。

一種惡劣的股東關係，就是當偶然有事要找股東們接頭時，卻無處去找。有時候為了要分送股息，公司竟不得不大登廣告去尋找股東的住所。甚至於一家辦事效率很好的公司，也沒有把一位臨時的股東登記上

去，在這種情形下，公司就和大部份人們失去了連繫，信函在股東關係上是很重要的，一封友好的而且由公司經理或某一重要部門主管簽署的信函，最受股東歡迎。一封信也可以幫股東們去認清公司裏職員們的名字，信函就代替了公司管理部門人員的一種人格。股東們如果給公司寫了信，他們盼望公司當局能夠立卽注意到，而這些信應該用那些高級人員的名義，予以迅速而圓滿的答覆，回信裏在答覆問題時，不應該用那些遁辭以及模稜兩可的句子。

在作年度報告時，可用特別型式的信函，通知股東們有關公司的進展情況，不管生意好壞，都應該據實以告。主管推銷與生產部門的負責人員，發現有關報告一項新的措施，一項研計究劃，開闢一個新的市場，產品的一種新用途，一種新式樣，以及諸如此類的信函，對股東們特別有效。

二、編製年度報告書

不論是一種印刷精美的五十頁或者更厚的小冊子，或是一種單頁的報告單，年度報告書正在很迅速地成爲企業公司方面的一項重要制度。它是一家公司的年鑑——是一年來董事會成就的記錄、公司管理部門受託人的職分以及被股東們委託的用途達到了什麼程度。因爲年度報告書是股東接到的最重要的報告之一，所以對於報告書的形式必須加以注意，同時其內容亦必須充實，足資珍貴。

三、印刷品及電化教育方法

以印刷品及電化教育方法向股東報導公司情形的方法如下：1.年度報告書，2.臨時報告書，3.年會或地區會議通告，4.股東雜誌，5.股息及年度報告廣告，6.股東通訊，7.財務報告，8.對股東的特別贈與，9.

活頁小册子, 10.影片, 11.進步情形, 12.股東會議報告, 13.股東競賽等方式。

四、採用座談會方式或私人接觸

股東座談會或個人接觸的主要方法如下: 1.股東年會, 2.股東地區會議, 3.開放公司或參觀工廠, 4.個別接見。 用印刷品與股東保持聯繫, 雖然極關重要, 但它永遠無法代替私人接觸的方法, 因為私人接觸可以建立起管理部門與股東間有效的往復聯繫。

以上所述各種方法是與股東聯繫的重要途徑, 良好的股東關係計劃, 必須是往復地聯繫, 如此才能收到改進股東關係之宏效。

第十四章　對外的顧客關係

　　良好的顧客關係，應當考慮消費者的利益，並採取健全的管理政策
為他們服務，並須解釋公司的政策使他們瞭解公司的產品、政策及有關
的財務及經濟問題。

第一節　何謂顧客關係

　　通用汽車公司副總經理兼公共關係主任強調顧客關係的重要性時，
曾說：「所有大小企業的最大急務，是要認識它們的存在是依靠着顧客、
決定於顧客及為了顧客的利益，我們只要具有如此的公共關係概念，便
不會有太大的錯誤。」

　　一個工廠，每天總要製造成千上萬的商品，運銷給全國各地的消費
者，使用的人只曉得商品的牌子，結果是製造者與使用者間的瞭解便告
消滅。顧客關係的作用，就是要儘量恢復上述二者之間以往的相互瞭解
情形。

　　本世紀初葉，商品與服務都比較缺乏，各企業全力注意的問題，是
如何生產更多的商品以滿足顧客的需求。此後因為高度效率的大量生產
設備問世，生產量大形增加，消費者無法全部吸收，以前的銷售市場，
現在已經變成購買者市場。企業方面已經不會被生產問題所困擾，而新

的問題，則是如何增加消費以維持生產。因此，顧客關係便成為製造商與分配商之間的重要問題。

顧客逐漸認清他們在企業經濟中的重要地位，結果產生出所謂的「顧客運動」。他們希望明瞭產品、價格、品質、供應的情形，並且希望曉得如何使用商品，才能獲得最大的價值和服務。他們這種希望，使各企業機構，有絕好的機會通過學校、大學及婦女組織，用教育方式去接近顧客。因此，顧客教育已經成為若干著名公司中顧客關係計劃的課題。

第二節　顧客關係的重要性

沒有那一個單獨的個人或公司可以真正地「擁有」一種營業。直到那些具有自己自由意志的個人決定去贊助一種營業，這種營業才算真正存在，除非是這種贊助持續下去，否則營業一定會失敗。

當一種營業停止了研究對顧客的公共關係，而且停止了為它的顧客服務的時候，生意一定會垮臺。因此，在商業界中最重要的人物乃是當時的顧客與未來的顧客。所以，顧客的關係是企業組織裏整個公共關係計劃中的體制內最為高昂的活動之一。

對於良好的公共關係最嚴重的傷害，是正當顧客們開始不滿足的時候。沒有商人能妄想着他的商品可以使每一個人歡迎，就是說能夠滿足所有顧客們的幻想與喜好。然而這雖然是不可能的事，而對於那些指導一家公司裏公共關係政策的人們來說，勉強試着向滿足所有顧客們的理想的目標這件事，乃是他們每天的挑戰。

換言之，他們每天都應該朝着這個目標前進，一家公司能夠使他們的顧客們愉快的程度，甚至於在相反的情況下，也就是在顧客們對於該

公司不歡迎的程度，乃是對該公司在公共關係計劃幕後的領導與鼓勵的眞正衡量的尺度。

第三節　顧客關係的目標

任何企業和廠商的顧客關係計劃，主要須決定於所製造的產品性質、顧客大衆的性質和數量，以及公司的資源。一個大規模的消費物品製造商，可以就它的產品發動一項廣泛的顧客教育計劃；一個大的零售商可以設立一個商品試驗所，爲顧客服務，來滿足顧客不同的需求。

所有進步的企業，其顧客關係活動，都有下述目標：

一、決定顧客對公司政策、行動、產品或服務的意見。

二、檢討向顧客們發表的有關價格、價值、服務及品質的報告書，不得有虛僞或誇大之處。

三、發掘顧客有何不滿之點，以改進其服務，再分析不滿情緒之眞像，以探究其原因何在，並糾正業務上、程序上或政策上的缺點。

四、使顧客大衆接受公司的產品和服務。

五、訓練公司中的服務人員，對顧客大衆予以迅速、確實、禮貌而友好的服務。

六、向顧客大衆報告公司的產品、服務政策及業務。

七、顧客對公司產品及服務情形如有詢問，應立刻予以答覆。

八、研究產品，調查消費者的需求，或試驗產品，使製成的產品或服務，能使顧客們更爲滿意。

九、用淺明易解的名詞，在產品的標貼上，解釋產品的特殊成分，使他們明瞭產品的品質和特性；並規定產品的等級和標準，供顧客們自行選擇之用。

十、消滅製造及分配時的浪費，按照品質訂立最低的價格，並使顧客享受到高度效率的利益。

十一、與代表顧客的團體合作，使他們能夠認清品質及滿足他們的需求。

美國電話電報（AT&T）新英格蘭公司，對顧客關係的計劃有八個目標：

一、強調友好禮貌服務的重要性，是所有部門的主要目標。

二、研究那一種要求無法使主顧完全滿意，以最大的努力避免此種問題之發生，如果某種要求無法予以允諾時，應設法提出適當解釋。

三、研究主顧對服務的批評，並設法擬定糾正方法。

四、採取向大眾報導新聞的科學方法。

五、向社會人士報導一般性趣味的問題，使他們對公司及職工情形更爲瞭解。

六、與新聞及廣播界人士建立密切的關係。

七、對繼續改進公共電話服務事項應妥予計劃。

八、強調公司汽車小心駕駛及謹愼停車的重要性，特別是在公司建築物附近更當謹愼小心。

以上是公司對顧客關係計劃的目標。

第四節　顧客關係的策略

在對顧客關係計劃的特別目標之下，公司應有基本的策略，確定管理部門對顧客大眾所採取的基本態度。爲了要達成顧客關係的目標，公司必須樹立健全的顧客關係策略或標準，以推行對顧客的關係。與他們來往的基本原則，乃是顧客關係計劃中特別目標所建立的基礎。

顧客關係的計劃，如果沒有健全的顧客策略作穩固的基礎，便無法奏效。良好的顧客策略，可以用美國電報電話公司的貝爾電話系統作爲實例：「以最低的成本提供最好的電話服務，保證財務健全，及職工的合理待遇，對公司投資的人士一視同仁。」

對顧客關係的策略應包括下列各點:

一、認清顧客關係應由誰來負責

良好的顧客關係，乃是企業公司中每位員工的責任。公司中每位職工及管理人員的言行，都可以影響顧客對公司的態度。

但是公司裏的人員，並非每人都能擔負起建立公司商譽的責任。因此，必須由專門負責的人員或機構去主管此事，鼓勵員工建立起公司與顧客大眾間的好感。

推行顧客關係的主要責任，應交由公共關係部門負責，該部門協助各營業部門，指導鼓勵公司同仁推行良好的顧客關係。除此，公關部門更須利用消費者出版物、廣告及其他方法，將公司情形報告給顧客大眾。

有些大公司裏，在公共關係部下專設一組，負責設計及推行顧客關係的計劃，有些公司的顧客關係計劃，由顧客服務部負責，而不交由公共關係部門，更有些公司的顧客關係計劃，則由公共關係及顧客關係部門共同負責。

二、對顧客報導公司的情形

顧客的選擇，決定於他們對公司的信任。商品品質對顧客選擇的影響，只佔全數購買量百分之十五，其餘百分之八十五，則完全依靠他們對公司商譽的信任。

因此，公司必須使顧客們瞭解它們的政策和業務，以建立起良好的信譽，並必須使顧客明瞭有關公司及其活動的下述各點：

（一）公司沿革　公司成立的時期、起因及經過；創辦者為何人；最初工廠的所在地；最初所製的產品；公司的發展經過；新產品及工廠之擴充；公司沿革中的有趣典故等。

（二）管理人員　公司中各部門主管者的姓名，他們在公司裏的晉陞情形，他們的其他商業活動，興趣及嗜好；公司中各機構的委員及所獲得的榮譽。報告公司管理人員的情形，可以使一個無生命的公司人格化。

（三）人事及勞工關係　公司中服務的職員數目；職工的福利情形；平均的服務年限；職工中持有股票的人數；工作的穩定性及勞工賠償。這方面的報導，可使公司及業務賦有人性。

（四）工廠及分公司　工廠、分公司、倉庫及銷售所與服務所的規模、數目及地點。這些事實可以表現出一個公司的規模和設備，並且建立起顧客對公司的尊敬。

（五）財務狀況及業務　資本情形、股息日期、比較銷售量、收益、捐稅、每股收益、股東數目及職業、公司全部資產及負債、收益之再投資、逐年資產增加情形、財產目錄。以上各種事實，應該用顧客能夠瞭解的名詞加以解釋，以樹立公司的信譽。

（六）管理政策　公司裏的人事、財務、顧客、研究、服務、廣告、銷售、產品、勞工及運銷等政策的真象如何？把這些政策加以明晰而有趣的解釋後，顧客便可以對它們有較清晰的認識。

（七）運銷方法　運銷是利用那一類的分配者？所利用的分配方法的優點何在？主要的分配者是誰？這種報導可以使顧客明瞭：良好的運銷可以造成較好的服務及合理的價格。

(八)組織　公司的主要部門、重要職員、管理人員、助理人員、分公司經理及管理員等的地位。許多顧客都注意公司的組織關係，及其特別職責與職權範圍。

(九)研究與發明　每年投資於研究工作的款項、研究人員數目、研究設備、技術人員的經驗、研究工作及實驗室組織、研究的成果，這些都是應該和顧客們討論的問題。

(十)競爭地位　與其他公司比較銷售量、收益及研究發明。這些事實可以表現出一個公司在同業裏的地位。

(十一)社會責任　一個公司對高度就業、高度生產、高工資、職工對顧客安全及購買力的貢獻，可以用來答覆社會人士對公司及經濟制度的攻擊。

三、對顧客報導產品情形

有些顧客，雖然可以從售貨員和廣告方面，獲得一些有關產品的情形，他們很希望獲得更詳盡更特殊的報導。他們的一項主要批評是：廣告和售貨員並不能詳盡說明產品或服務的價值，無法使顧客在購買時多有認識，因此，便無法滿意地使用他們購進的商品。

顧客對產品所關切的問題有如下各點：

(一)產品的特點　他們所關切的產品品質計有：形式、技藝、設計、構造、裝飾、外形、色澤及質料。使用紡織品的人多注意棉紗股數、緻密性及均勻。

(二)原料　若干顧客都特別注意產品所使用原料的來源、等級、檢查、試驗、資料之劃一、製造方法、供應及成本、品質等。

(三)製造程序　產品製造時的各種程序，也是大多數顧客所感興趣的問題，其中包括原料的調製，特別或專有的程序、技術、檢查、特別

裝備、試驗室的試驗，及生產管制等。

（四）產品或服務的改進　產品的起源或發明，成分或原料的改變，改進品質時的設計，試驗或其他步驟，都是顧客們所關切的問題。

（五）競爭地位　顧客們都喜歡把一種產品和另一種相似的產品相比較，如顯著的特性、用途、構造、等級、大小、形態、裝飾、價格或比較的事務費用等。

（六）產品供應　經常供應產品，表示能以正常地交貨，以新換舊爲顧客服務，這些乃是對工業消費者的重要因素。

（七）產品包裝　包裝品的利用、使用之便利、物品的保護及再利用的價值，對一部分顧客極爲重要。

（八）用途表演　購買紡織品的用戶，希望能曉得材料的特性，如顏色的耐久性、是否收縮、有無韌性、對水光熱有無抗力。購買其他物品的用戶，也希望對物品的使用價值獲得證明。

（九）貨品種類　顧客希望明瞭貨品的種類，如大小、形式、顏色、重量、裝飾、編製、設計或其他特別的性質。

（十）服務與保養　把物品所需要的照料與保養，例如應如何洗刷、加油、調整、冷卻，及保證滿意的使用等，加以說明，乃是對用戶的重要報導。

（十一）價格　許多顧客對商人及製造商的定價政策，都一無所知，他們時常抱怨，在價格和品質之間毫無關係。因此，必須將眞實的價格告訴顧客，以幫助他們解決購物的問題。

（十二）品質標準　多少年來，顧客一直對判斷產品品質的標準發生興趣。許多公司都已經根據政府機構所訂的品質、大小及量度把貨品分等列級。

四、研究顧客的意見

顧客對一般企業及某些特別公司的態度，乃是樹立健全顧客政策及設計顧客關係計劃的最重要基礎，通用汽車公司在若干年來一直沒有一個主顧意見調查部，從事於決定顧客們對汽車設計、色彩、附屬物及其他形態的愛好。

若干公司都由商業調查部、市場調查部，或營業廣告部的調查組，來調查市場情形，以期獲悉顧客對公司、公司業務、政策及產品的意見。

除去自行推動的顧客調查工作外，有些公司更委託外面的顧客調查顧問，來調查顧客的意見。輿論調查公司已經對各部份的顧客大眾意見予以調查，以使管理部門知道各顧客團體的重要態度。

若干公司與顧客作個別接洽，由顧客報告他們對產品、政策、改進及其他問題的意見。通用食品公司利用散佈在各地的兩萬五千名婦女所組成的顧客委員會，以獲得她們對產品及公司業務的意見。進步的零售商已經設立顧客顧問委員會，由有代表性的顧客所組成，以獲得他們對商店政策、商品及服務的意見。

研究顧客意見的另一方法，是分析他們對公司、及公司產品、政策或服務的不滿情緒。顧客關係部在處理顧客不滿情緒及發掘原因的工作中，應該與申訴部及調整部密切合作。分析不滿情緒可以使公司糾正業務及政策上的缺點，以公共關係的活動，糾正不協調的顧客關係。

美國紐約麥西公司的顧客關係委員會，定期審查它的「調整服務」，並研究影響顧客關係及服務的程序。該會建議以適當步驟修改及改進「調整活動」，以期獲取顧客們的最大好感。

五、顧客計劃的擬定

設計顧客關係計劃的第一步驟,應當把顧客大衆對公司及公司政策、產品、業務及問題的態度, 具有充分的瞭解。

公司須舉行調查, 以確定顧客關係問題, 並決定他們偏見的性質、缺乏瞭解的原因, 以及反對公司的情形。在推行顧客關係計劃時, 必須繼續舉行調查, 以判定目前所採用的技術, 在建立顧客對公司的良好態度上, 是否已經收效。

調查結果的應用是設計顧客關係計劃的第二步驟, 是選擇出顧客的態度、批評及建議以備考慮。首先採取的行動, 是檢討並修正顧客所反對的政策和作業。舉例來說, 如果他們認爲某公用事業的公共汽車, 污穢而不舒適時, 那麼爲了順應大衆要求, 公司的第一項行動便是清掃、修飾或改進車輛的外觀。只有在採取行動以解除顧客的批評後, 公司才能夠就此問題與顧客從事聯繫。

公共關係部門的人員, 必須把那根據調查結果而擬定的方法, 向最高管理當局提出確切的建議。當公共關係部門未向顧客報導公司的情形前, 公司內部還有許多事要作。

當顧客關係問題已經確定, 並改進政策及作業, 以滿足顧客的批評後, 公共關係部便可以準備設計聯繫的計劃, 把改進的政策、產品或作業報告給用戶, 以獲得他們的接受。向顧客聯繫的途徑很多, 可以分爲兩大類: 私人聯繫或印刷品聯繫。

公司中服務人員與親友和鄰居的每日私人來往, 乃是對顧客聯繫的最直接途徑, 可以把公司的產品或服務銷售或分配給最後的顧客 。 因此, 良好的職工關係, 乃是使公司服務人員, 把公司情形報導給顧客的最主要因素。但是私人的接觸究竟有限, 因此必須使用印刷品或其他聯繫方法。

第十五章　對社會團體的關係

在多元化的社會組織中，公共關係扮演了溝通各階層的角色。無論對於公民營企業，及非贏利機構，包括社會福利團體、民眾團體、慈善團體、宗教團體及科學團體等都賦有不同的功能。

第一節　社會團體的特點

社會團體即社會的非贏利機構，包括社會民眾團體、慈善團體、宗教團體等。它的公共關係，與企業商店的公共關係性質完全不同。

因為非贏利的社會團體與商業組織有顯然不同，所以才有特別的公共關係問題發生。社會團體在公共關係方面有其特殊的地位，因為它的主要目標是服務社會人羣，所以會受到社會人士的經常關注。社會團體即非贏利機構必須使社會人士明瞭它們的目標、動機及活動，然後才能有效地推行工作，如欲獲得社會人士的瞭解，必須先推行健全的公共關係。

社會團體與私人贏利企業有若干不同之點，而影響它們的公共關係問題及活動。它們主要倚賴社會大眾的支持，如捐款及會費，而會員在繳納會費時，則不曾希望獲得什麼報酬。

非贏利機構裏的大部份職員都是不接受報酬的義工，他們賣力地提

出自己的時間來服務，但缺乏訓練和經驗。結果，非常可惜地，社會輿論和大衆反而有時會批評他們的成就。

　　非贏利機構的服務，在性質上不太具體，必須經常加強說明及宣傳其工作內容，才能使社會人士認識他們的服務價值。因此，若干進步的非贏利機構，已經看清公共關係是徵求新會員興趣的重要功能，也朝着強化公共關係的目標，訂定社會團體的公共關係計劃。

第二節　社會團體公共關係的組織和目標

　　社會團體及非贏利機構中推行公共關係的組織形態，視各該團體公共關係目標的大小和範圍而有所不同。在若干團體中，公共關係僅是一位執行秘書或助理的兼職工作；在其他團體中，由一位公共關係主任及助理秘書處理公共關係活動；還有些團體則設立公共關係部門，聘請報導、出版，及其他聯絡工作的專家。

　　有些社會團體或非贏利機構的會員，同時也是公共關係問題的專家，他們經常自願服務，向各該機構的當局或公共關係部門幫忙或建議。

　　非贏利機構中經常組成一個公共關係單位，對公共關係計劃加以監督。當某一非贏利機構的主要目標為籌措基金時，應組織龐大的勸募機構，包括主席、工作隊長及隊員等，此外更須在總部中僱用一些公關工作人員。

　　社會團體及非贏利機構公共關係活動的主要目標：

　　一、徵求會員。

　　二、說明該機構對社會人士的目標、活動、政策及成就。

　　三、決定社會人士對該機構及其計劃的態度。

四、協助基金募集運動，藉以充實資源。

五、糾正社會人士對該機構及其政策與活動的誤解，並答覆批評。

六、爭取立法對該機構措施的支持。

七、使會員瞭解及利用它的服務，並且參與團體機關的活動。

八、協助每個會員把公共關係計劃推行於地區或鄰里。

九、徵求對該機構的自願工作人員。

十、改善職員的關係。

以上所述為非贏利機構的公共關係目標。欲期社會團體及非贏利機構的公共關係健全，應該從良好的公共關係計劃和策略開始。

第三節　社會團體公共關係的策略和計劃

擬定一個社會團體和非贏利機構的公關策略時，必須考慮社會人士的態度，他們對該機構的服務、活動、政策、人士或公共關係政策的意見如何？必須予以注意。

比較大的機構，多聘請職業性的輿論調查專家測驗輿論的動向，以決定他們的意見。實施調查的時候，一般多利用通信、私人訪問、電話聯絡，座談會及非正式談話等。

有效的公共關係應該從各該機構的內部職員及會員做起。在那裏服務的人士，必須首先瞭解並尊重它的政策，期能影響他們的親友和一般社會人士。

對內部職員及會員的教育計劃極為重要，非如此不能使他們對該團體所提供的服務具有清晰的認識。教育計劃，應該在公共關係單位或公共關係職員與各部門負責首長合作之下去擬訂。

一個社會團體及非贏利機構的公共關係計劃的設計，應採取如下的

步驟:

一、成立公共關係部門

良好的公共關係，需要機構中的所有人們共同合作建立起良好的瞭解，並尊重該機構。但是必須委派專人或機構負責調和所有人們的努力。再者，負責的公共關係部門，必須根據年度預算推行。

二、舉行輿論調查

改進服務，製訂健全計劃，改善私人關係，克服外界批評，求取大眾好感及瞭解等，都須明瞭社會人士的態度。公共關係人員的職責，應為擬定各種方法，使輿論的反應能通過會員而達到管理部門，以協助公共關係管理人員對於社會大眾解釋內部情形的方法及目標上，能夠有所決定。

三、擬訂政策及目標

修正目前政策及活動，改善目前服務方法及公共關係的計劃目標，應以輿論調查的結果為基礎。公共關係主任在一個機構中所佔的地位，應該使他能夠參加全面政策的決定及公共關係活動。

四、選擇聯繫的方法

一個非贏利機構對社會聯繫的主要方法，應當靠它的職員及會員的努力，因為他們對社會大眾的接觸可以代表機構去達成聯絡的任務。

某一機構在推行公共關係時所選擇的聯繫途徑，主要是先看它的目標、規模、基金，與所接觸的社會大眾的性質，以及在該地區中所能運用的聯繫方法。

五、計劃的執行

一個全國性非贏利機構公共關係計劃的執行，必須經常加以監督，以保證有效的配合，及獲取各地方單位的支持。總機構的職員和地方支會的公共關係代表的定期集會，也有助於保證地方團體對全國計劃的遵守。

第四節　社會團體的聯繫方法

一個社會團體或非贏利機構的公共關係計劃，應該利用政策、活動及服務的聯繫方法向職員及外界大衆報告它的目標。在內部，應當指示並協助會員將有關情形報告給社會人士；在外部，應把機構內部情形報導給外界大衆，以獲致他們的尊重和瞭解。

一、對內的聯繫方法

向機關內部的人士如會員、公共關係委員等，用下列主要資料去報導：1.公共關係手冊，2.公共關係報告，3.出版物或公報，4.公共關係參考資料，5.轉載公共關係論著和廣播稿。玆詳述於後：

(一)公共關係手冊

社會團體及重要的非贏利機構，常編印公共關係手冊或概要，供給各委員會及外界機構使用，以便設計及推行有效的地區計劃。

美國童子軍公共關係部所發行的「公共關係手冊」，乃是公共關係手冊最好的實例。該手冊包括下列各問題：瞭解公共關係的基本條件；公共關係委員會及其人事與業務；一般原則；全國與地方的關係；特別事項；報紙、圖片、木刻、廣播與電視、電影；公共關係政策及逐步的

程序等。

(二)公共關係報告

爲了要使機構中的職員及會員明瞭公共關係活動、計劃及成就，若干非贏利機構都發佈年度及特別報告。最好的年度報告，可以舉出美國全國紅十字會的報告爲實例，該報告共有二百二十二頁，描寫公共關係計劃、目標、聯繫途徑及全國與各地區公共關係的成就。

(三)出版物或公報

出版物或公報乃是向內部職員及會員解釋政策、問題及目標的重要資料。它可以促進服務人員的忠誠，鼓勵他們的創造性，而獲致服務人員的合作。例如國際扶輪社發行的《扶輪月刊》，大同公司所發行的《大同月刊》等。

(四)公共關係參考資料

全國性非贏利機構的公共關係人員，應準備公共關係參考資料，包括新聞稿、廣播稿、通信稿、廣播聲明、公開演講稿、對報紙及電台的報導指示、報紙補白，及可供利用的論著目錄等。

(五)轉載公共關係論著和廣播稿

轉載報紙及雜誌的公共關係論著，分發給各地方團體，藉使報導的委員會及主席，了解機構的活動及其對全國的報導，廣播比任何聯繫方法都能立即接觸到更廣泛的大衆，故社會團體及非贏利機構都特別注意廣播報導的工作。

二、對外的聯繫方法

社會團體及非贏利機構在聯繫社會人士時，所運用的主要途徑：1.在報紙及雜誌上的發表新聞，2.電影，3.廣播及電視，4.印刷出版物，5.公開演講，6.陳列與展覽，7.會議，8.期刊廣告，9.戶外廣告，

10.小册子、活頁及印刷品等。

(一)新聞報導

在報紙、雜誌及電台上的新聞報導，是非營利機構公共關係計劃的主要方式。新聞報導的內容包括：新聞報告、特寫、社會新聞、社論及致編輯函、描寫團體活動、人物成就等專欄，及報導機構對全國性及地方公共福利的貢獻。

(二)電影、廣播及電視

電影是聯繫廣大社會人士的主要工具，在全國性非贏利的公共關係計劃中，電影已經佔有極重要的地位，國內已有些非營利團體把電影短片加入新聞片裏，在商業電影院內放映。

每個機構的公共關係計劃都應該包括廣播及電視等節目。

(三)出版物及公開演講

若干社會團體及非營利機構，常自行出版雜誌刊物，分發給一般社會人士及會員。例如我國基督教和佛教各團體，經常發行刊物，寄發社會各階層的人士，以廣宣傳。

社會團體及非營利機構人員發表演說，乃是與各階層社會人士保持聯繫的良好方法，若干社會團體常徵募義務講員，經常與職業團體、民眾俱樂部、婦女團體、社會、宗教、互助及教育團體等發表公開演說，以爭取羣眾的向心力。

(四)陳列與展覽

闡揚一個社會團體及非營利機構所最常使用的聯繫工具，它可以使每大往來街頭及公路上的人們被吸引，或利用鮮明的色澤、燈光、活動及引人入勝的展覽，具有戲劇上的價值，可以吸引觀眾注意，並且能夠迅速明確地說明一個團體的情形。

(五)會議及期刊廣告

　　全國性及地區性的會議，乃是內部聯繫及外部聯繫的極好所在。召開會議可以有機會把一個非贏利機構的目標報告給會員，並且激勵起他們的熱誠，使他們更能夠把該機構的情形報導與社會人士。有些非贏利機構自行出款在雜誌或報紙上預定廣告地位，但是同時也從廣告商及廣告社獲到地位、時間、技術及服務的捐助。

　　以上使用的各種方法是社會團體，即非贏利機構在聯繫社會人士時所運用的主要途徑。

第十六章　對教育界的關係

　　全國各中、小學、大專院校及研究所的師生及管理人員，乃是製造商、商人、企業界的最龐大而重要的社會大眾資源之一。此大眾中的教育家，造就着青年人的學識及意見，而這批青年將決定國家未來的經濟及社會情況。不僅未來的輿論正在今日的學校裏陶冶着，學生及他們的教師也正深深地影響着當前社會及制度的看法和態度。今日學生們在學校所學到的知識、好惡、偏見及理想，將決定日後社會的環境和制度。

第一節　企業與教育界的關係

　　教育家和企業從業人員，已經承認企業界與學校密切合作的價值。從教育家的觀點來看，近代的教學方法強調實習與經驗，而不能全賴教科書，這樣便加強了企業與教育界的密切關係。若干教師都借重企業來協助近代教學——電影、模型、展覽、電化教育工具——使學習中增加實踐主義及興趣。教師們都喜歡參觀企業機構，使學生們瞭解企業的管理情形，企業人士也被邀請到學校裏演講企業問題。進步的教師們設法以更多的企業資料加入教材之中，並且從事研究社會及經濟問題。

　　在另一方面，企業機構也較以往更積極與學校密切合作，提供適合於近代教育所需要的教材，預備演說人，設立獎學金，邀請教師學生參

觀工廠及辦公室，與學校當局合作推行區域計劃，使企業界管理人員對學校問題備充諮詢，支持公立學校增辦必需的建築與設備，並改進教師待遇及獲得其他協助。

第二節 教育界關係的目標

工商企業機構的教育界關係計劃的目標變化很多，從廣泛的經濟教育起，直到向教師及學生提供當前某一工廠的製造程序爲止。目標的選擇主要須取決於發起教育計劃的公司或團體的產品或服務的性質。

企業單位及非贏利機構目前的教育界關係計劃的目標如下：

一、銀行及金融機構所發起的節約教育，用來鼓勵中小學學生的儲蓄習慣。企業機構所發起的一般經濟教育，用來使教師和學生們明瞭國家經濟制度的利益，並闡明利潤的意義，若干進步的工業機構所訂教育關係活動的目標，是使教師們更清晰地了解企業的情形。

二、若干工業機構的教育界關係計劃，以協助學校的技術訓練爲目標。技術用品製造商都與工程、科學及商業學校保持密切關係，製造商向學校供應技術的新聞、工具、掛圖、模型及全套設備，作爲科學、物理、電學及化學工廠中課程的使用。

三、有些工業機構的教育界關係計劃，以協助學校的社會研究爲目標。若干中小學校重視社會科學及經濟問題，已經使商業機構的教育服務機會打開一條新的途徑。地區資源研究地方文化、歷史及地理等課程，使企業機構有機會以小册子、地圖、掛圖、影片及展覽等來協助教師及學生。

至於工業補充教材之利用，在工業中教育界關係計劃，可以利用學校分發教材的情形作衡量的標準。擬製補充教材時，必須清晰明瞭教師

所需用的教學協助，及此等補充教材在學校裏的利用方式。學校裏所需要的補充教材，主要有如下各項：

一、使理想具體化並加速學習過程。

二、使學生們有機會看到、感覺或嘗試教材，並閱讀教材，使他們有極清楚的印象。

三、以當前時事補充教材的不足，包括教科書中所未列入的教材。

四、把教科書的教材加以生動有趣的描寫，使教課時能有進度上的變化，以提高學生的興趣。

五、使學生們對任何一個問題都能獲得實用及眞切的印象。

除去教師或教科書中所討論的意見外，再提出額外的或不同的意見：

一、使學生們有機會親眼看到教室裏所討論過問題之實況。

二、使天才學生或具有特殊興趣的學生，有機會學到對某一問題更多的知識。

三、使課程與近代實際情況與趨勢具有相關性。

四、陳述或解釋那些用言語難以說明的原則及過程，向教師供應教學參考資料。這些資料在以往不易立即獲得，或因時間所限無法立即蒐集。

五、向教師及學生供應參考資料。

六、向教師及學生供給課外活動的資料。

七、提供課程中所需要的特別研究計劃及報告的數字資料。

第三節　教育界關係計劃之擬訂

若干企業機構的教育界關係的計劃活動，一直是一項次要的工作，由廣告部、推銷部、顧客服務部或家政部負責擔任。但是管理部門已經

逐漸看到教育界關係在公共關係計劃中的重要性，開始把教育界關係的工作交付給公共關係部推行。

教育界關係本來應該屬於公共關係部門的責任，該部位於高級管理階層，可以受到特別重視。在公共關係部內，家政、顧客服務、廣告及推銷等特別服務，可以配合起來成爲有效的教育界關係計劃。

一、教育界關係部門的職責

公共關係部中教育界關係組的職責，異常繁重，從編製教育影片及協助教學起，直到聯繫教師，研究如何使公司對學校提出更多的服務爲止。

一般企業公司的公共關係部教育服務組的職責如下：

(一)使教育家們了解公司的情況和活動。

(二)使教育家們向該公司所提出的問題，能得到正確的答覆。

(三)使教育服務組人員與教育家們從事合作，使該公司地位在教師們心目中具有人性。

(四)在全國性教育展覽會中展示公司所編製的資料，使公司更獲得教師和學生的認識。

(五)從教師方面探聽消息，使教育服務組所編製的教材能合於教育家的需要。

(六)推行研究計劃，透過新的方法和規劃，向教師和學生說明公司的產品和策略。

二、教育界關係的調查工作

調查教育家及學生對某一公司及其策略、產品或服務的態度，應該

是每個教育界關係計劃的第一步驟，調查他們的意見，可以發現該公司
在他們心目中的地位。如果教師和學生對該公司有所誤解或偏見時，教
育計劃的第一個步驟便是糾正誤解，並爭取教育家的好感，倘不如此，
則任何教育界關係計劃均將無法奏效。

　　近代的教育方法及設施也須調查，調查的方法，應該先視察學校及
專門學院裏所設的課程和教學技術，此等調查有助於決定目標及教育界
關係計劃中所包括的內容。

　　調查教育設施及教師需要時，必須聘請編排課程及教學方法專家提
示意見，他們可以建議最好的調查技術。熟悉課程情形及精練教學方法
的教育家，可以求之於教育學院及師範學院之內。教育專家更可以協助
計劃學校所需的教材，及編製補充教材，供給學校管理人員及教師採
用。

三、教育界關係的策略

　　健全的教育界關係策略必須根據一項原則：為學校福利而服務，乃
是企業界的責任。工業界可以從學校方面邀請受過訓練的專家，同時工
業界也有提供重要服務回饋學校的任務。

　　教育界關係的策略如下：

　　(一)先與教育家建立起個人友好關係，這樣才能夠多了解一些近代
學校的制度與需要，教師們也可以多明瞭一些企業上的實務和策略，而
孩子們也可在畢業後對生活及企業經驗上有所準備。

　　(二)在教育計劃上對教師積極協助，向教師提供有實用價值的教
材，供給學校用的演講稿，協助學生的職業指導，闡明我們的動機和目
的，以解釋我們對社會及經濟生活的貢獻。

四、教育界關係計劃的擬定

設計教育界關係計劃的第一個步驟，是儘量多明瞭教育界大衆的情形。教育界的管理人員、教師及學生，對公司及其產品、政策與業務的態度，是良好教育界關係計劃所根據的主要因素。

設計教育界關係計劃的第二個步驟，是擬定教育政策，聲明其任務，確定該項計劃的需要，並陳述公司由此項教育計劃中所應獲得的利益。

計劃開始推行之前，必須先決定推行教育界關係的責任。公司中所有的服務人員，在爭取教育家好感中所應盡的責任，均須說明。推行教育界關係的責任，必須集中在公共關係部裏面。實施調查工作可以發現出必要的教材和活動，這些都應該包括在計劃裏面。

教師對教材的採用情形，及在推行教育計劃目標中各種教育活動的成就，都須經常予以研討，以衡量該計劃的效果，同時可以作爲決定日後程序及方式的指南。

對學校管理人員、教師及學生的主要聯繫媒體如下： 1.期刊、廣告書冊， 2.影片、幻燈片， 3.教科書， 4.出版物， 5.教師的參考資料， 6.地球儀、圖表， 7.展覽、模型及樣品， 8.旅行及參觀工廠， 9.獎學金，10.宣傳品， 11.研究贈款， 12.合作訓練計劃。

第十七章　對政府的關係

對大多數的企業界而言，日益增長的政府關係，形成一種新的趨勢。在一個自由競爭的經濟環境中，企業界相信，他們比政府官員們更能把各種資源作最佳的運用。不管如何，政府的法規無所不在，從稅捐、國防開支、金融政策等，均可隨時看到政府對工商企業的影響。

第一節　良好政府關係的要點

政府管理輔助企業的措施逐漸加強，因此，企業界必須採取下列的重要步驟，以保證良好的政府關係：

一、企業界必須清晰了解各級政府施政實況。

二、企業人士必須經常探聽建議中的立法、新頒法令、條例、稅捐、關稅、競爭規範及政府對企業服務方面的規定。

三、企業公關管理人員，必須熟知各級政府的任務，及行政、立法與司法部門的工作。

四、企業界必須與立法人員合作制訂影響企業的建設性立法與條例。建立對政府的良好關係，對政府的施政程序及官員措施須具有了解及容忍的態度，如此才能對政府官員工作的問題多所了解。

一個公司對各級的政府，必須以書面去申請政府關係的政策。美

國製造業聯合會的工業實務委員會曾經建議一個極好的政府關係政策聲明。該項政策聲明，可以作爲所有製造商對聯邦、州及地方政府關係的模範。

製造商應該與政府機構合作，並且支持其行使合法的職權，此舉應包括下列各種責任：

一、就一個良好公民的觀點而言，應該特別注意政府的理論及所有政府的工作。

二、迅速確實地計算並繳納合法的稅捐。

三、遵守所有與製造商有關的有效法律，但保留聲請廢止或修正不健全法律的權利。

四、與行政機構合作推行法律。

五、與立法機構合作制訂必要的建設性法律。

第二節 政府關係的目標

公司及企業機構的政府關係的主要目標，包括如下各項：

一、使公司管理部門瞭解政府行政部門、國會中管理機構及公司所在地地方政府的重要發展。

二、搜集各級政府中有特別興趣的事實，包括公開審查的發展、立法的進展，以及行政部門與管理機構的重要發展。

三、設法使公司的人員在立法機構委員會審查案件時出席作證。

四、向立法機構的委員會呈遞聲明，表明一個公司或企業機構對某項未決法案的意見。

五、向國會議員或州議會議員表示一個公司或企業機構的立場，以期影響立法。

六、使一般社會人士明瞭未決立法或法院判決的重要性及可能的影響，目的在於爭取社會人士對公司立場的支持。

七、擬訂公司或聯合會對未決立法或國家政策的計畫。

八、使立法人員明瞭公司或工業的經濟重要性。

九、使政府機構及立法人員明瞭公司、工業或聯合會的進步、政策及發展。

十、就起草立法條例問題，向立法人員提供建議。

十一、研究政府裁決、條例及判決對公司的影響。

十二、向政府管理機構提供資料，以協助它們制訂或推行影響公司或工業的條例。

第三節　政府關係的維持

工商界、基金組織、慈善機構和半公營機關都有一個共同的問題，怎樣和政府相處。由於政府對個人生活和各種機構影響力之廣泛，所以各公司及同業公會設有政府關係的公關單位近年來愈來愈多。

負責對政府關係的人員最關切的是估量正在進行中的立法對公司、行業或各客戶的影響。這些代表的工作目標可以有下列幾項：

一、與政府機關及人員常接觸並增進彼此的溝通。

二、觀察和搜集立法與管理機構影響選民事務的動態。

三、鼓勵選民參與政府各階層的事務。

四、影響對選區經濟或選民的作業有密切關係的立法。

五、促使負責立法的議會代表對選區各種機構的活動和作業有更多的認識和了解。

第四節　政府關係的基本原則

　　良好的政府關係須賴公共關係部門密切和政府機構聯繫和協調才得
建立，和政府關係的基本原則如下：

　　一、政府不要頒佈擾民的繁重條例。

　　二、避免有歧視性的處罰與限制企業發展的苛捐重稅。

　　三、避免有利外商競爭及限制本國企業的關稅法。

　　四、避免政府與私人企業的競爭。

　　五、使政府不致於限制阻止工業生產設備資金流動的法律。

　　六、避免利用政府機構從事競爭以制訂歧視性的立法、稅捐及管制
條例。

第十八章　對新聞界的關係

新聞界是一種重要的社會大衆，它與大部份公衆取得聯繫，其中包括顧客、職工、鄰居、政府、教育界及股東。新聞界大衆包括報社記者、新聞供應社、期刊的編輯、出版人及作家，以及電臺、電視臺及聯播網的新聞編輯及評論員。

良好的新聞界關係應該獲致新聞界及廣播界人士的好感與合作，包括編輯、出版人、記者、特約撰述及評論員。良好的新聞界關係，是健全的報導基礎，如果沒有新聞界的信任和好感，一個公司企業便無法獲取有利的報導。

新聞界和企業界間的關係並非一向融洽，公司時常在刊登廣告時請求予以新聞宣傳因而觸怒編輯，廣告商也常因要求編輯扣發不利的新聞而與編輯作對；在另一方面，若干商人也時常批評報紙，認爲編輯態度不公正、新聞報導歪曲失眞、標題錯誤、這些控訴已經造成某些公司對新聞界的惡劣敵對關係。

若是公司企業逐漸瞭解編輯與發行人的問題，及良好新聞界關係的原則，新聞界與工商界之間，將形成共識和瞭解，並且新聞界人士亦歡迎企業人士的協助，使新聞媒體能獲得企業界的確切消息及參考資料，更可促進與新聞界的良好關係。

第一節　良好新聞界關係的要點

　　良好的新聞界關係，不能僅由公司報導人員或管理人員與編輯、記者或播音員間的私人友誼關係所造成。其間關鍵在於依賴公司及非贏利機構向新聞界提供適合時機、正確的內容、與富於興趣的新聞及社論資料。

　　邁阿密大學教授朱理安 (J. L. Julian) 曾向報社編輯調查他們所以不採用公司新聞稿的原因：乃是地方趣味太濃厚，讀者不感興趣，撰寫技術欠佳，廣告偽裝、事實欠正確，內容平淡無奇等。

　　固特異輪胎橡膠公司公共關係主任周德 (L. E. Judd) 曾經說過：「目前有一種極流行的趨勢，許多外行人總自認他們對新聞的瞭解及撰寫技術，會超過那些終生從事新聞的專家；此乃是良好新聞界關係的一般障礙。如果你想報導一些事實，但找不到有經驗的人把它撰成新聞稿，你最好把事實予以簡單扼要的說明，交給記者處理，結果就易於滿意。」

　　若干大公司的活動，對那些與它業務有關的人士來說，都構成新聞。工廠所在地區的居民，對工廠的擴展、人員的錄用、管理部門的變動及其他活動，都特別感到興趣。

　　安得生・亞吉公共關係事務所 (Anderson and Yatzy) 的麥卡肯 (Lawrence McGracken) 曾經調查新聞界對企業新聞的態度，結果發現新聞編輯對下列十二項特別感到興趣：

　　一、新產品的發明，當能銷到新市場，形成有利的擴展，或造成工人技術訓練的革新。

　　二、工廠擴展，解釋擴展的情形及對就業問題所產生的影響。

三、對職工政策的新規定。

四、管理人員的擢升及調動。

五、新安全技術的改善。

六、推銷計畫的規定。

七、公司盈虧及營業報告，或公司當前情勢的報導。

八、新式機器的使用，及其影響就業，增加生產，減低成本，或其他變化的情形。

九、有關生產停止或減低的消息。

十、公司的舞會或野餐會。

十一、工業安全上的意外事件。

十二、服務期間悠久職員之退休。

所以良好新聞關係聯繫的關鍵就可以適時地提供內容正確的這些資料給新聞界，使報社及新聞雜誌得以刊登，間接更促使本公司的傳播媒體更為發達、有效。

第二節　與新聞界的聯繫辦法

有效的新聞界關係，依賴於公司與非贏利機構與編輯、發行人、作家及評論家間的聯繫方法。 新聞界關係的主要聯繫方法如下： 私人接觸、記者招待會、 新聞稿、 新聞預展、 報人與管理部門人員餐會、 圖片、新聞書籍或印刷品及發行所。

與報紙聯繫的主要方法，是與當地報紙與電臺的編輯、發行人及作家建立起私人關係。親自訪問報社是最直接有效的方法，可以發現編輯所希望的報導，瞭解他們的意見及編輯策略，並可獲得他們的合作。此外，商業雜誌、專門性雜誌及農村雜誌的編輯和發行人，新聞供應社及

通訊社的編輯，均須予以聯繫。

綜合言之，與新聞界聯繫辦法如下:

一、經常舉行記者招待會

公司召開記者招待會，是爲了把極重要的事件報導給當地的所有報紙，在記者招待會上所發表的新聞，必須是充分證實可靠的消息來源。值得召開記者招待會的新聞，包括勞工談判、工廠擴展、管理部門更動、公司改組或新產品的發明。記者招待會舉行的時間，必須能使新聞獲得報紙與電臺的普遍採訪，公司負責公共關係的管理人員須出席會場，答覆問題。

有的記者招待會上，攝影記者將拍攝照片新聞稿、正式聲明或參考資料，均須於會場中散發，可以收到很大的效果。

二、撰寫新聞稿或特稿

公司或非贏利機構與新聞界聯繫時最常運用的媒體是新聞稿或特稿，送交報紙雜誌及電臺發表或廣播。新聞稿是敍述某一公司或非贏利機構中對大眾有興趣的新聞，新聞稿等於寫給各報紙的備忘錄，時常由編輯加以改寫，以配合報紙版面及格調。

據估計百分之九十五的新聞稿都未被報紙採用。各報編輯每週約收到千百份的新聞稿，該稿必須有新聞價值、有時間性、簡潔而有趣，才能獲得報紙的採用。重要人物的新聞、工廠擴展、研究發展及主要的政策變化，都會毫無困難地被報社採用及刊登。

新聞稿的性質，得分爲本地性、地區性或全國性。本地性的新聞，時常經由私人接觸發給商業雜誌、地方報紙或電臺的本市編輯或新聞編輯。地區性或全國性的新聞稿，時常以通信方式寄給某些經過選擇的報

紙、雜誌、供應社及電臺，藉使對該項新聞有興趣的社會大眾能夠讀到這項新聞。

紐約博爾登公司公共關係部新聞組，向一千個期刊及商業雜誌、通訊社及專家提供圖片及新聞稿，其他包括該公司的人事變動、新產品、企業及貿易活動、管理人員演講詞、新式包裝、廣告活動、工廠落成及建築計畫。該公司寄發新聞稿的對象，包括廣告、報紙；烤麵包、糖果、雜貨及飯店業報紙，農村報紙、家禽業報紙、藥劑業及醫藥雜誌、科學及衛生問題專欄作家及新聞通訊社。

三、擬撰特寫與特稿

各公司及各機構公共關係部門所擬撰的特寫及特稿，乃是與編輯及發行人聯繫的重要方法。

公司方面必須與編輯作私人接觸，以決定他們對特寫材料的需要。若干全國性報紙都在各大城市設有特派員，經常採訪特寫材料，並予當地作家以撰寫出極好的宣傳故事。若干公司時常邀請雜誌作家參加特別事項或工廠視察，結果可以產生出許多特寫。

若干大通訊社及新聞供應社，對特寫也很感興趣，其中有些都是專門從事企業及財政新聞的專家。通用食品公司的新聞室利用各種機會替消費者雜誌、商業貿易雜誌等撰寫特稿。在九個月期間內，該新聞室約撰寫一百五十篇特寫稿件，大部份都由報紙及雜誌採用。

四、舉行新聞預展

新聞預展活動，近來日益盛行，在宣揚新型產品、新工廠開工及展覽產品時，這是獲致報紙及廣播評論員合作的主要方式。

福特汽車公司曾在紐約市華爾道夫·阿斯托利亞大酒店舉行一九四

九年型汽車預展，招待三百多家電臺、電視臺、報紙及雜誌，及新聞影片的代表人。預展前兩週，福特公司在酒店裏設立一個新聞室，裝有交換臺、電話簿及油印機等。正式展覽前一日，先招待新聞界預展，有小型塑膠模型陳設起來，六個大廳裏都五光十色地裝飾一新，公司人員出席接待記者並答覆問題。新聞稿、圖片及新聞資料袋，當場贈與記者，詳細說明新型汽車的情形。新建工廠、實驗所、分公司及倉庫的開幕典禮中，也時常舉行預展。

五、報人與管理人員的聚餐會

在報人與管理部門人員的聚餐會中，使當地的報紙編輯、作家及電臺報告員，與工廠管理人員及公共關係人員聚首一堂，可以促進企業界與新聞界之間的瞭解。此項餐會，可以由某一公司或非贏利機構單獨舉行，或與幾個工業機構聯合舉行。

通用製粉公司每年在全國各大城市舉行年度股東會議之前，照例舉行與新聞界的餐會。被邀參加餐會的包括企業及財政問題作家、食品版編輯、婦女版編輯、管理問題編輯、本市版編輯及發行人。各企業雜誌派駐當地的特派員也被邀與會。舉行餐會時，董事會主席及其他公司人員發表非正式演講，在席間答覆新聞界人士的詢問，並放映報導公司活動的電影。

六、增訂新聞書籍或新聞印刷品

新聞書籍或新聞印刷品，包括油印或印刷的新聞稿、特寫及參考資料，一般是討論某一個特別事項。這項材料，一般由公司或非贏利機構的新聞組負責編擬，分發給各報紙編輯、雜誌作家及新聞廣播員，使他們明瞭全部實況，然後加以選擇以適合他們的題材及版面。

福特汽車公司在新車出廠時，由新聞組發行一部新聞書籍，這是標準新聞書籍的實例。該書中包括油印的新聞發佈稿，並以若干篇文章解釋新型汽車的形式、改進點及特點。此外更以圖片解釋各式新車的形式，該書係在新車出廠展覽前分送給一萬三千家日報、週報、雜誌、商業刊物及廣播電臺。

第三節　克服新聞界關係的障礙

公共關係人員對新聞界的重要價值主要依照兩個標準來衡量：一個是他與主管人員是否可以隨時保持接觸，並影響有新聞價值的決定；另一個是他能否獲得與他相處的記者們的友好關係與信心。前一項與公共關係人員在組織中所處的地位及其職能有關。也可以說與組織的主管對他的信任程度有關。後一項便是公共關係人員與媒體所要建立的關係──友好與信心。而維持這項良好的關係，關鍵的因素是建立在新聞資料的「給」與「取」。

公共關係人員與新聞界之間亦有許多爭執，認識這些爭執及起因可能對拆除這些「藩籬」，促進雙方友好的關係就有所助益。

公共關係人員與新聞界的各種爭執可能來自以下因素：

一、對於新聞價值的看法可能有出入。媒體對於新聞的界定，一般而言是指對於閱讀人感興趣的事實、觀念或問題所做的及時最新而正確的報導。閱讀人對新聞題材愈感興趣，其新聞價值就愈高。

所以新聞媒體較為重視「刺激」的題材，不僅如此，在處理寫作與編輯上比較強調「興趣」的角度，而把重點放在「問題的心臟」，而不是枝節的部分。另一方面，公共關係人員（及其組織）的想法是新聞媒體最好把他們的故事內容完整、正確而公平的告訴公眾。公共關係方面

所發佈的文告是以其本身利益為主，而與新聞媒體的利益不一定符合。

雙方重視的焦點有異，而這種差異常被情緒化，超過了實際情形。但這種衝突的確實性，必須加以考慮。

二、媒體對於新聞價值的看法不是衝突的唯一來源。媒體缺乏人力與經驗來報導今日非常複雜而專門的新聞也是問題之一。一項研究顯示：新聞來源（新聞發佈人員）認為記者背景知識不足，是新聞發生錯誤的主因。其他如記者聳人聽聞的作風、記者個人的疏忽、偏見太深及本身能力不足等，或多或少都被認為是影響新聞正確性的主觀因素。

三、印刷媒體或電子媒體受到版面與時間限制，結果亦可能歪曲了一項長而複雜的新聞。

四、拒絕接近媒體，彼此相互缺乏瞭解，公共關係人員與大眾傳播媒體增進關係首要是在相互溝通觀念。

從以上所提到的爭執原因來看，公共關係與新聞界的良好關係，需要如克力普及申特 (Cutlip & Center) 所說的：「透過誠實，協助新聞採訪，預備一個相互尊重及坦白的氣氛。」

良好關係可以藉着一些實務上的基本原則來完成，這些原則是：1.公正誠實。 2.給予服務。 3.不乞求或者苛求。 4.不要求取消新聞。 5.不要蒙混新聞界。 6.保持最新表冊等方式。

第 四 篇
公共關係的實施程序

第十九章　公共關係與研究

研究是公共關係實施程序的重要步驟，從詳細的研究可以獲得正確的資訊。從測試資料、獲取資料、分析資料到解釋資料，並提出結論、評估結果，都是公共關係研究的範疇。

使用研究過的資料來預測未來公共關係的方向和目前公共關係的實施是各大企業機構紛紛採行的策略。因為現代有效的公共關係功能都能接受評估，表現它們的實力，並且能展示它們的績效。

第一節　公共關係研究的步驟

愛德華・魯賓遜 (Edward Robinson) 教授認為研究是用來獲得知識的方法，非科學家是靠自己的直覺、預感和判斷來解決問題，而科學家是使用科學的方法，即依靠一套規則和步驟所蒐集的知識而來作決定。

用科學方法所獲得的知識比較客觀、實在。它是以實證的方法與可信賴的理論作基礎，而與科學方法相反的是個人經驗方式，它是較直覺、主觀、個人的，少用到理論或科學的基礎。

目前公共關係的工作範圍雖然還未完全脫離憑個人經驗解決問題的方式，但已逐漸步入以科學方法獲取知識的階段。

從直覺的判斷到科學的研究兩個極端之間尚有許多步驟。這些步驟包括內在的思想、簡單的觀察、研究可用的資料、詢問正式及非正式的問題等。

這些由簡單到複雜的方式都是作公共關係用得到的，而愈接近科學的研究，其所獲得的資訊就愈顯可靠，而且更為系統化。

研究是使用科學的方法，依照一定有系統的步驟來進行的方式，魯賓遜（K.Robinson）更提出了研究的十項步驟：

一、陳述問題。

二、縮小問題的範圍。

三、賦與問題的定義。

四、收集文獻。

五、建立假設目的。

六、確立研究計畫。

七、蒐集資料。

八、分析資料。

九、解釋並結論。

十、撰寫報告。

以上十項是一般科學研究的步驟。

約翰·馬斯頓（John Marston）教授則認為公共關係如同有計畫地、細心而有系統地發掘複雜微妙的事實及聽取他人的意見，並且特別強調公共關係需要採用科學的途徑。

不論我們如何表達公共關係的流程，研究工作是最基本的途徑。提及公共關係包括評估公眾的態度及意見；在政策及措施方面當向管理當局建議，確保這些政策及措施盡到社會責任及合乎公眾興趣，以及執行一項行動及傳播方案，確保大眾瞭解及接納。

第二節　公共關係研究的應用

基本傳統上，公共關係活動較多根據直覺和感情，較少依據研究的分析。但研究工作如能適當應用，可以將公共關係的評斷力穩固安置在科學基礎上；運用研究時常能證實民意對某種問題、產品或公司的揣測或誤解。直覺判斷有時雖會正確，但利用研究則可確定一家公司的傳播活動是否有效。

當獲取有限消息時，研究可幫助澄清各種問題。人們的態度時常模糊不清，他們可能喜歡某種事務，但未曾確切說明他們喜歡那幾點。研究工作若能深入探究，便能判定一項產品的那些優點對顧客有訴求。研究工作也能協助公共關係在一個商業機構裏的努力方針。把研究工作和商業目的相結合，傳播計畫便能確切制訂，以補助一個公司的產品目標。

概言之，公共關係的一般研究工作包括下列各點：

一、決定大衆的基本態度

一個機構想影響大衆的意見，必須瞭解其背景及結構狀況。例如一個大百貨公司行銷部門打算向一個農村社區發展，它最好要先瞭解一下村民對百貨公司的印象如何。瞭解這點後，它便可嘗試影響村民並贏得支持。

二、尋求大多數人的意見

聲音最大、意見最多的，時常是發自少數，而不能完全代表沈默的大多數。因此，如果僅聽取一些大聲疾呼者的意見，不見得能達成公司

的目的，甚至還會產生反效果。只有賴研究才能發掘大眾的真實情緒和觀感。

三、測驗行銷的主體及媒體

建立形象活動或有爭論的廣告活動都很費錢， 在發起一項活 動 之前，最好能先測試大眾的反應。例如與某行業或社區學識豐富的領袖們舉行一連串的「意見發表會」，或廣泛地訪問審慎選擇的人士。向有代表性的大眾選樣，使用有拓展性的訊息及媒體，也將可衡量其效果。

四、判定各方的實力

每一項爭論性的問題至少都有兩方面的意見：一方遭到攻擊時，對方都想反彈，但這種策略常有反效果。例如一位候選人在花費時間、金錢攻擊對方政見時， 必先研究他們爭論的問題在選民心目中的地 位 如何，以及對方候選人的影響力如何。

五、揭示潛在的紛擾問題

不管問題是否存在，研究的工作應該是繼續不斷地進行。對最新情勢的繼續不斷研究，可以揭示潛在的紛擾問題，諸如拖延不斷的勞工不穩、 對安全情況的關切、 對當前傳播媒體的不滿及對某些產品的批評等。

第三節　公共關係研究的效益

公共關係的研究可獲得以下的效益：

一、研究提供大衆態度及意見的來源

基本意見調查的研究，是公共關係人員能夠運用科學方法獲得大衆態度與意見的工具，魯賓遜 (K. Robinson) 認爲這類研究是公共關係人員最常用的型式。大衆態度與意見調查可以在擬訂計畫開始之前，著手計劃之時，亦可在計劃實施之後。它們可以用來認定趨勢，或爲了短程和直接的目標。它們可以由公共關係人員自己來做，亦可委託做這類研究的專業組織來進行。

二、研究提供計劃確定的資訊

確定公衆態度與意見，能夠使公共關係人員正確表示其組織的相關立場，　給其面對的重要及次要的大衆。　公共關係人員有了這項基本資料，然後才能夠設計適當的方案來堅定或改進這項立場。

研究在設計中亦提供有用的資訊，從圖書及研究文獻中，公共關係人員能夠對組織作基本的研究，從事設計如果沒有可靠資料作基礎，它本質上是極膚淺的。

三、研究有早期的警示作用

當公共關係的問題發生後再來處理，就要浪費許多時間與精力。研究能夠在此類問題發生之前予以發現，而來阻止。於是公共關係人員可節省其時間，而用在積極有益的目標方面，而不是浪費在解決問題。

保持組織與社會發展的步調一致是公共關係的功能。而研究便是實現此一功能的重要工具。

四、研究能確保公共關係職能獲得內部的支持

公共關係在組織管理方面是新兵，它與法律財務及市場營運等部門
共同作業，常會發現自身處於不利的地位。當一項有關的問題發生，這
些部門的意見如與公共關係不同，則常佔上風。原因是他們依靠精確的
資料及說明，來支持他們的論點。

研究提供給公共關係人員一種工具，他可藉着科學方法蒐集的證據
來支持他們的論點。研究以事實及資料取代預感，因此公共關係人員所
提議的便有了份量，而獲得有力的支持。然而研究工具有價值不僅在於
它的實質助益，更由於它塑造及維持地位的功用。

五、研究增加傳播的效果

探索傳播過程的研究，使得公共關係人員了解各種傳播形式與方法
的效力。這些研究結果，以科學的證明，或以論文或書籍的方式報告出
來。對於想要「開礦」的公共關係人員來說是有價值的來源。

針對測度傳播效力做研究，亦能被公共關係人員用作訂定計畫的一
部分。公共關係人員運用事前與事後的研究來測度對各式各樣閱讀及聽
衆的傳播效力，甚而公共關係人員有規則地作傳播研究，作爲整個公共
關係計畫的一部分。

六、研究能使公共關係機構如同潤滑劑

任何機械需要加油以減少磨擦，公共關係組織亦需要潤滑劑。研究
有如潤滑劑，帶給公共關係節目所有部分加油；在節目開始時、在節目
間隔期間及節目停止之後，都是需要的。

當大衆態度與意見不能確定時，研究能夠幫助公共關係人員了解大
衆的動機；當對節目採取的步驟有所疑慮時，研究能夠協助解決這些疑
難；當關切到節目、行動的影響時，研究可提供確切的效果。

第四節　公共關係研究的工具

一、公共關係檢查

美國波士頓大學教授賴賓傑（ Otto Lerbinger ）認爲公共關係檢查爲「公共關係研究最廣泛的使用方式」。雖然沒有實證研究證明這項主張，但無疑地，公共關係檢查是公共關係顧問公司在爲顧客早期階段評估公共關係力量與弱點，最廣泛使用而有價值的方法。

瓊斯（ Joyee Jones ）認爲公共關係檢查爲一項廣泛的量表，並非嚴謹的研究結構，探索一個公司對內部及外部兩方面的公共關係。公共關係檢查牽涉到一個組織地位的廣泛研究；各種公眾、股東、勞工、消費者、供應商、社區公眾、思想領袖及廣大公眾，其所秉持的意見立場爲何？檢查會指出公共關係的長處與弱點，它分析特殊問題、澄清目標及評估用來獲得好感及贊助方法的適切性。

總之，公共關係檢查是一種研究工具，特別用來測度及評估一個組織的公共關係行動，而爲未來公共關係節目的指南針。實行檢查的用途很廣泛。但通常包括：對組織內外了解清楚者做廣泛的訪問，多種形式的意見調查，有關組織現在的公共關係實務、程序及人員的仔細分析，以及推薦未來的節目設計等。

公共關係檢查的重要項目，一般而言，包括仔細地澄清出對組織最重要的大眾，而加以檢查；分析這些關鍵性的大眾給組織的評價，指出重要大眾所認爲的問題，描述並分析現行公共關係節目計畫，及檢查者對公共關係未來發展的看法。

顯然地公共關係檢查由外面的顧問公司在其與顧客關係早期階段來做最爲成功。檢查主要目的在提供一項誠實的、公平的而熟練的評估。

賴賓傑認爲: 所有的公共關係檢查，其目的是研究一個組織的公共關係
狀態，於是傳播計劃才能產生。這項目的只有在研究者提供一項誠實的
評估及研究結果而做成的公共關係活動計劃才會成功。運用研究來做公
共關係檢查，將在節目設計基本研究中去討論。

二、傳播溝通檢查

傳播溝通檢查（communication audit）一詞有時可以用公共關
係檢查一詞來代替。不過，前者包括的範圍較狹窄。傳播檢查本身所關
切者主要是一個組織所利用的內部、外界傳播工具及方法，不是整個公
共關係的流程。研究者做傳播檢查通常依賴讀者關係調查（readership
survey）、內容分析（content analysis）及可讀性（readability）
研究等。

讀者關係調查是利用調查技術來測度特定出版品的讀者關係型態，
多數採用問卷方式。

內容分析是對出版品刊出的多種故事和問題的測度與編碼方法。可
讀性研究是測度出版品中的故事及論文等閱讀的難易程度。

三、環境與社會檢查

在研究公共關係發展領域成長快速的一項新行動，便是檢查環境及
社會問題，包括顯現的大眾問題。

由於這項新行動成長迅速，以致公共關係人員還未確定如何稱呼
它，有人稱之爲環境的監聽（environmentamonitoring），有人稱
之爲社會檢查（social auditing），更有人寧願叫它做顯現的大眾問題
管理（emerging public issues management）。

貝納斯（Edward Bernays）及查禮斯（Childs）首先強調公共關

係人員需要關心重要的社會趨勢及問題。而在一九七〇年後期，大衆的問題管理成爲專業公共關係人員圈裏的熱門話題。

如何有效地使公共關係人員實施環境及社會檢查的問題管理的四個步驟，端視對下列四類問題的回答情形：

(一)公共關係人員具有那幾種技術及代替物？他們能夠分析社會動向及認知社會移動的方向？他們能夠設法創造行動代替物，以配合社會動向的挑戰？

(二)管理單位如何來看公共關係職能？如果公共關係主要被看作一項傳播功能，它可能對顯現的問題行動政策影響很小。

(三)當公共關係在大的組織中與所屬地位及其他有力的職能範圍相比較如何？ 公共關係是否能夠使其聲音或建議獲得組織最高單位 的注意？

(四)管理者是對顯現的社會問題有所作爲？或者只求獲得有關的通知便滿意了？

上述四項問題是從不同的角度來探索可能的行動，答案還要視每一公共關係人員及每一組織的不同性質而定。

第二十章　公共關係的研究技術

公共關係研究是用來累積知識，及實行有關公共關係環境的、社會的及顯現的大衆問題的檢查。

爲了達到這些目的所使用的基本技術有四種：卽讀、看、觀察及民意測驗。此外，在傳播檢查時還有一些常用的方法。

第一節　讀、看與觀察

讀、看、及觀察這三種方法，任何人都會運用得到。但公共關係研究者是有目的地來使用它們。研究者不僅去辨識社會趨勢，而且要尋求作成合理的臆測及判斷這些趨勢在公共關係實務上所可能發生的影響。因此，讀、看及觀察是用在公共關係的目的。換言之，其中一項目的是提供情報資料，另外一項是爲公共關係計劃提供消息及資料。第三，是對大衆態度及意見的急切改變建立警報。於是透過研究，公共關係人員才能夠實行其職能。

一、讀

有目的地閱讀是一項研究工具。因爲許多印刷品反映組織內部及外部社會的事實、觀念與意見。這些閱讀資料，至少包括組織的各項紀錄，如年度報告、會議紀錄、剪報、重要演講稿、信件、行動紀錄、參

考書籍、大衆紀錄、貿易或特別刊物，及報紙（日晚報）和週刊等。

由於公共關係人員與大衆傳播媒體關係密切，他須知道媒體和媒體所發生的事，像新聞評議會所出版的「新聞評議」等會滿足此項目的。

二、看

電視和電影不僅是傳播利器，也是全國性有關生活方式、行爲舉止、衣著及習慣的塑造者。在電視出現之前，二十世紀二十年代開始，電影對當時生活方式被視爲時尚的設定者 (trend-setter)。五十年代以後，電視在時尚設定方面，取代了電影的地位（包括對生活及新聞事件的報導）。

不論電影、電視，創始或反映時尚與否，重要的還是它對於觀衆的影響。成功的電影及電視吸引成千上萬的觀衆。公共關係人員可藉着看電影及電視，針對每一媒體描述的趨勢來評估。

三、觀察

無論是科學家在實驗室做研究，或者公共關係人員研究實際的生活狀況，都需要觀察適切的現象。公共關係人員所觀察的是流行的現象，當然所有的人都在觀察，不過多數人的觀察是無計劃的，而公共關係人員應該是有目的的觀察者。

以觀察作爲研究工具，有不同程度的困難。生活型態如衣著、大衆行爲及休閒習慣等可以用眼睛來觀察。比較困難的是識別風俗、私人行爲、機構的反應及他們的行爲與政策等。最不能僅用觀察來識別的是態度及意見。公共關係人員爲了克服這種困難，更需求助於複雜的技術，調查研究便是這項技術之一。

第二節　民意測驗調查

公共關係研究中，廣爲運用的科學方法便是民意測驗與調查。全國性較大的公共關係部門，常由自己單位來做民意測驗（我國行政院新聞局卽是如此）。而多數公共關係部門及顧問公司則常委託專業性組織來做。這些專業性組織在美國如蓋洛普（George H. Gallup）的美國民意研究所（The American Institute of Public Opinion）及哈里斯公司（Louis Harris and Associates）等。我國亦有中華民國民意測驗協會，此外各大學相關科系亦作此類研究。

民意測驗與調查包括一系列步驟或者程序，至少有以下幾點:

一、界定目的。

二、確認母體。

三、選擇研究方法。

四、抽樣方法。

五、擬定問卷。

六、訪問及資料處理。

七、分析、解釋及報告資料。

玆將各項加以闡述說明:

一、界定目的

界定目的在民意調查中的重要性如同在公共關係計劃中界定問題一樣。做研究而不清楚調查的理由，可能導致沒有結果的困擾，而可能實際上浪費了時間、金錢和人力。

界定調查目的表面上似乎毫無問題。舉行調查固然就是在探索民

意，但是調查結果若是相反的立場，而非正面時，則公共關係就會成爲衆矢之的。

管理當局同意調查民意，常假定表現出來的意見將會是有利的。敏感的管理當局認爲相反的民意，是對他們個人能力方面的侮辱。雖然如此，有時候可能贊成一項實證調查，而希望民意能反映它們是最公平的。但當民意不如所願時，則公共關係會因民意這面「鏡子」反映出的「惡形」而受到責難。

因此調查民意首先要查知管理當局是否眞實地想要知道民意，或者僅是提議做調查，而實際上不願面對任何負面的結果。這一問題可能沒有簡單的答案，但公共關係人員在做研究之前必須解決這項問題，不論是採取直接的或者委婉的方式。

假使管理單位回答是誠懇的，公共關係人員必須決定要從調查的意見中知道些什麼？找出人們對這個組織的想法？尋求大衆對這個組織的行動、政策或計劃的反應？需要測度及評估組織公共關係節目的影響及效果？企圖評估民意的趨向？尋求評估可能的大衆反應，以設計組織的及公共關係的行動與節目？這些目的的每一項，都可能成爲調查研究的目的。但是每一項研究的目的都需要應用一套特別的題目，而這些題目除非目的清楚地加以確定，否則無法提出。

二、確認母體

民意測驗所指的母體就是指所要測驗對象的全部人口（或大衆）。

譬如要測驗的對象爲員工，則全部員工就爲母體；要測驗的對象爲顧客，則組織的所有顧客就爲母體。確認母體的範圍，對於抽樣工作是非常重要的。

三、選擇研究的方法

適合公共關係人員使用的調查研究方法，可以從多種方式來討論，而最簡單的是把它們區分爲結構的（structured）與非結構的（unstructured）方法。

(一)非結構的方法

深度訪問（the depth interview）是非結構的調查方式中最常使用的方法。這種訪問不拘形式，從半小時持續到一小時，訪問者通常提出一套探測細目（probe pint），但這套探測細目並非由仔細設計的形式及行之於文字的問題建構起來，而由訪員就一般情況對被訪者加以探測；深度訪問的基本構想是深度探測反應者對一系列主題的觀念、態度、意見、了解及經驗。

深度訪問有正負兩方面的因素。正的方面是此等訪問比結構式的訪問對反應者內心的想法，能夠提供更深的了解；由於深度訪問自由發揮的環境，往往會得到非研究者所想要的資訊、觀念及意見。由於被訪問者不受仔細設計的文字問題所拘束，他能夠表現其內心的、眞誠的想法、態度、意見和感受。

另一方面，這種訪問亦有缺點，深度訪問所要求的才能，多數訪問者不易具備，而且牽涉到時間及人才問題，成本亦高。此外，列表、編纂、組合、分析及結果報告都是困難的工作。由於這種訪問是自由進行的，時間長而牽涉廣，回答亦是自由的，但爲了做報告，其結果必須加以歸納、分析，而做成最後的報告形式，於是這必然導致編者的修補與解釋。由於這些限制因素，深度報導不能很經濟地運用大樣本或者反應者分散得相當廣濶的情形。因此深度訪問調查很少代表整個母體，而是代表一些調查範圍內被認爲消息靈通人士的看法。

(二)結構的方法

最常用到的結構式民意調查，是利用問卷作爲工具。這類調查主要有三種形式: 人員訪問、 郵寄調查及電話調查。 究竟使用那種方式較好，端視調查主題、調查的人口 (母體) 及人口的地理位置、問卷長度、複雜程度、所需的時間及研究成本而定。

1.人員訪問

人員訪問一度是三種形式中最流行的，但是電話訪問的普遍性亦在增加。人員訪問的最大優點是所問問題的形式及種類允許有彈性，研究者認爲複雜的問卷最好由人員訪問。所使用的量表允許反應者在其上揭示其反應的層次。 問題可以印製在卡片上， 使反應者有機會閱讀到問題，而在表上選擇其反應; 複雜的問題能夠朗讀和重複，而且訪問者在需要時能夠加以探測及確實的解釋。

然而，在人員訪問方面亦遭遇到不少的困難。例如: 受訪者拒絕陌生人的訪問、婦女就業不在家等難題，使得人員訪問很難進行。

不僅如此，人員訪問在三種訪問中，成本最高，也最費時間。人員訪問還有一項弱點，這項弱點與提出的問題有關。由於面對面親身訪問的緣故，訪問者對被訪問者個人問題不能輕易加以詢問。同時，人員訪問也會受到批評，認爲訪問者對處理訪問及問題的態度，可能有偏見存在，而使結果偏差。

2.郵寄調查

郵寄調查方式較人員訪問省錢省時，而且有它特殊的優點。第一、當人口母體分散較廣，或對於較難到達的鄉村或城市等偏遠地方進行調查時，這種方式較適宜。第二、訪問的偏見會消除，因爲沒有訪問者存在。第三、問卷由郵局寄來，沒有控制與檢查的問題，回答者回答問題時可以無所顧慮。第四、問卷掌握在回答者手中，沒有像人員訪問或電

話訪問那樣複雜的問題。第五、這種方式對回答者較爲方便，不必在限定的短時間內回答。

　但郵寄調查亦有其先天性的弱點，這種調查必須從表上來抽樣。而某些環境，沒有簡單而適用的表，有些情況的表不能代表眞實的樣本作整體的調查；另有一些情況可能不完整、陳舊或不可靠。

　另一項郵寄調查的弱點是關於問卷問題的長度及性質，很少回答者願意填寫一份四到六頁的問卷。避免問卷上的問題「超載」（over load），對這種調查方式更爲重要。如果問卷不加以仔細設計，調查問卷可能不會寄回來。由於沒有訪問者，則問卷及附函沒有第三者加以評述、解釋或者推動，則回收率就難樂觀，因此在設計方面應多加注意。

　郵寄調查的最後一項弱點，是關乎回答率及回答者代表性的問題。由於幾乎所有調查都從一個代表整體的表抽出樣本加以測驗，則回答率必須加以評估。據權威者表示，至少有百分之五十的回答者或者經過有效的查證，確定「沒有回答者」與「回答者」相似，否則郵寄調查無法認爲是可靠的。

　美國廣告研究基金會建議百分之八十作爲郵寄調查標準，要達到這樣的水準，通常需要至少一封，甚而一封以上的信函去催，如此極爲費時，而且額外增加成本。

　不論郵寄調查能否代表所探測的全體，最好在問卷中提出包括人口統計方面，如性別及年齡等問題，而以測度的答案與整個人口統計資料相對照。

　3.電話調查

　這種訪問雖然不如人員訪問那麼多用途，但由於一些因素而成爲民意測驗常用的方式。這種訪問成本比人員訪問的成本較低，所費時間更短。租用固定專線能夠在短期內作相當大規模的調查。

用電話調查有許多優點，主要為較快捷而成本較低。如果適當地計劃一項全國性民意調查，可以在事件發生之後立刻進行，其後結果用電腦快速地加以報告出來。這種訪問過程可由一個中心加以控制及追踪檢查，所獲得的資訊，在質的方面不比人員的訪問差。

當然，電話訪問也同樣遭遇到人員訪問相同的困難，如被訪者不在家或拒絕回答等問題，然而用電話直接打過去比人員訪問容易得多，因此，可能得到較高的回答率。難以接觸到回答者這項問題，在人員訪問遭遇到的問題逐漸增加時，使用電話訪問較少遇見，因此今日電話訪問廣為一般人使用。

布蘭肯 (Blankship) 在其電話訪問著作中表示，這種調查的特質之一是促進坦誠的回答，因為回答者看不到訪問者或是訪問者的反應。基於同一理由，爭論性的主題由電話訪問最好，同時也很少有訪問者的偏見和欺騙。

電話調查亦有其缺點：第一、電話調查不可能太長，而回答趨向於簡短及中立性，因此作探測比較困難；第二、開放式問題通常受到限制，回答者往往不耐久等，訪問者寫下答案的時間不能太長，而且不易確定是誰在回答；第三、在抽樣的代表性方面需要審愼考慮，在電話不普及的區域，則不宜用電話訪問。

不過有關電話訪問抽樣的代表性問題，在電話使用成長率快速增加的地區，可以獲得解決。如果沒有電話佔的比率不大時，其人口特徵與意見取向和全體人口無顯著不同，其間誤差也可以容忍，則抽樣結果的代表性不成問題。此外，電話訪問轉用電話簿做簡單隨機抽樣的若干缺點，如記載不正確，未登記號碼及號碼變更等，亦因新的抽樣技術而可避免，這項技術就是所謂隨機數位化撥號法 (Random Digital Dialing, R.D.D.)，此法對採用電話訪問又減少了一層障礙。

四、抽樣方法

民意測驗的基本做法是測驗全部人口或母體中抽出的樣本，而非全部人口或母體。這種抽選的概念，似乎局外人很少瞭解，測驗組織對全國性選舉預測，只在投票的成人中找出一千五百個到二千五百個樣本，來加以測驗。以這樣少的樣本人數與全部投票年齡相比較，如何能代表整個投票者？答案可能需要從抽樣理論、抽樣實務及抽樣程序中去求解釋。

樣本大小對樣本的代表性還是次要的，而適當的並有效的抽樣方法才是關鍵的因素。這種抽樣方法就是所謂的隨機抽樣 (random sampling) 或稱作或然率抽樣 (probability sampling)，意為這種抽樣法，是在抽樣過程中，給予每一樣本個體同等的機會。

如果抽樣不恰當，即使一萬個樣本，也不能認為能代表全國整體的真實指標，而是假想的代表。如果抽取適當的樣本，即使抽取一千五百人也能夠視為代表千萬人意見的真實指標。

(一)隨機抽樣

為使測驗樣本代表整體性，測驗機構常以隨機抽樣方式來抽樣。這樣抽得的樣本表示是在選擇樣本中，每一種因素都有平均或已知的機會。隨機之意不應視為隨便所做的選擇，而應視為求得的樣本沒有偏見，而且經過精心的設計過程，甚而隨機抽樣能夠使指定的樣本代表其整體的程度。

隨機抽樣應用在民意測驗中也有若干方式，一般而言，有系統抽樣 (systematic sampling)、分層抽樣 (stratified sampling)、集體抽樣 (clustler sampling)、分段抽樣 (multiple-stage sampling)、及區域抽樣 (area sampling) 等，或有以上這些抽樣方法的

交互運用。

(二)樣本大小與代表性

在理論上，樣本越大越具有代表性，但任何測驗一方面受到時間與金錢的限制，另一方面亦無此必要，只要能適當地控制選樣誤差(sampling error)。誤差大小與樣本大小，及答案的百分比有關，而誤差的減少與樣本大小的平方根成正比，也就是樣本增加的數量比誤差減少的程度要小。因此，只要樣本大到某種數量，其誤差小到某種程度，不影響結果分析，則不必再增加樣本數量，這種樣本大小與代表性的關係，可以從它與誤差的關係看出來。

(三)抽樣大小與誤差

樣本用來測驗民意是因為通常不可能測驗整個人口，而且即使可能成本亦會非常昂貴。

應用同樣的這兩個理由，我們考慮樣本要大到什麼程度才能保證代表民意的判斷。決定樣本大小要考慮到調查成本與預測所需的精確程度之間的平衡。最終目的是使用樣本所產生的結果在可以接受的邊際誤差之內，而且瞭解到運用隨機（或然率）抽樣能夠以驚人的小樣本獲得合理正確的結果是重要的。

專業性測驗機構通常在百分之九十五信任水準（95-confidence level）來操作，公共關係人員最重要的考慮因素是仔細地抽出隨機（或然率）的樣本，這種樣本廣泛地代表整體，而給每個人有同等被選出的機會，樣本大小對於預測選舉結果等很重要，但不是對其他民意評估的目的。

五、擬定問卷

結構性隨機抽樣調查研究的主要工具是問卷，研究者設計問卷中的

問題，並適當地加以排列，需要特別留意。問題設計有許多訣竅，而此種程序應從設定、形式及語句等方面來討論。

(一)問卷設定

開頭的問題應該是回答者易於回答的問題，這些問題不應是考驗回答者的才能與知識，而在性質上屬於回答者感覺輕鬆的。寧願在一開始的問題是那些用簡單的「是」與「否」來回答，而給予回答者信心，不含有敏感的或使其發窘的性質。

問卷上的問題需要邏輯地加以排列，而且最好加以組合，於是在訪問談話中，邏輯地導引一個問題接着一個問題，因此，牽涉到特殊範圍的問題應該彼此相接而不分散在問卷之中。當提出一般及特殊問題時，先問一般的，後問特殊的。如果不如此排列，回答者可能用特殊問題的角度來回答一般性問題。避免敏感性問題集在一起，而把他們分散在中性問題之間。一個問題如果很長，或包括兩項選擇，則把這類問題連同列舉的答案寫在卡片上（這些卡片能夠交給回答者），訪問者然後讀出問題，而由回答者從卡片上作選擇。

(二)問卷形式

問卷問題的形式有許多種，基本形式有三種：

第一、兩分法問題：這種問題提供兩個選擇，例如「是與否」、「贊成與反對」、「好與壞」、兩者之間擇其一。適當的程序也提供第三個答案：如不知道、無意見或這兩項都加上去用。如果不提供第三項可能，則問題可能使回答者實際不願回答時沒有選擇的餘地。

兩分法問題的優點是簡單而容易提出，回答一目了然，並且易於列表。缺點為此等問題可能強迫回答者做他們所不願意的回答，對許多主題的意見不易作成簡單的是與否的選擇，而多數的情況，是選擇兩個極端之間。

第二、多項選擇問題: 這類問題常用語言表示三到四及五等級量表 (rating scales)。以三級量表爲例: 較高、相同、較低。以四級量表爲例: 最好、好、普通、不好。以五級量表爲例: 很大、有些大、相等、有些小、很小; 非常贊成、贊成、未決定、不贊成、非常不贊成。

改善用言辭表示的多項選擇等級量表, 是圖表方式的等比量表 (rating scale)。在這種量表中, 回答者被要求在數字的線上表示其意見強度, 非常贊成的可爲正5分, 中間者爲0分, 最不贊成者可爲負5分。多項選擇等比量表問題的價值, 是他們允許表現意見的程度。缺點方面爲, 此等問題較長, 對回答者選擇的記憶力是項沈重的負擔。

第三、開放式問題: 這類問題沒有準備好的答案提供選擇, 回答者可以自由回答問題, 而且回答的範圍廣泛。它的主要優點, 是可以獲得回答者充分的特色, 而且常反應出來未預料到的意見; 而缺點主要在於這些答案很難加以分類、製表和分析。

一般意見調查多採封閉式的問卷: 即兩分法或多項選擇的問題, 間或採用部分開放式的問題。

(三)問卷用詞

一般用語文表達問題, 似乎是簡單的事, 但在做研究擬問卷之時, 仍需要小心和技巧。以下是一些重要的指標:

1.使用簡單而不複雜的字, 使回答者易於瞭解問題。

2.精確而清楚, 要做到這一點可用下列問題加以測度:

(1) 這個字的意義就是我們想要它表達的嗎?

(2) 這個字有無其他意義?

(3) 如果有, 在上下文中會使這個字清楚地表示我們預想的那種意義嗎?

(4) 這個字有一種以上的發音嗎?

(5) 有沒有任何其他的字或類似的發音使其混淆?

(6) 更簡單的字或片語提出來了沒有?

3.一個問句只含一個要點,不是兩個或者更多個。譬如問你喜歡香蕉及蘋果的味道嗎? 這樣問是臆測每個人辨別香蕉及蘋果的口味是聯合起來考慮的, 事實上有人喜歡香蕉, 而不喜歡蘋果; 或喜歡蘋果而不喜歡香蕉, 但是問題沒有允許這樣的回答。

4.避免導引問句; 任何問題要會產生偏見的答案, 卽被認爲是導引問句, 導引問句會造成誤導的答案。除非調查者故意想要獲得預先決定的答案, 他需要避免問句的措辭導致預想的答案。

5.問題要確保能引出正確的資訊, 問題不夠明確, 產生的答案則不能組合成資料加以報導。例如要僱員來測度他們的公司獲得多少利潤, 可以在答案中用元的數目來分級, 亦可用百分比, 或用文詞如很多到不太多等來分級。如果答案的量表混亂, 則結果無法組合分析。又所謂利潤是指毛利還是淨利? 如果測查者在問題中不能確定它的意義, 他不能希望回答者會加以肯定。

6.小心而誠實地建構各項答案, 給問題的每一邊相同數目的答案。一般來說, 答案愈多, 回答者可能愈少趨向極端。而答案多少最後結果亦可能不同, 按照人們對問題及爭端想法及感受的方式, 實在地運用文辭來表示答案。平衡答案用詞用句, 從而避免偏見影響結果。

六、訪問及資料處理

好的訪問者基本上是好的傾聽者,而不是好的演說者。最重要的是訪問者必須可靠、誠實, 而且能夠由他們自己去做這項工作。雖然訪員須經過短期的訓練課程, 但其後他們要獨立工作, 因此他必須值得信賴。

穆倫 (James Mullen) 教授認爲: 民意測驗的田野工作 (field

work）方面值得注意。 他們舉出懶惰與不誠實為人類的兩項短處，所有的組織必須恒常地與這兩項弱點奮鬥，「一個組織只要有此種情形，精確地研究即不再可能。」而使調查的價值全部泡湯。

防範訪員的人性弱點，偏見與不精確是測驗機構的恒常問題，在全國性測驗中，是依賴檢查及監督人員除去不稱職的訪員。但訪員分散很廣而且獨立作業時，不易檢查，而且好的監督員更是難求。

處理調查資料主要是用電腦，測驗機構使用打卡機或資料處理機，和分類、編輯並儲存調查資料的機器。在這之前先要將答案加以登錄、編碼，小型調查可以用人工來做，這種工作相當繁瑣沈悶，因此處理資料及百分比需有格外的細心和耐性。

七、資料分析、解釋及報告

調查結果僅列表表現資料，就整體來講，還是不夠完整。初步資料（raw data）是按照調查者所設計的某種邏輯次序及解釋的形式加以重組的。其中一種形式是用百分比來表示其結果，其次是用形容詞及副詞來描述其結果，第三是對其結果作一些解釋。

百分比重要的原因是由於它擴大了樣本數字的狹窄焦點，而使它們適用於整體。例如：我們以二百個回答者樣本代表二千個人的整體。對某一問題回答的情形若為百分之七十五的人贊成某一特殊活動，則擴大這項結果，可以說整個百分之七十五的人贊成這項特殊活動（當然有誤差存在）。這種結果亦可用字句來描述。例如說成高比例的，或者四分之三的，或者超出十分之七的人贊成這項活動。

因此，我們能夠藉着百分比及字句的描述，以許多不同的方式來說明這種結果，用這種技術來表現整體是相當平凡的。但描述及解釋必須忠實地反映實質的情形，管理當局常希望用解釋來掩飾缺失，甚而不願

面對反面的結果。公共關係人員對正面的結果總是容易處理，不過，反面的發現，可能是公共關係人員所需要知道的重要事實。

　　一項研究或調查，很少告訴公共關係人員做什麼？但透過尋覓事實、趨勢研究及民意調查研究，公共關係人員可爲其後的公共關係計劃及活動，獲得更有價值的資訊。

第三節　其他常用的研究方法

一、深入訪問法

　　這是一種屬質的分析工具，藉着被訪問者發表的意見來探查其態度。這種訪問方式，鼓勵回答者有話儘管說，不必受拘束。

　　這種方法，訪問者需要受過高度心理方面的訓練，具有分析能力。同時這種方法沒有固定形式，被訪問者回答範圍很廣泛，問題的關鍵便在於對回答者的談話如何去評估它的意義，深入訪問常是用在作動機研究。

二、內容分析法

　　內容分析法是客觀、有系統及定量地敍述傳播媒介的內容。這種方法是把內容類別化（categorization）。依內容特性歸成不同類，然後再依歸類情形，來推測一種現象或判定一種事實。它能夠告訴一個組織別人講它什麼？在什麼情況下被談到？以這種方式可以測出讀物內容中，敍述的、有利的及批評的項目各佔的比重。

　　內容分析可以顯示出一個組織被談論的型式，並能夠提供有利的線索，瞭解其大衆可能接受到資訊之種類，但這並不表示大衆必然會瞭解和信任。

我國許多學者常以內容分析法來分析研究報紙的內容。

三、可讀性研究

可讀性的研究，並沒有一定規則可循，若干人曾以科學方法來分析 1 字，發展出一些測度的公式（formula）或稱之為方程式。所謂可讀性公式是：

> 一種測度方法，用以測度作品風格的困難程度，提供計量的客觀評估，而不需要去測驗讀者。

這種以計量方法來研究讀物的可讀性，使作者或者公共關係人員注意到讀者閱讀興趣與理解問題，它只測度文字的難易程度，並非增加可讀性的工具。

在國外對可讀性研究的公式有幾十種，其中較著名者有傅來格（Roudolf Flesch）、甘寧（Robert Gunning）等人。而我國文字與英文有異，對這項研究尚在發展之中。

第二十一章　公共關係的計劃

第一節　公共關係計劃的理念

計劃是公共關係活動不可或缺的程序。事實上，訂計劃就是決定怎樣去做公共關係。沒有計劃就只能做些漫無目標、漫無組織的活動。有了計劃就能確定目標，並且有效地完成這些目標，甚而測度其結果。

計劃能使公共關係活動更積極進取，而不只是一味消極的防禦。有了計劃可以避免瞎摸誤撞，而保證在正確的時間採取正確的行動。管理當局可以就計劃議定的目標，來評估其活動，進而獲得管理當局的支持。因為有計劃的活動，無疑地分擔了明確的責任，其成功與否便受到了重視。

事實上一個組織對其公共關係活動要不要訂定有系統的計劃，或者採取怎樣的計劃，還有不同的看法，其中截然不同的兩派看法是：

一派可稱為靈感派 (the inspirational school)。他們所採行的假設為：妥當的計劃也不過就是敏銳的直覺觀察，而且當公共關係人員留心日常問題之時，這種直覺最為有效。

另一派為計劃派 (the planned school)，他們所持的假設是：根據仔細設計出來的藍圖來工作，才是唯一有效率的途徑，而且足以使管理方面清楚地知道公共關係人員全部時間做了些什麼。

這兩種方法都有優缺點，有的專家便認爲解決之道是採取第一種途徑。採取「平衡計劃」（balanced-program）。所謂平衡計劃是指訂計劃不要像行動的時間表，用以遵循；而寧可如同愼思熟慮的文件，以確立公共關係工作應該採取的方向。

大衛・范（David Finn）提出這項主張無疑地認爲設計之時包括計劃與直覺（經驗）兩部分。有經驗的掌廚主要遵循一套慣例（計劃）來做菜，但用天賦及判斷（直覺經驗）來決定那一時刻出爐。有經驗的公共關係人員依照一套計劃來做公共關係活動，但也用直覺及判斷來決定如何處理日常問題。這種處理需要創造性思考，無論做菜或去做公共關係，仍需要從計劃開始。

第二節　公共關係計劃的優點和缺點

一、公共關係計劃的優點

（一）構想納入計劃有助於澄清問題　公共關係人員是問題的解決者（problem-solver）。但通常他所處理的問題多數是雜亂無章且無定型的。因此在企圖解決這些問題之前必須加以澄清、理出頭緒，思想納入計劃有助於澄清作用。

（二）計劃提供一項藍圖及工作進度表　公共關係問題常是錯綜複雜需要解決問題的藍圖，使工作按序進行，並在事先決定解決方法。計劃固然容易受到突發性事故而改變，但藍圖及工作進度表仍可提供大的方向與引導。

（三）計劃可以爭取內部的了解與支持　公共關係是一項新的管理領域與工具，它的工作需要其他部門的了解、合作與支持。當工作有了計劃，甚而這項計劃獲得贊成與核准時，無疑地就是賦給了公共關係人員

所需的「職權」。於是，核准了的計劃就如同一張「授權」證書，使公共關係工作得以順利進行。

二、公共關係計劃的缺點

計劃有其優點，但亦可能爲一些普通的缺陷所抵銷，這些缺點可能是：

(一)過度計劃 (over-programming)　過度計劃的困擾是：計劃中包括太多方案，執行時不易成功；有許多方案不能針對基本目標，是無意義而愚蠢的。

(二)計劃過度僵硬　公共關係工作可能遭遇到意外的延誤或者超出常軌。一旦公共關係人員遭逢到這兩類意外的情況，無論是延誤的「機會」或是越軌的「危機」，都得準備去處理它們，即使這可能暫時打斷計劃的好方案。

(三)對計劃失掉信心　影響公共關係成敗的變數太多，而且處理變數之間的因素經常在互動。訂計劃，尤其是長期計劃，要想把握許多不確定的因素及其相互關係，實在不容易，因而可能對計劃失掉信心。

第三節　公關活動與訂定計劃

從所提到的公共關係計劃優點及可能遭遇的缺點，公共關係計劃可以區分爲兩個廣義的範疇：其一爲日復一日、年復一年例行要做的活動；其二爲包括特殊設計的方案中事件與行動相互組成一幅藍圖。

一、日常進行的活動

在許多組織中，公共關係的功能變得好像是廻旋裝置，在其自我活

動的範圍盤旋，對外界的影響無動於衷。這種情形尤其是在那些公共關係祇有一、二位專業人員來掌管的組織為然，他們在問到時才能提供建議，他們也製造些公共關係的「武器」。

所謂「武器」的製造就是指發新聞稿、特寫故事、出版些內部出版品及小册子等宣傳品。當組織擴大或者公共關係新的行動來臨，這些新的行動又由公共關係人員來接掌。久之，這些新的行動又變成慣常工作，年復一年加以實行。

對於這類例行事務殊少特殊設計，這並不是說其公共關係職能無從發揮。只要公共關係人員把握住公共關係的標的，循例去做，卽使無正式設計的特別方案，亦可能發揮公共關係的功能。

甚而卽使在大規模的組織中，具有正式的計劃與方案，經常有某些必需的公共關係工作與行動，也不需要訂定計劃。基於某種觀念，到時候某人便負起這項職責，來作決定並執行這些行動，於是作這類決定、執行這類活動就成為其部門常規項目之一。

替這一類型日常行動安排「計劃」，主要包括: 提供諮詢及製造公共關係「武器」，可從新聞稿及內部出版品等兩方面來着手。

二、特殊企劃、事件及活動納入計劃

這類計劃是公關顧問公司最常採行的設計，內部公共關係部門雖然也依照相同的一般程序來做這類計劃，卻沒有顧問公司那樣常見，因為內部公共關係部門沒有時常訂定廣泛新計劃的需要。然而在公關顧問公司有了新客戶，便需要給顧客提出計劃與方案作為具體行動的藍圖。

這項設計包括一連串的步驟與程序，對於這些步驟與程序並非每一公關顧問公司或公共關係部門都能夠循序去做，但足以為一般設計提供藍圖，其模式是依據邏輯方式來處理問題，各項步驟如下:

(一)基本研究。

(二)界定問題。

(三)建立標的。

(四)建立主題。

(五)著手計劃和策略。

(六)傳播與評估。

(一)、基本研究

公共關係人員已不再像魔術師，具有起死回生的本領。精確的實務已經轉變了這種刻板的形象，有經驗的公共關係人員瞭解到對其組織沒有密切的認識不可能實行有效的公共關係。

公共關係人員如何進行基本研究？最可能的方式就像一位老練的記者報導新聞一樣，對組織內外的關鍵人物加以訪問。這些關鍵性人物多半對組織熟悉，如企業及財務出版品的編輯、供應商、中間商及消費者等。其次便是從有價值的出版品來蒐集資料，如年度報告、宣傳影片等。

從實質的觀點來看，基本研究的作用，足以提供計劃一個合乎邏輯的基礎。這點最為重要，因為沒有根據組織的資料與事實的邏輯基礎，所做的公共關係計劃就像房子沒有穩固的地基，建築在沙土中一樣。

這項初步研究或背景報告，至少需要包括下列因素：

1.有關組織的事實與資料（與公共關係有關者）：如果組織是一個企業，則應包括產品、銷貨及淨利、銷售人員、顧客、在其產業中的等級與地位、經銷商、供應商、過去歷史及將來可能發展的一切情形。

2.名譽及立場：其他人對組織的想法如何？一般的評價是好是壞？為什麼？

3.組織與人員：組織採取何種管理？誰是關鍵性人物？他們對公共

關係的看法如何？他們對公共關係的職能的知識素養水準如何？管理員及員工之間關係如何？

4.過去與現在的公共關係實務：組織過去在公共關係方面做了些什麼，以及現在做什麼？應作什麼樣的改變？什麼應該加以保密或修改？

5.缺點：組織的那些政策或行動促成對組織不利的意見？組織會不會接受建議，改變或修正這些行動與政策？

6.優點：組織的那些政策或行動促成對組織有利的意見，而且組織充分地利用了這些優勢沒有？有無任何獨特的或一般的政策及行動足以加強未來公共關係計劃？

7.機會：組織的現狀有無任何事情足以提供公共關係運用的機會？

8.阻礙：組織的現況，有任何人與事會妨續公共關係的計劃？

9.結論與判斷：背景報告是否正確？它是否傳達了適當的分析性與專業性的訊息？

上述因素皆以問題來敍述，這樣做的特殊理由，是沒有人能夠對這些公共關係問題提出立卽的答案。但是透過對一種情勢提出適切問題的程序，公共關係人員會發現複雜的問題縮小了，從而，針對這些正確問題的答案提出未來的公共關係計劃。

(二)、界定問題

每一組織無論形式大小，實際上都有公共關係的問題。這些問題以其範圍及強度加以區分等級：那些是可以忽略而不成問題？那些是需要立卽加以注意唯恐其超出控制？基礎研究，如同醫療方面的檢查，會暴露出許多問題。其中一些不嚴重的問題可以簡單處理予以治療；有些相當嚴重的問題必須採取行動阻止其發展，而另外一些病危者則需進行大手術才得痊癒。

立卽而緊迫的問題不難加以界定，它們很明顯地叫人去注意、去處

理。雖然這些問題不一定是組織中最重要的問題，但是外界的要求和時間的壓力，要求立刻來加以解決。例如一所學校，秋季班缺少太多的學生，公共關係部門可能會放棄其他事而集中人力、物力及技術來吸收更多的新生入校。短少學生的許多因素是早就產生的，但這些因素可以在秋季入學以後有時間再去解決，所以這類立卽性問題可能不是組織中最重要的，但在時間的壓力下需要立卽解決。

公共關係人員需要分辨各種問題。公共關係問題出現的有大有小、形成也不一樣。有些是內部的，有些是外部的，有些是暫時的，有些是持續的，有些是表面的，有些是根深蒂固的。辨識及掌握這些問題需要技術，而這些技術是從經年累月的經驗中磨鍊出來的。

一個人列舉出某一組織的基本問題是什麼，並不表示他就理解這項問題所廣泛牽連的一切。提出問題與了解問題之間有很大的距離。

（三）、建立目標

問題界定之後，下一步就是要建立目標，建立目標的重要標準爲:

1.公共關係的目標與組織的目標相同

公共關係目標與組織的基本目標若很少甚或沒有關聯，卽使能夠由戲劇化方式予以實現，也無實際價值，徒然浪費時間、人力、財力，計劃的目標須與組織的目標保持一致的步調。

問題在於組織中的政策與行動，在基本研究中如果超出民意、大衆興趣所接受的標準，公共關係人員明知如此，是否也仍舊採取同一步調，來做他的計劃與節目？

如果一個組織的基本政策與行動明顯地違反大衆利益及一般所接受的行爲標準，公共關係人員有責任運用其影響力去修正或改變政策行動。在短期內，可能會發生運用巧妙技術掩飾低劣的組織政策及措施，但長此以往，這些僞裝終必被揭穿。時間促成組織及公共關係策略、行

動的目標與大眾利益趨向一致。因此在計劃開始之前就要依照一般大眾可以接受的行為準則，而不是在訂計劃之後。

2.公共關係目的是特殊的而不是概括的

雖然公共關係如一般所瞭解的，其目標是針對達成好感、瞭解及接納的最後結果，但作計劃須用特殊詞彙，才更具意義，亦能為管理方面所接受。組織管理方面，尤其是企業，希望、需要及接受為功能部門的特殊目標。然後，據此與最後結果加以衡量。銷售部門在計劃中不宜概括的表示增加銷售量，而要具體表示增加百分之二、百分之五。學校在計劃中不宜概括的表示增加新生，而要具體指出增加百分之二、百分之五。每一負責單位，最後測度結果，如果沒有達到預期的目標，則應負責。公共關係牽涉之因素，雖較生產、銷售甚至於勞工管理方面要困難得多，但也需要達到能夠加以測度及管理的期望。

3.公共關係目標應按重要性及時間來排列

公共關係目標與其問題一樣，應按其重要性及預期完成的時間來排列。事實上，這樣做就是為其目標設定優先的順序。

有許多目標的重要性非常明顯而且急迫，毫無疑問的要立刻著手去完成。其他目標固然重要，但可以等一段時間去完成，於是目標就可以按其重要性及完成的時間加以排列。這種方式是提供管理當局一種時間表，藉以判斷計劃是否依著程序進行，這是公共關係以目標來從事管理的技巧，來應付那些可以計算及測度的管理上之需要。

這種按目標管理之所以沒有更廣泛地被公共關係人員所應用，其主要的理由是：第一、唯恐訂定目標過分量化，誤導員工玩起數字遊戲。第二、需要花費相當多的時間在複雜的測度系統上。第三、真正對公共關係成果的測量包括質的判斷是無法加以量化的。賽施 （Thies） 認為：當盡可能作量化之際，也要知道一個事例對一個企業組織的重要性

不一定要用時間長度來測量。

　　因此，時間表太僵化便缺乏彈性，對公共關係的計劃並非有利，因為公共關係實務需要彈性，除非訂定目標及計劃就具有伸縮性，有許多例子就由於沒有預先發現將來發生情況而錯過機會或使計劃過時等情況，而影響公共關係的規劃。

　　（四）、建立主題

　　公共關係計劃包括各種方案，將透過一項基本的主題目的或一套主題的運用，來完成一致的目的。多數成功的計劃都是如此，公共關係計劃的主題，是各種情況的連鎖，是達成公共關係統一的方法。

　　主題之於公共關係計劃有如針線之於裁縫師。裁縫師用針線縫製衣服，公共關係人員運用主題來串連策略。如果沒有主題，他祇能得到一些零碎的方案。

　　建立主題可用不同的方式，它可能是結論式的陳述，或者用標語來表示，但其基本目的仍為主題計劃的統一。不論其形式如何，主題需要論點清楚，適切而眞實。

　　爲要切合主題，看和聽的要素時常要加以運用，甚而不顧它們是否能眞實地反映組織機構的需求。但在倫理道德和實務的立場，對不適切、不誠實的及無意義的主題應該避免。迎合時尙而不適切、不眞實的主題，可能獲得立卽的贊同，但在長期而言它們無助於有用的目標，很少有實際的益處，而且最後可能招致不利的結果。如今大眾已厭煩聽到膚淺的口號與主題，這類主題卽或能譁眾取寵於一時，亦不能長期獲得大眾的信任。

　　（五）、訂定計劃

　　成功的公共關係計劃要有行動的策略。它包括三個主要的因素：卽方案（project）、策略（strategy）、及適時性（timing）。方案提

供達到公共關係目標的方法，策略牽涉到方案的**實踐**，而適時性是成功與失敗的關鍵。

茲將其重點詳述如次：

1.方案

方案可能有各種形式，其唯一限制是公共關係人員的想像力和聰明才智。

有些方案爲一項單獨的設計，可能包含整個公共關係的活動。在這一方案（計劃）中運用到所有公共關係的人力和物力。然而多數情形的公共關係活動是由各別不同的方案所形成，而這許多方案相互重疊，行動起來像一波一波的浪峯，漂向海岸線上的目的地。

一個方案可能簡單到像召開一次記者會、宣傳一項新產品，或者複雜到如選舉總統。一個方案本質可能是地方的，如報導工廠的開工，也可能是全國性的，如宣傳消除髒亂。一個方案可能包括一個主要的，歷時一天的事件。或者包括若干主要及次要的事件，擴展到經年累月的計劃。

方案及公共關係行動的計劃不易加以歸類，因爲他們包括各種方式，而一些新的形式是由具有想像力及創造力的公共關係人員所創造出來的。然而，若干方案及行動廣爲公共關係人員所採行，歸納如下：

(1) 支持、表現事件、設備或情勢的方案

每個組織在某一時間採取行動或製造事件，需要公共關係的支持。在許多實例中組織的設備也是公共關係行動的重點。某些設備、事件及情勢是常規的和循環的，都要用公共關係來支持，而其他的則需要時才如此。

(2) 支持或將傳播事件戲劇化的方案

支持現行事件與傳播事件，爲兩種公共關係方案，其區分不大，但

有必要。傳播事件意指那些設計是公共關係計劃的一部分，超出它們是組織行動的部分 。 因爲多數的傳播事件是「一次投射」事務， 儘管它們能夠證明很成功並爲一組織所不可缺少，以至於變成組織的循環性事務。

傳播事件與公共關係節目計劃及行動相結合有許多方式。最普遍的是學術研討會、討論會、競賽、特別贈與、調查、敎育運動、會議及集會等。這些傳播事件最好能合乎下列三個條件：

①滿足並切合組織的基本目標。

②供給公衆感興趣的資訊、知識或觀念。

③值得並保證傳播媒體會注意並報導。

這三層考驗很不容易做到， 祇有那些有思想的、有創意的傳播事件才能獲得充分通過。

(3) 支持戲劇化產品、銷售及服務的方案

以公共關係方案及行動來支持組織的產品、銷售及勞務非常普遍，而且公共關係職員被指定經常處理這方面的事。這類方案及行動也受到組織其他部門熱心的支持，因爲直接幫助他們，增加分配的功能。從市場營運的觀點，公共關係爲其促銷的一種方式。

協助銷售產品及勞務有許多方式，主要的是將新聞稿、特寫廣告等送給商業及消費者出版品、報紙、資料供應社、廣播及電視，讓他們去刊登或播出。有時採取適合電影及電視的製作形式，由成千上萬的人來看。雖然這是一種影響潛意識的形式，效果很難加以測度，但無疑地有許多電影、電視觀衆看到了產品，會受到影響。

介紹新產品上市是銷售部門的基本作用，而公共關係的協助常是提供新聞稿、舉行記者會、舉辦預先展示會、新聞界展示會及利用電視作包裝陳列等方式。

公共關係方案與行動產品及銷售的關聯只限於「支持」，公共關係方案支持產品銷售，較支持勞務爲易，主要是由於前者較後者易於作戲劇化的表現。推廣勞務戲劇化方式，最好是運用勞務的代替物與人。

（4）特殊場合時機的方案及行動

慶典是特殊的日子，而許多公共關係計劃與這些慶典的日子有關。例如雙十國慶日、耶誕節、青年節及婦女節等節日不勝枚舉。多數人檢視日曆看看還有幾天到週末，但公共關係人員檢視日曆是要看看有什麼重要的、特殊的日子就要來臨。

特殊的日子及事項會納入公共關係的方案，但競爭非常激烈，因爲這種做法廣爲衆人所週知。公共關係人員利用這些日子與時機，需要更聰明的設計，必須比競爭者更富想像力才行。

總括來說，公共關係節目方案第一要緊密地與組織及公共關係目標相結合，除非這種關係清清楚楚，否則不應著手進行。其次，方案應爲公共關係行動提供藍圖。而且要把計劃的策略清楚地指示給管理當局。其中人力與資源需要用來執行計劃，而預算及基金需要用來支持計劃中的行動。公共關係人員確立一系列的方案，供管理方面選擇，如果管理當局決定不能整批認可，通常基於財務預算經費等理由，仍有足夠的方案來促成一個能夠執行的計劃。

2.策略

訂定一項計劃，包括一系列方案，這些方案也需要按重要性遞減原則，排列出優先順序。例如，公共關係人員把認爲最重要的方案置於表格的前面，而表中最後一項則被視爲重要性最低者。

確定方案的順序及其說明可能需要一個以上的表。例如一項策略可能牽涉到全國性及地方性的行動。而果眞如此，則在方案中的每一表上均有一優先順序。

計劃的藍圖應指出執行各種方案所需的財源、人力及設備。同時亦應區分出這些項目中何者爲公共關係人員所控制，何者則不是公共關係部門所能決定。

3.適時性

不合時宜是訂計劃、立方案的致命缺點。適時性在許多方面都有好處，公共關係人員從長期得來的經驗會把這項因素考慮在他的設計中。例如每週六上午是日報版面最擠的時候，因此排在星期五的事件，可能不會刊登在報紙上。而星期天新聞事件較少，排在這天的事件在次日見報的機會較大。在接近中午舉行的記者招待會，便不易趕上中午電視播出或在下午的晚報中出現。

通常而言，將兩件重要的活動排在同一天是不智的，因爲它們會分散大衆及媒體的注意力。如排定一件事是在臺北市議員選舉這一天，則公衆所注意的多半是議員的選戰新聞，而不是一個公司記者招待會上聲明選出一位新經理的消息。

但怎樣才能做到適時卻沒有硬性的原則，而需要對大衆對問題及事件興趣的趨向保持敏感。一個組織的個別方案可能具有十足的自身價值和興趣，但如果在大衆與媒介感受力較低之時，獲得公衆注意的機會就很小。例如：在能源危機時，石油價格稍微變動，卽引起人們注意，而在平時就引不起多大的關切。如何才能知道大衆的興趣高還是低？主要還是藉着大量閱讀日報、週報及新聞雜誌，看電視新聞節目來熟悉全國及地方事務發展的情形，而留意那些對組織很重要而爲大衆所感興趣的事。

(六)傳播與評估

多數公共關係人員都熟悉傳播，特別善用文字技巧來接觸各式各樣的閱聽者。一般公共關係人員可能不知道太多的傳播理論，但他們通常

擅長於撰寫與溝通，他們用這些技巧來通知大衆，影響並獲得大衆的瞭解與接納。

另外一方面，評估計劃、節目及公共關係活動做得比較少。這可能有兩種事實：其一是許多公共關係活動與節目本身無法做精確的評估；另外一項爲評估所花的成本爲管理方面所不願負擔。

傳播與評估爲公共關係計劃的重要因素，從以上所探索的各個層面來看，計劃是公共關係實務成功的核心，不論從內部的公共關係部門或外界的公關顧問公司來考慮都是如此。

第二十二章 公共關係的回饋與評估

第一節 公共關係回饋的功能

在公共關係實施的循環程序裏，回饋被視爲最後的封閉的因素。

回饋在公共關係過程中主要是指報告、測量及評估三項，三者主要的作用爲：

一、告訴管理當局公共關係行動做了些什麼，也就是說是否達成了它們的目標。

二、提供測量公共關係成就的計量工具。

三、提供管理當局判斷公共關係成就及行動的方法；也就是證明投入在公共關係行動的時間與金錢是否正當。

任何公共關係活動，不論大小均有其目標，也就是有其預期的成果，因此需要依據一些方法來測度這些行動的結果。如果行動獲得預期的結果，就可以假定這項行動是成功的；如果沒有，這項行動便是浪費。一般而言，很難簡單地回答說是完全成功或完全失敗。多數情形是程度的問題，但對公共關係方面所做所爲仍需加以測度，以便決定將來做什麼或者不做什麼。

公共關係的活動費錢費時，管理當局出錢花時間，當然要證明這些支出是正當的才行。管理當局需要知道每一行動對組織的目的有多少貢

獻，以及爲什麼需要這項行動，甚而擴大支持，如果答案相反，則可能撤銷支持或減少和限制行動。

第二節　公共關係報告

公共關係人員從事公共關係活動，經過一段時間得到結果便會提出報告。報告可能是一系列扼要的說明，表示已經做了些什麼，亦可能探測一些目的（這種報告提供一種測度的形式），亦可能包括繼續要做的工作。

報告最好以計量的方式加以陳述。例如敍述準備並發出多少新聞稿、計算印刷媒體刊出新聞稿的欄數，及電子媒介播出新聞稿的時間、列舉刊登資料的媒體的發行量及閱讀人的數目等。

報告能使管理當局重視公共關係的作用，以及負責執行這項功能的公共關係人員。它對管理決策有關公共關係活動方面所需要的消息資料提供輸入（input）的服務。報告如能定規地提出而又採既定的形式，則在隔一段時期之後，就可作比較。

但另一方面，報告在敍述「質」的方面並非理想方式。報告很少涉及到工作成就的質或者結果方面。例如提到中央通訊社發出某項新聞稿是一回事，而要精確的計算國內外報紙刊出這則新聞的數目便難得多了，甚而更複雜地勾繪出這則新聞的明確影響，幾乎是不可能的工作。

一、公共關係報告

(一)報告的形式

公共關係結果的報告，正式與非正式的形式都得加以運用，才容易奏效。

1.非正式的報告

公共關係一大部份的報告是非正式的、非定期的，而為一個組織平常作業的一部份。然而不能因此假定非正式報告的價值不大，甚而毫無用處。相反地，這類報告可能比正式報告更有價值，因為這種報告做起來不太會事前通知。無論公共關係顧問公司或組織中的公共關係部門，都常運用非正式的報告。

執行單位之所以依賴非正式的報告來檢視下屬所做的事，主要的原因是爭取時間，或者是缺少時間。正式報告需要開會商討，需要執行者及提出報告者花許多寶貴的時間，而非正式報告則會減少時間的浪費。

2.正式的報告

公共關係結果的正式報告主要有四種：備忘錄及定期報告，計劃單位、羣衆及委員會議，簡報及介紹，以及年終報告。

(1) 備忘錄及定期報告

最常見的正式報告就是備忘錄及定期報告，而這些備忘錄及報告，可以從簡單到複雜加以排列。它們視環境需要，按每週、半月或者每月由負責行動者予以提出。

這類報告最常見的形式是由報告者按時間把行動加以列表。這項列表不在提出行動的重要順序，也不牽涉到實施這些行動的困難程度或花費的時間。備忘錄或報告只單純地列出「工作完成」、「部份完成」、或者「仍在進行中」。多數情形，報告或備忘錄是一項簡單的副本溇給上級。如有需要，這項副本亦須送給別人，在公關顧問公司中便常將一些副本給其顧客。

(2) 計劃單位、羣衆及委員會議

許多公關顧問公司及公共關係部門，特別是較大的組織，常利用單

位、羣衆及委員會議，作爲公共關係行動報告之用。這些會議也有其他用途，特別是用在訂計劃、交換意見方面。但其中一項主要目的，也就是在此處討論的作報告之用。

在大多數情形這些提出報告的會議有一般性目的或者重要的行政上連繫，會中把它們結合在一起。這種會議可能是由公司的公共關係單位主管召集，由各作業單位負責人參加，或者公關顧問公司的會計人員向執行首長提出報告，或是顧問公司服務單位的專業職員出席。

報告會議要想全部出席，公關顧問公司比內部公共關係部門的困難要多，顧客的需求優於顧問公司的報告會議，而且這些需要使其職員東奔西走，無暇參加排定的會議。顯然服務顧客比報告顧客更爲重要。

(3) 簡報及介紹

公共關係人員向有關部門或行政主管，以定期或不定期的方式提出簡報，介紹公共關係活動的預報，或活動後的成果，甚而利用簡報的方式提出有用的諮詢服務。

(4) 年終及年度報告

年度報告，常由公司公共關係部門負責，基本上是公司用來總結其財務。公共關係爲一項重要的幕僚作業，有時與公司其他職能合在一起，在年度報告中報導其活動。有時公共關係部門準備並印製他們自己個別的年度報告來總結其活動。這種活動尤其出現在較大的，並從事多種工作與任務的公共關係部門。

總之，報告公共關係的活動有許多方式，無論是正式的或非正式的，其目的在告知管理當局公共關係人員在做些什麼。編纂報告花費時間，因而可能被勸阻，不如把時間用在實行上遠較做報告有價值。然而，這樣做會使管理方面忽略了公共關係人員及部門，而不重視這項職能。因此，報告不僅使管理方面得到有價值的資訊，同時建立起他們對

這項功能及公共關係人員爲實現這項功能所做的活動的重視。

第三節　測度及評估

測度與評估是用來證實或證明公共關係人員及其行動的效果之方法。報告與測度、評估的不同之處在於定質的超過定量的。測度與評估公共關係諮詢和行動的質與價值，必然用到某些標準。這些標準可能是暗示的或者以明確的字彙來說明。他們可能以自己作標準，亦可能與他人做比較。標準是尺碼，不論其爲暗示或明示，都形成了判定效果的方式。

測度與報告不同，因此在對於公共關係做定質的測度與評估時，要避免一些認知上的錯誤。

一、測度的層面及其含義

由於公共關係所處理的並無實體存在，因此不易測度其成就。生產部門經理可以計算生產貨物數目，銷售經理可以紀錄其銷售量，然而公共關係主管或顧問卻沒有這樣的便利，他必須採用有關測度的特別說明。公共關係的測度有許多層面，而各個層面顯示的意義不同，很容易混淆，而發生錯誤。

（一）量不能算是結果

假設量卽代表成功，是頗有疑問的，一大堆剪報通常用來代表「成就」？但更重要的是剪報的內容，以及刊出報紙的發行數，閱讀這些新聞的人數，以及讀者的性質。最重要的還是對讀者的影響。

（二）數字不是成就

另一項例子，一般的做法是引用數字。這導致報告說，成百的人聽

某一演講，或上千人接到某一封信，或多少人參加了會議。數目是重要的，但僅是開始便指向更重要的問題:「有什麼成就?」

1.生產不是成就

對產量作同等的推論也是量所產生的錯誤。這項假設爲: 如果一份剪報是好的，兩份則爲兩次好的。如果一本小册子是有價值的，五本就是五乘其價值。數字的堆積，對結果並無特殊的答案。

2.猜測不是事實

公共關係模糊的本質加上公共關係人員的過度熱心，會導致對結果樂觀的評估，當一個人熱衷於他所做的事，很容易假定他所做的是成功的。然而，熱心的企盼只是工作者的心願，而不一定是事實。

3.一斑未必能概全

許多公共關係行動被視爲成功的，可能只由於產生一些好評。反過來看，許多價值的行動被視爲失敗的，可能只由於少許不利的話。

這種錯誤非常明顯，隨便的少數談論不一定代表大衆的態度。唯一保證大衆態度的方式，就是獲得足夠的，具有代表性的人的答案。

4.推理上的錯誤

有關測度的另一項錯誤是發生在推理的方面， 兩種最普遍的 錯 誤是: (1) 瞭解與其資訊的輸出量成正比，(2) 態度與瞭解成正比，兩種情形都可能存在，但非一定發生。

公共關係能夠也的確會助長大衆瞭解。這樣說似乎認爲任何大衆從某一項宣傳活動中能得到瞭解，則增加這項行動就會增加瞭解。但是，這種推論並不總是眞的， 有時候一項告知性質的行動會增加大 衆 的 瞭解，有時候固執的大衆可能拒絕進一步學習有關這項活動的主題。初時人們在某一階段急切要吸收有關某一主題的每一點消息。但他們可能有意無意地決定，不需要再「學習」，此後再來的資訊便聽不進去了。同

時也要注意到，大衆媒體在空間及時間容納的量，對其主題的限制，當達到此一限制時，便沒有更多的機會來作宣傳了。

　　5.瞭解與態度的關係

　　瞭解一項主題並不然會改變態度，甚而可能導致更壞的態度。例如，政策本質上是壞的，增加大衆對它的認識，並不能增加它受到人們的喜愛，很可能增加對它的反對。

二、測度什麼

　　評估公共關係活動有許多有意義的測度可以採用。而在決定用何種方式去測度以前，先要考慮的是：測度什麼？

　　可以測度的重要事項是產品、分配、興趣、接觸、瞭解及意見等方面。當然只有最後一項才是眞正測度的成就，其他各項只是導引最後評鑑的步驟，實行公共關係活動唯一的理由就是影響民意。其他項目雖不能證明公共關係的成功，但它們能夠協助決定做多少努力，花費多少金錢，時間用在何處，以及有時探索事情何以會發生？它們亦能幫助評鑑計劃各部分的效果，而最後能夠再向管理方面保證：公共關係是有組織有計劃的。

　　(一)產　品

　　公共關係所用的每種工具應能夠以數字的方式作報告，製作統計能夠顯示在許多宣傳品方面，例如：郵寄信件、印刷宣傳單、製作影片、演講等。這些方面的數字能夠顯示做了些什麼工作以及總支出有多少，它們能夠幫助控制預算及時間的效用。

　　(二)分　配

　　這些測度是顯示產品做了些什麼？它顯示寄出去多少宣傳品？送給誰？小册子印刷之後怎樣處理？誰參加會議？多少人看過電影、接到信

件或聽到演講？

　　這對產品而言，更是非正式測度。它只是指示運用了多少產品，也可以說是某種程度的測度公共關係人員的效率（而不是效果）。至少這項測度提供保證了多少出版的宣傳品的確送出去了，那些人參加了會議、看了電影、接到了信。它能夠顯示：所付出的金錢與時間沒有完全浪費。但是這與產品的評估一樣，只是測度的第一步，這些測度與工作的本質沒有關聯。

　　(三)接　觸

　　誰接觸到資訊是相當重要的測度，通常公共關係的資料是有計劃的，並且針對特殊的閱讀人。如果它們能夠接觸適當的讀者，那麼比它們接觸其它的人更為有效。如果宣傳品是寫給大眾的，它刊在大城市的報紙裏，就沒有多大的好處。一個電臺針對男人有興趣的訊息在下午二時播出，不會有多大效用，因為這個時間的男人很少能聽廣播，這個時間聽廣播的可能多屬女性聽眾。

　　新聞記者討論公共福利計劃，例如美化臺北市，可能對於臺北市這一地區的居民較有價值，但不一定在別的地區也有很大的好處。任何新聞要接觸到對它感興趣的人，其效果才大。一項會議邀請對了人，雖然他們的人數並不太多，可能比錯邀其十倍的人更好。

　　讀者的興趣研究不僅告訴我們：一個既定的項目在同一媒體中與其他項目在同一媒體中與其他項目比較是如何的好，更會給予一般性的指標。例如，多少人閱讀了這一項內容。如果我們想到接觸的大眾只有在某一時間或某一種媒體才能接觸到，則數目的多寡不是唯一重要的問題，而播出的時間與刊載的空間，相對地更形重要。

　　(四)瞭　解

　　公共關係的訊息必須要讀者能夠了解，如果大眾不能夠瞭解這項訊

息的內容，則整個活動就失效了。不論產品、分配、興趣及接觸各方面的成功亦無濟於事。

有些情況很容易知道大眾了解的程度，如果宣佈一項新的政策，接着就有人對這項政策發問，顯然這項聲明沒有獲得了解。如果員工問到小冊子上刊載的退休問題，這證明缺少了解。如果參加會議者對剛才所解釋過的問題提出疑問，顯然這項解釋不是易於領悟的。

測度了解更複雜的方法是運用回憶及理解測驗，回憶是確定發現人們對給他們的主題記住多少。問一些問題如：「爲什麼這是好的政策？」「某人演講的要點是什麼？」或者「這封信講些什麼？」這些是測驗記憶及確定人們是否眞正懂得訊息。它們能夠證明的是：訊息組織得很好，表現得清楚而容易記憶。然而，卽使人們記住一些事情，他們亦可能不了解這些事情，爲了證明了解與否，還得使用另外一種工具，那就是理解測驗。這些測驗要求訊息接受者用自己的語文來解釋它的意義。理解測驗可能涵蓋一個或一個以上的觀點。爲了求得最好的結果，這些觀點應該簡潔扼要，因爲一般人沒有受過寫作的訓練，很難解釋複雜的主題。

(五)意　見

眞正測度公共關係活動的效果，是對民意（大衆的意見）的影響。測量意見改變，最好對民意作事前及事後調查，來確定前後意見是否有所改變。

三、測度與評估的方式

用來測度評估公共關係活動的方法，從原始到微妙複雜的兩個極端之間，有各種方式。但所有情況都是評估公共關係而對它作成某種價值的判斷。而這些判斷是由人做成的。因此價值判斷是基於相當原始的方

式。例如由人的觀察來作判斷，超過用電腦的計算（不是意味電腦這類評估或判斷是錯誤的）。

(一)個人觀察與反應

由於專家個人觀察與反應是評估公共關係效果、判斷其成就所使用的普遍而原始的方法之一，在所有組織型態層次、公共關係人員的作為受到他上級（接受他報告的那些人）所評判與評估。

(二)比照目的與結果

在計劃中已提到公共關係行動沒有指明目標亦是常有的事，然而確定目標是導致成功的設計。卽使一套概括性的目標也比沒有更好，因為目標提供工作的方向，也導引其自身作精確的測度與評估。

以目標來管理這種程序是：一個執行者及在執行者之下，每一個部門都有附屬經理一同來確定一般性目標，並清楚地確定部屬所要負責的範圍及所期望的結果。然後據此作為作業單位的準則，來測度及評估部屬及其單位的工作，這項過程中重要的一點是上級及下屬之間對目標的協議。在某一時期結束下屬及其單位所做的工作，通常是由上級及下級共同參與來加以檢視和評估。如果有需要，在特殊時期加以調整及捨棄不適當的目標。當最後相互觀察之後，如果目標及實行或結果之間有了距離，則採取步驟來克服問題。

目標管理過程最大的優點就是它包括共同闡明目標或目的，清楚地制定目標與結果互相地觀察及評估。這種程序運用在由目標及行動導引到其自身的測度與評估方面有效，而在所有其他體系下，運用這種程序作為工具，來測度節目及活動導致態度意見改變則很困難。

(三)民意調查、調查小組及測驗策略的運用

調查研究（民意調查以及調查小組）乃是蒐集測度及評估公共關係所做所為的實證證據的主要方法。

民意調查有兩種方式：其一為單獨一次調查，用在一項特殊運動結束，或者在特殊時期之後。其次為事前事後（bofore-and-after）作兩次調查。

有關調查技術的程序即為：確定研究目標及母體、機率抽樣、設計問卷、蒐集資料及接受報告等。然後將報告送交管理當局。而民意測驗用在評估方面的主要目的在測度公共關係活動及節目中對有關人們的了解、態度及意見的影響方面。

1.事前事後調查

這項技術包括兩次民意調查，其一在運動或節目進行之前來做；另一項調查在其實行一段時期之後來做。因此公共關係人員可以比較兩次調查結果，看出事前事後的公衆了解、態度及意見的改變（數字或百分比）。公共關係人員引用此等數據，較一次民意調查的結果獲得更為可靠的效果證明。

然而，事前事後的調查技術並不常用於實際作業上，其中一項理由是太貴了，多數管理當局不願花太多錢在效果測度上面，而寧願把錢用於實際節目上。另一項理由是民意調查需要特別技術，尤其是事前事後的調查，非一般公共關係部門或顧問公司所能勝任。第三個理由是許多公共關係的節目方式，牽涉的變數太多，不易作精確的事前事後測度與評估。第四項理由是處理較大的母體，事前事後調查不易從母體中抽樣，即使以機率方式抽樣，他們仍舊是不同的一羣人，第五項理由是事前事後調查可能是「短暫的眞實」。

2.調查小組

用調查小組來測度公共關係效果，是因為它沒有單一的民意調查，或者事前事後調查所運用的大批樣本的缺點。調查小組是由相同人組成的樣本，在一段時間中被訪問人不只一次。通常它比大樣本調查所用的

樣本要小。小組在用來測度瞭解、態度及意見時要保持成員不變。由於小組樣本小，遠較大樣本的成本低。當小組保持相當的固定，就可能保證實際測度出公共關係運動影響相同羣體的結果。

另一方面，調查小組亦有一些問題。當小組小，任何縮小成員的行為都會改變運動前與運動後調查所使用樣本的特性。其次，小組樣本越小越可能不會代表其母體。 最後， 由於小組人員知道他們被用作為測度的目標，成會員產生不適當的角色意識，而因此不能被認為是其母體的典型。盡管調查小組有這些弱點，但仍提供公共關係人員相當可靠及簡單的測度節目效果的工具，但要能適當運用，並瞭解和避免它在方法上的弱點。

　　3.運用測驗策略

解決公共關係的問題通常不只一條路， 有時最合適的方法並 不 明顯 。 在這種情形下， 運用兩種完全不同的程序來發現那一種方式最有效，可能才是適當的。這是運用所謂的「配對樣本」(match sample)，盡可能選擇兩類認為相似的讀者，對這兩類讀者同作事前事後的研究。如果一項策略顯然地比另一項好，答案便十分明確了。如果兩樣策略一樣好，就取決於公共關係人員的偏好及經濟情況，如果兩種策略都不理想，則需要嘗試新的策略。

另一種測驗策略方式是：其調查涵蓋兩個地區，一個地區不採用策略，一個地區運用策略。然後比較這兩個區域人們的意見，看看接受公共關係策略者及沒有接受者有無差別，以顯示公共關係活動的效果。

　　(四)內部與外部審計

審計程序一般認為是會計的範疇，而在近年來應用在公共關係方面亦有增加的趨勢 。 會計決算需要以記錄及會計計算， 來檢查其精確程度，公共關係通常不用來做這樣正確的檢核並改進其節目效果。

1.內部審計

內部審計所採取的評估形式，是由一個公共關係部門或公共關係顧問公司內部同級（或上級）人員來組成。評估的焦點集中在三方面；用三個問題總括來說就是：

(1) 你做了些什麼並得到什麼結果？

(2) 你的問題何在？

(3) 你的計劃怎麼做？

有時候內部審計是由上司與一個職員一對一地來評估，但通常是由一組人或委員來評估，這一組人或委員就是選來作評估的。評估結束，這個團體或委員會就解散了。公共關係的審計部門小組通常由公共關係最高主管及兩個或三個中間階層或分部的主管所組成。在顧問公司內部會計執行的審計通常由包括一位執行副首長（不直接指揮會計執行者）及兩個中間階層或分部的主管所掌握。

在一位職員或會計執行者接受審計之時，多半都會被要求提出審計備忘錄；備忘錄中總結起來有關會計或節目、行動、問題及將來計劃。會迫使審計小組針對特別的項目加以審查，也促進被審查者作自我分析。公共關係審計在本質上是非正式的，它提供被審查者來自同僚或上級寶貴的意見，也給予審計者洞悉列舉出的許多活動與節目的機會，他們對這些活動及節目，在檢查之前通常知道得並不多。

內部審計在實務及心理方面具有某些缺點。審計花費時間，而時間對公共關係部門及公關顧問公司都是珍貴的。在公共關係部門，其職員有職責上的難題而要參加委員會議。顧問公司的會計及高階層人員亦是如此。那些在認識及判斷非常好而適合做審計小組的人，通常都擔任部門中間重要的工作，因此不能常請他們來擔任審計的工作。

心理上的障礙可能更為嚴重，因為很少具有創造性的人，對批評保

持鎮定的反應。接受檢查者有心理防禦的傾向，因此審計小組在審計進行之際，需運用許多機智及判斷來處理。

　　2.外部審計

　　外部審計與內部審計不同的是，外部審計是由組織以外來進行審計。某些情形，組織是外部專家或小組訂約，來到內部作一天到三天的有關實務、程序及節目的審查，而後作成改進效果的建議。然而，更普遍的是由公共關係顧問公司提供審計服務。

　　在許多方面，外部審計與公關顧問公司對於新客戶初次所做的基本研究相同。透過研究、訪問及分析作全盤性的研析一個組織的目的、公眾、產品及實務，公共關係目標及長短期計劃等。基本研究與外部審計主要不同之處是：前者是公關顧問公司在建立及實行公共關係節目（計劃）之前所做的；後者是對現行公共關係節目的分析，而據此分析並測度這些節目的公共關係效果。多數外部的審計超出測度效果的範圍，而且提供建議及未來公共關係活動的藍圖。

　　一項外部審計可能歷時五到六週完成，或者需要半年時間。它可能只處理公共關係節目的某一方面或者包括整個節目。它可能全部由顧問公司職員來實行或者請求全國性的研究組織來做。外部的審計是實際的研究工具，提供管理方面與其他工具一道測度公共關係工作。

第 五 篇
公共關係的實例研究

第二十三章　組織內部溝通的實例

　　組織乃管理的工具，管理者用之以完成所從事的事業，組織是爲決定及編配一個機構內各部門的職掌，且表示其相互間關係，並使其中各分子的工作合理化，以趨向於一共同的目標。

　　由於組織本身僅爲一種靜止之結構，必須透過人的活動始能生效。雖然工作狀況，共同目標等都是促成機構內員工團體意識之材料，惟要將潛在的團體意識，凝成堅固的團體工作表現，非靠有效的組織內部溝通，而發揮企業內部的公共關係不可。

第一節　電信組織之溝通系統

　　電信機構組織規模龐大，員工人數衆多，而且電信組織之層級複雜，單位分佈地區幅員遼濶。

　　電信總局所屬單位有臺灣北區電信管理局、臺灣中區電信管理局、臺灣南區電信管理局、國際電信局、長途電信局、電信訓練所、電信研究所及數據通信所等，而全區員工目前有三萬二千多人。

　　由於組織龐大，人員衆多，電信機構中員工之溝通除了組織的正式溝通按着指揮系統依序進行而外，尚須依賴電信工會及電信黨部的輔助溝通系統，以補足正式溝通不足之處（如圖三）。

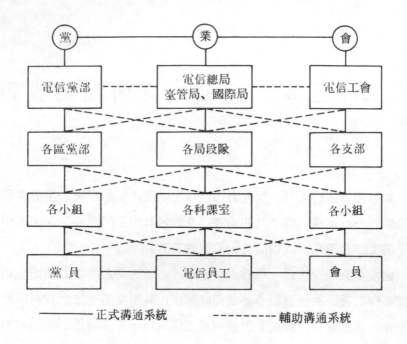

————正式溝通系統　　--------輔助溝通系統

圖三　電信組織溝通系統圖

　　電信組織溝通系統，如果由上往下看，就是電信總局，臺灣北、中、南三區電信管理局，至各地方局及段隊單位，而至於電信員工，如就各地方局本身來看，則由機構首長，一級單位主管，基層主管到一般員工。無論由上而下或是由下而上，都是依照行政體系的正式溝通系統進行，有其必經的溝通路徑。

　　電信黨部及電信工會在電信組織之溝通系統中也扮演着極重要的角色，電信黨部及電信工會分別有其本身意見溝通的系統，例如電信黨部至區黨部、小組而至黨員的溝通路徑。由電信工會、各支部、各小組而至會員之溝通路徑。

　　雖然事業單位、電信黨部及電信工會三者的立場各有不同，但為謀

求事業的發展，爲增進員工的福利，其目標皆爲一致。而且員工、黨員、會員三者常爲「三位一體」的（電信員工加入工會者佔九成，入國民黨者約佔六成）。

事業單位常借用電信工會及電信黨部之輔助溝通路徑而促成組織中有效溝通的運作，例如電信工會所舉辦的員工自強活動，頗能促成員工彼此間的意見交流及暢通。由電信黨部舉辦的慰問及救災活動，也可促使事業主管單位和員工及家屬之間的有效意見溝通。

任何組織機構之中，正式意見溝通與非正式意見溝通經常是並存的。正式意見溝通存在於正式組織系統之中，而非正式意見溝通是基於員工的社會關係而存在，其在組織溝通中扮演極重要的角色。

電信組織中除了以上所提的正式溝通系統及輔助溝通系統之外，尚有非正式的溝通系統。例如同學會、同鄉會、登山社、國樂社及土風舞社等，在這許多的非正式組織中，成員彼此間的意見交流都屬於非正式溝通系統。

在正式組織溝通系統之中，成員彼此之間在溝通之時常有心理上的顧慮。例如在電信事業單位的員工向上級主管反應工作意見時，往往會顧忌自己的地位與立場，不便放膽表明自己的意願。反之，主管傳達上級命令或指示部屬工作時，爲顧慮下屬的反應及排斥性，也會隱藏一些指令或事實眞相，就造成嚴重的溝通障礙。

然而在非正式溝通的系統中，成員們就沒有以上的顧忌，他們溝通的心態非常自由自在，因爲彼此溝通多爲平行溝通的方式，容易坦誠相見。藉着參加社團的活動，彼此間無所不談，況且在辦公室以外的場所進行溝通較沒有心理上的負擔，盡情地閒談聊天，若有人在閒聊時把消息說出來，就會一傳十、十傳百地傳出去，產生所謂傳聞（grapevine）。在非正式溝通中很容易產生傳聞或謠言，有效的防止方法是設法先尋找

出非正式溝通的領導人物，加以開導並防止謠言的散佈，並且儘量將組織中需要溝通的訊息先傳遞給他，將助成正確而有效的溝通。

在電信組織中，有正式的溝通系統、輔助的溝通系統和非正式的溝通系統。若能加強正式溝通系統的功能和運作，藉着輔助溝通系統發揮輔助功能補足正式溝通之不足，並且鼓勵及適當控制非正式溝通系統，將能達成電信組織溝通功能的有效運作，促進電信組織的績效和成果。

第二節　電信組織內部溝通概況

一般而言，目前電信組織內部成員的素質皆在一般公營事業機構水準之上，工作環境及待遇亦達一般水準，然而其組織內部之溝通，只可謂差強人意，尚稱融洽。目前組織中內部溝通所採行的方式在下行溝通方面有公文、公告、規章及口諭等方式，其中以公文及公告最為普遍。在上行溝通方面則採行員工意見調查、員工座談會及局內刊物等方式。在平行溝通方面則採取業務協調會議、自強活動、電話洽商及同仁間參與婚喪喜慶等活動的方式。現將三種溝通方式概述如下：

一、下行溝通方式

（一）公文　公文是電信組織下行溝通最主要的方式之一，是業務推行及傳達命令的最普遍的溝通方法。由於電信機構龐大，層級多且單位遍及全省，經常發生公文旅行及積壓等現象。

（二）公告　電信機構各單位皆有公告欄，公佈局內大小的規定事項。例如人事異動、自強活動日期、考試事項等與員工切身有關事宜。

（三）規章　電信機構對內及對外的作業及協調之規章條例。例如人

事規章、話務及營業規章等，是電信員工作業的規範及對外協調之藍本。

（四）口諭　一般主管除了手諭以外，最常用的就是口頭吩咐命令的方式，包括面對面的命令或電話的指示等方式。

二、上行溝通方式

（一）員工意見調查　電信組織之公共關係或人事單位可使用問卷的方式或口頭徵詢方式進行員工意見調查，以達到事業單位與員工彼此間雙向溝通之功能，目前此種工作非常缺乏。

（二）員工座談會　電信事業主管單位應該定期舉行員工座談會，以廣泛接納員工的建議。目前有些單位已經定期每月舉行主管及員工座談會，以便發現作業的問題，尋求解決之途。

（三）局內刊物　電信總局公共關係科，目前每月發行《局務簡訊》，除了刊載電信新業務及工作經驗以外，尚有員工徵答及建議事項等溝通的內容。電信工會亦刊行《電信之聲》刊物，亦包括反應員工意見等內容。電信黨部也發行《電聲》，刊載有關社調報告及民意訪問調查等資料，也提供了電信黨員的上行溝通方式。

三、平行溝通方式

（一）協調會議　每當新開發的業務推行之前，及業務檢討之時，皆舉行作業單位之協商會議，以便解決作業上的難題，每月並定期舉行局務會議，以溝通各單位之間的作業瓶頸及難處。

（二）電話洽商　各單位之間的業務聯繫，最常用者即為電話洽商，尤其電信機構幅員廣大，公務電話及公務長途電話提供電信員工最有效便捷的溝通媒體及路徑。

(三)自強活動　由電信工會及公共關係部門舉辦之員工自強活動，是促進員工彼此間意見溝通最有效的方法，經常在假期舉辦郊遊及踏青活動，並且每季舉辦一次慶生會，也提供了許多員工平行溝通的機會。

其他的平行溝通方式在電信員工們日常相處的言談交往中就產生了。例如婦女員工們學習插花及烹飪的課程中，卽進行各個單位的女性員工的彼此意見交流。或者在參加本單位同事的結婚喜宴中，就和別的單位同事間彼此溝通意見，所以平行溝通的範圍比下行及上行溝通更爲廣濶，並且較爲員工所滿意。

第三節　電信組織現行內部溝通之檢討

電信機構由於組織規模非常龐大，員工人數衆多，以致組織內部的溝通難免有所缺失。溝通功能失調，猶如血液流通不順暢，容易造成組織的僵化，現就目前電信組織內部溝通所發現的問題提出來加以檢討。

一、現行組織溝通的缺失

(一)下行溝通方面

電信局已有一百多年的歷史，員工的工作態度相當敬業樂羣，接受上級主管的指示命令處理公務，是天經地義之事。然而下行溝通的障礙仍然存在，其中以公文傳遞方式不良，與主管溝通技巧或方式不當較爲嚴重，使得上情不能下達，產生普遍的溝通障礙。

例如電信局每當開放新機房門號，擴充新局碼時，都會將特別開放情形以公文照會各有關單位，往往每當新局碼已經開放使用，而有些營業單位仍未接到公文通知，以致影響收費作業及帳務處理，其公文時效喪失，影響將來營收甚鉅。

有少數主管仍然沿襲了以往的官僚作風，平時不願多與屬下接觸，缺少溝通的技巧，使員工敬而生畏。甚至有時下達指示或口諭時，屬下誤解其意，而將雞毛當令箭，以訛傳訛，造成下行溝通有很大的缺失。

(二)上行溝通方面

目前電信機構的上行溝通途徑非常地缺乏，雖然人事部門及公共關係部門強調了上行溝通的重要性，電信工會也鼓勵員工積極參與溝通，但仍無法克服溝通障礙的瓶頸。

倘若上行溝通沒有良好地施行，容易造成員工與事業單位產生誤解，直接影響員工的士氣和工作績效。最近報章輿論多對電信局有所批評指責，最大的癥結，就是沒有做好有效的上行溝通，員工對事業單位有所不滿或要求時，沒有向上級主管反應，而直接向外界人士或新聞界反應，造成局方諸多的困擾，也打擊了一般員工的士氣。

一般員工普遍參與的工作座談會非常稀少，只有例行的動員月會，成為專題演講的方式。員工意見箱的設置也很缺乏，使得員工對局方無法建言，造成嚴重的溝通障礙。

(三)平行溝通方面

電信機構組織採取職能式的層級組織，很容易造成一級單位的本位主義，致使各單位之間各立門戶，很難溝通協調，尤其當新業務推行時，常會遭受各單位間的阻力，使得業務推展困難。溝通障礙之解決，在於各單位應摒除成見，拋棄本位主義，以電信事業一致的前途為念，才能達到協調合作之境界。

至於員工間彼此的溝通，非常融洽，可謂「電信一家，情同手足」。

二、有效溝通方式的採行

(一)電話聯繫　各單位經常聯繫者應將對方的電話碼、地址及經辦

人等資料登記成冊，儘量利用電話處理公務，以爭取時效，公務電話應作成記錄，並陳報主管核閱。

（二）**文書聯繫**　單位內文書的聯繫可採用判前會簽，繕發後會章或來文會簽等方式。此外可利用副本抄送，影印複份或多聯通知等方式，以求迅捷，各種文書並可配合公文處理辦法加強稽催。

（三）**會議協調**　對於事業機構共同目標之了解與貫澈，可定期或臨時召開局務會議、動員月會、座談會等方式舉行。以求得意見的溝通與協調，對於特定工作的協調與執行，可組設委員會或工作小組，以會議方式去完成，會議的召開，事先要有充分的準備，會後要有詳細的記錄，並分送有關單位參考。

（四）**建議制度**　經濟部於民國六十七年七月發佈，六十八年八月修正的「經濟部所屬事業機構員工建議準則」，為鼓勵經濟部所屬各單位員工踴躍建言，廣開上行溝通方式，達成促進組織發展之功效。

臺灣電力公司實施建議制度，規定公開設置意見箱，並由主管約談下屬，提供意見，並且設置委員會處理，審查員工建議案，並酌量發給獎金，效果非常良好，電信局已比照此種建議制度，將能改善上行溝通的功能，並提高組織的績效。

以上四種有效的溝通措施，定將有利於今後電信組織中的內部溝通。

第二十四章 電信公共關係行銷活動的實例

第一節 北區電信管理局行銷發表會實例

自民國七十四年十一月電信總局營業處成立行銷小組以來，電信局同仁對於行銷觀念的身體力行，都已經能在實際工作的體驗中，從摸索、瞭解到真正能推廣業務作好對外公共關係，都有了更深一層的認識。

同仁們都有這樣的經驗，當在提供服務的同時，除了要面對用戶，也必須承擔局內其他同仁工作的結果。這些經驗的甘苦與努力的成果，電信局非常樂意公諸同好。一方面爲展現自己的成績；一方面則藉此加強各單位間的溝通和協調，讓大家彼此學習經驗，提昇電信行銷的理念。

爲此北區電信管理局特於七十八年五月十九日在北管局服務大樓一〇一〇室舉行行銷成果發表會。北管局所轄各局，大臺北區各局和該局各處室主管、同仁們爲當然的基本成員外，並邀請電信總局、中區、南區管理局、國際電信局、電信訓練所、數據通信所、長途電信局等各行銷及公關主管參加。

本次行銷成果發表會舉辦各項競賽，包括行銷成果團體競賽、個人

行銷績優競賽、行銷徵文及海報競賽、行銷車設計比賽及行銷歌唱比賽等。其中行銷徵文海報及行銷車設計比賽已於截止收件後公開評審，比賽成績於發表當日公佈，至於行銷成果團體競賽。個人行銷績優競賽和行銷歌唱比賽則訂於發表會當日進行，並於發表會結束前公佈成績並頒獎。

團體行銷成果競賽有基隆局、新竹局、中壢局、桃園局、淡水局、蘇澳局、服務中心等單位參加，就話中插接、轉帳代繳、指定轉接、三方通話、按鈕電話、其他服務電話等發表其行銷經驗及績效，發表時間每隊為十五分鐘。

業務競賽每項業務取達成率最高之前二名，依序頒發獎牌及獎金各三千元及二千元，成績名次於發表會當日宣佈，各局派員與會。

發表競賽以表現優異之前三名，依序頒發獎牌與獎金。

第二節　中壢電信局轉帳代繳的服務實例

社會進步的步伐永遠被古老的觀念與落伍的行為拖慢，一個充滿活力的社會從不徘徊在守舊的隧道中。它必定面對變局，做勇敢的選擇與適時的調整。揚棄不再合適的觀念，與調整不再合適的行為，才能積極作好公共關係及對外的行銷工作。

一、中壢電信局的現況

近年來國內經濟快速成長，國民所得持續增加，工商業發達的結果，造成都市土地及人口極大的壓力，在臺北市卽使寸土寸金亦不易取得土地資源的情況下，不少工商業界有感在都市空間受到限制已逐漸遷往郊區以尋求發展。中壢市由於地處臺北市都會區的緊鄰，鐵公路交通

十分便捷，腹地廣大，附近各鄉鎮商業消費買賣以此爲中心，逐漸地發展而成爲大臺北都會區市一顆耀眼的新興衛星都市。

中壢局爲配合都市成長，提供工商業對電信服務殷切的需求，不斷地投入大批的人力物力，以滿足多元化社會中多樣化高品質的服務。面對一年大約百分之十的成長速度，用戶數增加在一萬二千戶以上，現在總用戶數已達十六萬戶。在人手不足的經營條件下，全體員工兢兢業業，而在工作績效上的卓越表現，有目共睹。

目前中壢局營業區域，涵蓋中壢市、平鎮鄉、楊梅鎮、龍潭鄉、新屋鄉及觀音鄉等六鄉鎮行政區域，總面積爲四七、一二七公頃，服務人口達六十五萬人以上。中壢局現有編制除本局外，下設楊梅、龍潭、新屋、觀音及石門等五個轄區。

二、指定轉接轉帳代繳業務

市內電話用戶可自行設定將來電話自動轉接至預先指定之電話號碼接答者。

開放對象以接裝各型電子交換機（不包括拖車型電子交換機），並租用按鈕複頻式話機之單線獨用電話用戶爲限。

月租費用是每月新臺幣五十五元，租期至少要三個月，通話費用每次「設定」，「轉接應答」均接市話一次計費。

（一）使用方法

1. 拿起話筒，先按 *77。

2. 再按欲設定指定轉接之號碼。

3. 聽到兩聲確認音後即可使用。

4. 取消設定時請按#77#。

這種指定轉接業務非常簡便易行，除了增加電話使用功能外，對於

自由業、新聞界及服務業可提供最有效的服務。

(二)實施策略

1.市場調查

(1) 就現有租用戶抽樣訪問四十戶，獲有效回答者共二十四戶，分析租用戶資訊來源：

來　　　　源　　　　別	戶數	所佔百分比
朋友介紹	8	33.3%
參閱電話號碼簿	5	20.8%
本局員工介紹	3	12.5%
其他	8	33.3%
合計	24	100.0%

(2) 區分用戶種類：

類　　　　別	戶數	所佔百分比
水果商	4	16.7%
服裝業	2	8.3%
自由業	2	8.3%
一般住家	2	8.3%
其他	14	58.3%
合計	24	100.0%

2.行銷環境

透過市場調查我們已體認出行銷指定轉接面臨下列內在環境與外在

環境的因素。

(1)內在環境:

①本局現租用指定轉接業務僅佔裝設電子交換機用戶總數百分之〇
・一二, 租用率偏低。

②電子交換機「指定轉接」設備使用率偏低, 設備虛置, 形成投資
浪費。

③無線電叫人收信器長期缺料, 「指定轉接」特別業務稍可代替無
線電叫人業務的功能。

(2)外在環境:

①電子交換機電話用戶, 普遍不知道可申請該項業務, 更遑論進一
步認識該項業務之功能, 造成電信局與用戶雙方的損失。

②用戶價值觀使然, 對月租費及設定費、 轉接費未能突破已存觀
念, 而裹足不前。

　3.行銷策略

(1)本年度預定行銷指定轉接九十五戶, 較上年度增加十八戶。

(2)加強宣傳:

①製作海報張貼於營業場所。

②櫃台設置業務簡介卡供用戶索閱。

③辦理員工推介「指定轉接」業務競賽, 激發員工主動推介。

(3)市場區隔化:

①市場調查結果, 租用該項業務用戶以果菜批發商所佔比例最高。

②蒐集無線電叫人業務屬於電子交換機用戶資料。

③以上列兩項用戶, 爲行銷重點, 分別採電話訪問及寄發業務簡介
卡積極推銷, 並導正用戶建立正確觀, 觸動用戶租用之意願。

④營業員透過品管圈活動, 已體認面對面向用戶推介爲最直接而有

效之推銷管道，當新裝電子交換機用戶來本局繳納裝置費時向其
說明指定轉接的優點，而對於電子交換機舊用戶來局辦理異動時
伺機主動向用戶推介，使該項業務市場更為寬廣。

4.實際成果

經過行銷策略推廣之後其實際成果顯著，由市話特別業務行銷目標
統計資料得知諸表:

(1) 上年度租用戶數據收集:

項 目＼年月	76.07	76.08	76.09	76.10	76.11	76.12	77.01	77.02	77.03	77.04	77.05	77.06
租 裝 戶 數	0	5	8	8	13	6	12	2	5	2	6	10
累 計 戶 數	0	5	13	21	34	40	52	54	59	61	67	77

(2) 本年度用戶數據收集:

項 目＼年度	77.07	77.08	77.09	77.10	77.11	77.12	78.01	78.02	78.03
當 月 租 裝 數	-2	16	1	7	6	16	15	-1	10
累 計 戶 數	-2	14	15	22	28	44	59	58	68

備註: 本資料來源取自本局市話特別業務行銷目標統計表。

(3) 同期比較:

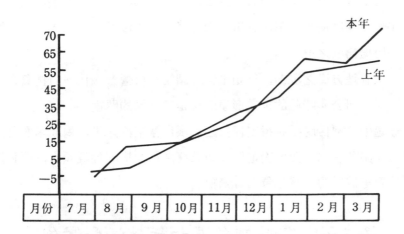

5. 成果檢討

(1)有形成果: 截至七十八年二月止，共增裝六十八戶，完成全年度
　　預定目標百分之七十二,較上年度同期增加九戶,計成長百分之十
　　五，而增裕營收,提高設備使用率主動推銷新業務,已略見績效。

(2)無形成果: 有系統、有計劃之行銷策略， 直接提供各單位員工
　　較佳之行銷手法，對非營業人員行銷特別業務而言不再是遙不可
　　及，可早日達到全面行銷、人人行銷之局面。

(3)檢討成果:

①由於宣傳工作尚嫌不足，指定轉接於用戶間之知名度有待加以推
　　廣。

②根據抽樣訪問結果，轉接範圍僅及於同一市話營業區域，與無線
　　電叫人業務之功能差距過大，嚴重影響用戶租裝之意願，如能突
　　破機械性能之限制， 在不影響無線電叫人業務之前題下適度開
　　放，對指定轉接業務之成長應大有助益。

③計費及月租費等實際問題，目前除建立用戶正確之價值觀外，電信局應對費率再作檢討，雙管齊下解決問題。

④營業場所播放之市話各項特別業務介紹錄影帶，若效果不彰，應研提補救之道。

⑤依各地方局之現況，行銷重責可謂第一線營業人員一肩挑負之責任，對公共關係的企業形象而言是電信局的門窗。

經過中壢電信局推廣指定轉接之轉帳代繳業務之後，對顧客而言，無形增加諸多便利，非但對電信局新業務之行銷推廣獲益頗大，而且造成用戶對電信局的公關形象助益無窮。

第三節　士林電信局的行銷活動實例

電信局為推廣對外用戶的關係，發展了電話特別業務的行銷，重點為話中插接、指定轉接及三方通話等三個行銷項目。

士林局於接到上級指示時，即由行銷小組針對本地區的特性，做了用戶區隔以明瞭行銷的方向，並調查直轄屬機房現有設備及預定擴充數，釐訂行銷目標做為該局內定努力達成的目標。

在確定行銷目標後，行銷小組經過腦力振盪會議，大家認為要達到目標必須採取積極措施。

一、軟體方面提出加強對外用戶的策略

(一)有效的分送業務簡介給目標市場——潛在的用戶。

(二)適時推出新知簡介。

(三)播放特別業務宣導錄影帶。

(四)鼓勵用戶試撥特別業務。

(五)介紹 DSR 數位門號配號之應用。

二、硬體方面提出設備配合的改善措施

(一)調整櫃台並增設服務台受理查詢，申租特別業務。
(二)訂置一種精美的壓克力匣以放置各種業務的簡介。
(三)櫃台裝設開放特別業務之電話乙具。
(四)勘察播放宣導錄影帶電視機位置。
(五)設置推廣電動顯示幕。
在完成上述指導原則的訂定後，就有固定的行銷原則可循。

三、執行實際行銷應用的方法

士林局轄區內之天母、雙溪、石牌及舊士林區，由於居住環境較臺北其他地區為佳，用戶水準亦較高，針對此種有利條件，決定以教育用戶來引導使用特別業務，就該局既有櫃台設施，做了局部的調整，在裝移機收費櫃台與申請裝機櫃台間增設業務查詢與服務台，選擇資深優秀管理員受理用戶洽詢申租特別業務事項，並於收費櫃台與服務台間放置壓克力箱充分供應業務簡介，當用戶於辦妥裝機異動手續等待繳費的短暫時間內可以自由取閱，服務臺營業員可相機推介，並鼓勵用戶試撥試聽，配合電視及錄影帶之宣導，提高用戶對特別業務意願執行之績效非常好。

其次士林局設置一處電信新知推介專欄，不定期繪製各種新業務之圖說，及租用多項業務優待辦法之公告，並標示查詢服務電話，竭誠歡迎用戶洽詢租用，構成與用戶溝通的橋樑。

另外士林局並以石牌一、石牌二、士林等三交換局新近擴充完成之ＤＳＲ遠程數位終端交換機門號做為用戶申租特別業務專用電話，由於

上述之交換局及其他門號均爲縱橫式交換機，用戶裝移機或換號所配用號碼均爲回收熱號，前用戶親友或客戶難免發生錯撥困擾，故此鼓勵用戶申租特別業務可改配全新之ＤＳＲ門號，用戶權衡得失後，均能接受鼓勵試用話中插接或指定指接新業務，並如願以償改配ＤＳＲ門號。

由於以上幾種有計劃而簡單的行銷方法使士林局獲得豐碩的成果，本年度的前九月推廣了一七九九戶較年度目標九〇〇戶超前了八九九戶，指定轉接推廣了四一一戶較年度目標二七〇戶超前了一四一戶，只要稍動腦筋以改變尋常的工作流程來執行成功的行銷策略，總括而言成功的要訣在於教育用戶策略之成功，用戶由不知而知，由知而想試用，由滿足使用進而推介給他的親戚朋友，這一系列的連鎖反應達到了以用戶推廣用戶的目標。另外ＤＳＲ門號配用策略之應用，達到了用戶要求換號的目的，非但達成電話行銷業務的績效，也作好了電信對外「主動」、「服務」、「熱心」、「親切」的公共關係績效。

第四節　個人行銷活動競賽績優實例

臺灣北區電信管理局各局及服務中心依據所附「業務行銷個人績優候選人評分表」自行推薦一名具策劃行銷及推廣績優實例之個人，報局甄選。

個人績優候選人名單於三月二十日前報局，俾甄選五名參加個人績優發表競賽。每人發表時間爲五分鐘，評分標準參考「行銷成果發表會評分表」。

績優個人發表前三名，可獲獎牌及獎金，第一名二千元，第二名一千五百元，其餘參加者每名各五百元。

一、蘇澳電信局郭鳳英的實例

郭鳳英服務於蘇澳電信局，擔任市話營業工作，因受限於機房設備，除本局ＸＢ機房外餘屬ＲＡＸ機房，以致特別業務均尚未開放，只得着力配合電信現代化決策，全面推展電話按鈕化行銷業務較爲妥適的首要目標。民國七十七年十一月份起受理用戶「自行拆換按鈕話機」以來，因用戶不夠認知與觀念不同，實施自行拆換作業推行不易，效果不彰，用戶對撥號盤式話機換回新的按鈕話機裝設裹足不前。因爲該局轄地包括蘇澳鎮、南澳鄉與五結鄉南端，幅員遼闊，用戶極爲分散，有的居住海邊，有的居住偏遠山區，多屬漁、農、工階級，每天日出而作，日入而息，無暇到局換裝，況且住家距離該局甚遠，近者六、七公里，遠者六、七十公里，讓用戶從老遠的地方攜帶話機來局辦理，實在是不情願又不便利，當然用戶換機的意願就一落千丈，因此我們就提起如何「加強推廣策略，提供用戶便民服務，提昇電信現代化形象」爲主題，提出行銷小組會議中研討，針對實際的環境與用戶的需要，抱以創新與突破的方式心理，將被動的「促銷」化爲主動的「行銷」，將「傳統式」固定的受理櫃臺變成「活動式」的受理櫃臺方式，實施電話按鈕化作業，也就是派人分赴各村里辦公處受理用戶按鈕話機的拆換工作。

以下是我們在該局行銷策略與用戶自行拆換執行作業的重點：

（一）、聯絡各村里長約定換機日期，並請各村里長協助勸導里民到村里辦公處或活動中心主動換裝。

（二）、整理未換裝用戶資料，發動全體同仁逐戶書寫行銷函件及手冊，郵寄用戶，加強宣導。

（三）、出動行銷車巡廻各村里所屬巷道並張貼海報，廣播宣傳，引起用戶換機意願。

（四）、派員攜帶新話機前往各村里長辦公處或里民活動中心，勸導用戶就近辦理自行拆換話機（用戶持月租費收據、印章憑證辦理）。

（五）、利用用戶辦理電話異動申請時，勸導用戶同時免費換機。

（六）、洽請工務單位施工人員利用用戶裝、移機時、宣導換機事宜。

上列行銷作業經實施以後，用戶在藉地利之便的情況下，陸續換機，顯得特別踴躍，原先「門可羅雀」的清淡情況，變成「門庭若市」的熱絡景象，在雙管齊下的狀況之下，每天面對洶湧的人潮，以該局有限的人力，在工作的執行上實在是困難重重，但是全局同仁憑着堅毅的信心，充分發揮合作無間的團隊精神，局長率先以身作則，一天數回，往返工務班辦理話機領、退料工作，現場的營業人員除了正常的運作外，又得加班整理核對換機資料，所有參與工作的同仁忙得不可開交，雖累得腰酸背疼、精疲力竭，卻毫無怨言，全力以赴。因為呈現眼前是一份豐碩的成果……在最短的期間內，突破該局行銷目標三、〇〇〇戶，達成用戶按鈕化目標百分之八〇‧〇五，此顯著的績效，沖淡了所有的疲憊與勞累，換來的是無比的喜悅與成就感。

在換機執行中，難免有些困難的情形，以及用戶的反應，僅提供參考：

（一）、盡速取消換裝按鈕話機後加收廿五元租費之規定，俾免引起用戶普遍不滿，影響電信形象。

（二）、目前局產話機性能不佳，無法與市面廠商生產的話機競爭，尤其在用戶對於品質要求的水準，日益提昇的前提之下，若沒有建立良好的產品形象，縱然提供再好的、最佳的「行銷策略」，也是徒勞無功。

（三）、當向用戶宣傳使用按鈕電話的好處，可享受電話的附加服務時，對於各項附加服務，因受限於機房設備，未能陸續開放，無形中對

於行銷率打折扣，建議應盡可能配合在短期內裝備，以應行銷需要，取信於用戶。

二、板橋電信局蔡盛璋的實例

板橋電信局推薦蔡盛璋為個人行銷公關績優人員，因其績優條件為：

（一）、策劃行銷進度表。

（二）、機會介紹業務，認眞執行，從不間斷。

（三）、無法供裝特別機房業務時，解說讓用戶接受。

（四）、每月以二十戶以上用戶成長，增加營收。

（五）、自動替用戶解決所需並解說，盡可能供裝，增加用戶好感，提昇企業形象。

（六）、鼓勵同仁，共同進行完成任務。

（七）、對用戶分析各項業務的優點，讓用戶接受。

（八）、語態和藹，具親和力。

（九）、具工務常識，解說清晰。

（十）、當無法供裝電話時，解說讓用戶諒解。

蔡盛璋自己對行銷公關業務的觀感如下：

目前各企業的經營方式，都是推廣行銷導向的理念，以創造消費者的利益，如何來滿足消費者需求為前提。於是各式各類的行銷理念與策略，琳琅滿目陳列在各大書局，圖文並茂的理論看了還眞讓人眼花撩亂，這些姑且不去提它，還是以實際平實的態度來尋求突破，以達成我們眞正為用戶謀福利的目的。

身為第一線工作者面對消費者而言，以站在消費者的立場，在不違反規定的原則下為用戶盡最大的服務，以不讓用戶反感與失望，維持企

業良好的形象，留下爲一波波的行銷做後盾，須知讓用戶與我們達成共識與諒解，增進依賴我們的信心，才是行銷最大的本錢。

蔡盛璋曾於私人公司工作一段時日，對於國營與民間企業在行銷上不同的作法有一些觀感。民間企業在強力競爭下，一切均以搶得機先爲目標，先做好市場調查，以市場所需規劃爲藍圖，尋求技術性的突破，以提昇品質爲依歸，滿足消費者，講求高熱忱的售後服務，來拉攏消費大衆。

企業的產銷各司其職，目標是一致的，以快速效率互相配合，達成同業間的領導先驅，以利潤分紅來刺激企業快速的成長。反觀國營事業，節奏似乎是慢了些，行政體系較複雜，無法適時配合市場需求而失去先機，至於利潤分紅就不用說了。太多的束縛是國營企業行銷無法與民間企業一較長短的主因。

談及我們目前的特別業務，設備無法充分的配合，致使多項特別業務行銷受阻，成長緩慢，甚至沒有成長，在這種情況下，增加設備是整體的投資計劃，面對顧客的營業員，如何讓用戶滿足其需求，才是最重要的。首先營業員不但要瞭解各項業務，還須具備工務常識，接受用戶詢問，方能釋疑並能作有效的行銷。

受限於設備的情況下，特別業務行銷變通亦略可增進成長，免費換號作特別業務是方法之一，然非一般用戶所能接受（因爲作特別業務者，大部份都希望多接一些電話，如經換號碼而失去了一些客戶與親友，則非其所願）。取得用戶認同與諒解，接受我們的服務，是共同努力的目標。對於暫時無法供裝者，留案備查，不但可作爲市場需求的參考，亦可俟設備擴充後，迅速通知用戶供裝。

轉帳代繳是可節省我們龐大財力、物力、人力的業務，首先要分析的是用戶爲什麼有些只辦理水電代繳？當然水電是民生所需，一日無它

不可，且逾期繳納停止後須繳手續費。至於電話一、二日不通時，尚不構成太大影響，且無須繳納手續費即可復話。另外是用戶始終存有懷疑，無法真正信任計次，總要看到帳單甚至查詢後才肯繳納，因此計次明細早日完成，取得用戶的信任，改變國人的習性，或可快速提昇轉帳代繳業務。

即將實施的三分鐘計次，已有用戶不滿，認為這是不便民的措施，變相加價。其實應該讓用戶瞭解，這是在為廣大的民眾謀福利，以消費者付費原則，就如同多用水，多用電一樣，而且可以讓線路容易接通，行銷就像這種方式一樣，要提前讓用戶瞭解多利用機會介紹。

訓練和教育相關的知識是提昇營業人員的行銷利器，面對用戶的營業人員除了自己實際業務以外，尚須接受相關的工務方面與新業務知識，以便應對顧客，為電信局的形象作好對外的公共關係。

三、宜蘭電信局賴聰明的實例

宜蘭電信局推薦賴聰明為個人行銷公關之績優人員，因其績優條件為：

（一）、設計電傳視訊及特別業務簡介，頗具創新。

（二）、各項業務按月統計績效比較檢討，以供列管。

（三）、參與換裝按鈕電話下鄉宣傳，足以提昇電信形象。

（四）、工作勤奮，七十六年度當選電信優秀員工之表揚，三年內獲嘉獎二次。

（五）、執行年度裝機目標，即行銷目標——零待裝。

（六）、如遇困難，均能提出局務會議報告，或請求召開會議協商解決。

（七）、對行銷知識頗深入求知與檢討，並獲刊行於行銷通報。

（八）、凡上級策劃季節性行銷措施，均能率先響應貫徹執行。

賴聰明曾任電信職工分會幹事，工會分會書記，福利社幹事，對各單位的公關、溝通和協調支援工作頗能勝任愉快。

宜蘭電信局對其個人推展公關行銷業務的重點如下：

宜蘭位於臺灣地區東北隅，由地理環境、社會經濟活動及交通設施來看，形成一個獨立單元地區。經濟型態偏重農、漁業，工商較其他地區落後，加上該局各交換機受型式之限制，致推展新業務倍加困難。故該局七十八年度行銷重點配合地區之型態及本區之環境「著重於敎育員工，及提昇全員工公關及行銷理念」，並以「加強業務宣導，提昇電信形象」爲目標。

（一）敎育員工公關及行銷理念

1.「工欲善其事，必先利其器」，若目前電信員工對特別業務認知大部分一概不懂，譬如何謂指定轉接，也不瞭解電信局究竟已開放多少項業務可供用戶使用，因爲各機房型式不同，提供業務種類亦不相同，由於員工得不到資訊來源，而且行銷之意識仍待加強輔導建立中。那麼，怎能談到業務行銷呢？個人針對是項缺失，特別自行設計業務簡介資料，將「電傳視訊」、「特別業務」以簡明表格式之介紹印發全體同仁每人乙本供大家一起來行銷。如此，大家才瞭解何謂電傳視訊，它的業務特性，適用對象和服務種類，需要多少租費等狀況。以及特別業務各項業務解釋，它有什麼優點，目前開放對象、地區、業務使用方法、每月租費、以何種方式申請等。一目了然說明，再灌輸行銷意識，要求大家要了解自已對電信業務有關的知識，認識企業公共關係和行銷的理念，由以往被動的「坐銷」改爲今後主動的「行銷」，殷切期盼全體同仁負起推動之責。這份資料同仁非常珍惜，甚且一再拿取。所以敎育員工用心及做法，甚獲同仁讚賞與共鳴。

2.我們除了敎育員工，期盼重視行銷和公共關係，進而對外展開行銷外，本身仍不忘對用戶促銷，運用印製「 特別業務 」簡介資料，將「全銜」以「親愛的用戶」之用詞以「函件行銷」，請帳務中心提供新開放之數位機房宜蘭局36字頭用戶，我們抽調供裝率較高之三百個用戶以通函促銷。其次夾報宣傳，請報社隨報分發資料。

　　這些措施，無非爲宣傳我們的業務，打出電信形象牌。好像最近報上所刊大家選股票，不但要選賺錢的績優股、有土地的資產股，還要透過報章、雜誌等管道之宣傳，才能樂於大家一致選購一樣。因此在全體同仁全力推展之下，使我們七十八年度特別業務有了輝煌的成就，其成長率都超過百分之百以上，甚且增加數比七十七年度用戶總數還要多，俗語說：「一分耕耘，一分收穫」其言不訛。

　　(二)業務宣導對外公共關係

　　宜蘭局加強用戶了解，已經實施用戶自換局產按鈕電話特舉辦「下鄉巡廻宣傳」，爲了引起市民注意與了解宣傳內容，除了利用行銷車佈置廣告海報外， 並央請中廣公司宜蘭電臺利用它們的設備免費錄 製 了國、臺語聲音配置輕音樂之宣傳錄音帶，其效果呢？每到各個地方，其優美音樂，民眾以爲賣膏藥歌舞團來臨，其柔和音調悅耳動人，開頭用詞爲「各位親愛的父老兄弟姊妹們」頗具親和力，人家認爲又是選舉季節的宣傳車，紛紛往戶外探望，收尾用詞報導服務電話之號碼，大家開玩笑地說，是目前最熱門的六合彩「明牌」，這個號碼是本期的「明牌來也！」這樣已達成吸引用戶注意力的目標。

　　賴聰明本人亦參與這項宣傳行列，而且他一生做夢也沒有想到能夠從事宣傳和公關的工作，擔任宣傳員遊走大街小巷衆目睽睽受人注視。尤其做一個宣傳員並非大家想像得那麼容易，除了每天要容忍百聽不厭的廣播用詞外，還要接受用戶五花八門之服務，從按鈕電話品質，怎樣

換法、有關新業務申請、使用方法、租費、甚且家裏電話故障還未派員
修理，新裝電話已繳費未裝妥、線路不良、妨礙美觀、遷移桿線、申請
裝設公用電話等等疑問與要求，除了一一解釋並帶回處理外，且追踪詢
問用戶改善情形，以做到我們行銷一直要求做好服務態度與品質，如果
用戶沒有詢問到，則挨家挨戶分發宣傳單，宣傳員還是不輕鬆。

　　該局第一次實施是項行銷措施，引起輿論界重視，各報社紛紛報導
該局派車巡廻促銷創舉，甚獲各界好評。

　　本次宣傳的無形效果，最主要除塑造電信企業新形象外，有形的效
益是避免僱用人力空間，以增裕營收。也由於加強宣導，促使本局按鈕
話機本年度至四月已換裝一七、五○○戶，超過本局核定目標一○、○
○○戶。話機按鈕化已達百分之六十三。為了加速話機按鈕化，提前達
成是項政策，計畫七十九年度延伸至村里為據點來辦理換裝，本計畫已
呈請上級單位核示中，如果可以實施，可說是符合自動化和企業化，相
信必能縮短電信局與用戶間的距離，發揮主動服務的精神。

　　總之，公關與行銷需人來推動，並且要費心、創新做法，憑着犧
牲、服務、奉獻的精神來推動，則不難將行銷帶入另一新境界。

第二十五章　電信公共關係研討會實例

　　民國七十七年八月，屏東地區的民意代表因該地區之機線維護不良，為表示對電信局的強烈不滿，特地北上向立法院、交通部請願，造成一場相當大的風波，引起社會大眾的誤解和不滿。

　　電信總局發覺員工對公共關係觀念的欠缺，一個典型的電信員工，往往太過於保守，只知埋首耕耘而不重視和週遭人士的溝通與對外的公共關係，以致事倍功半，甚至引發誤解與糾紛。

　　為增進電信局各單位主管與公眾維持良好關係之觀念和諮商技巧，電信總局於民國七十八年一月及二月先舉辦兩期「公共關係研討會」，參加對象為電信局各地方局局長及業務單位主管，共四百五十人。茲簡介本研討會的研討內容如下：

一、電信事業的經營理念

(一)電信基本的任務
(二)電信發展的目標
(三)電信公關及經營

二、電信組織溝通實務

(一)組織溝通的意義與重要性

(二)組織溝通的流向與障礙

(三)電信組織溝通障礙克服的方法

(四)電信組織溝通和組織氣候加強的方法

三、如何建立良好之公共關係

(一)公共關係的理念與原則

(二)電信公共關係的實務

(三)如何與用戶及傳播界建立良好的關係

四、市話用戶申訴案件之處理實務

(一)第一線工作人員甘苦談

(二)申訴案件之處理原則

(三)用戶申訴案件之實例研討

五、公共關係理論與實務探討

(一)現代公共關係面面觀

(二)公共關係的目的與範圍

(三)公共關係的演進

(四)公共關係之特性

(五)危機管理的原則

六、溝通心理與協商技巧

(一)意見溝通的心理基礎

(二)溝通的學理分析與障礙之排除

(三)人際衝突的一般化解方式

三天的研討會中，各主講人非常重視與各位局長面對面溝通的機會。不僅事先都經過精心的準備，會中更把各人的經驗與理念毫不保留地與大家分享，而引發與會各局長的參與及共鳴，更提供了許多寶貴的意見。

會中總局長主持一項分組討論會，以了解大家對電信公關的看法與建議，這是一個很難得的溝通機會，大家的結論和建議都很具有代表性。

分組討論綱要：

(一)屏東局風波之個案研討

(二)如何做好公共關係，建立電信良好形象

(三)對公共關係做法之建議

結論與建議：

對於屏東局的個案事件，是起因於電話中誤傳所引起的誤會，所以今後與用戶之間一定要當面溝通，以免節外生枝，徒增誤會。而此次事件的真正原因是通話品質不良，修護時間延誤，及112臺，104臺答詢的口氣不佳所致，要防止類似的事情發生，則須平時就要重視公共關係，參加記者會及地方上的活動，與地方人士建立良好的關係，同時要創造電信新的企業文化，來因應目前多元化社會的變化，同仁們要有責任心、榮譽感、敬業及服務的精神。

經過熱烈討論，得到建議事項如下：

(一)先從教育上著手，讓員工對公關先有正確的認知。例如舉辦專題演講等方式來教育員工。

(二)在可能範圍內邀請民意代表、記者等來參觀電信局各單位。

(三)除加強機線供應，障礙查修外，並要主動檢修電信設備。

(四)擴大公共關係教育範圍，除主管人員外，第一線的營業人員、機線人員和話務人員也能全面實行公關教育。

(五)新建機房開放時，應以茶會招待地方人士與民眾參觀，並利用各種集會作電信業務宣導的各項工作。

研討會最後作了一個簡單的意見調查，結果顯示大家對課程安排滿意度高達百分之九十五以上。除了反應此類研討會應擴大舉辦外，更建議在電信局各階層積極展開公關教育，由此可見大家對公關的重要性都有很深的體認。

最後總局長作結論指出，電信事業今後要做好公共關係，避免屏東局類似事件再次重演，各地方電信局局長平時就須注重與外界溝通和協調，擴大員工對公共關係的理念，接受公關教育而提昇服務品質，並有足夠適當的公關經費及預算可資使用，以期「電信公共關係」功能之健全及維持電信服務的良好形象。

第二十六章　危機事件處理的實例

第一節　美國強生公司危機事件處理的實例

美國芝加哥的強生公司出品的泰諾（Tylenol）止痛藥在一九八三年遭遇下毒案件，以下將討論此案的應變處理經過。

泰諾止痛藥是一種由美國強生與強生公司（Johnson & Johnson 簡稱強生公司）出品的著名藥品。J&J 在美國是數一數二的大公司，專門製造家庭醫藥保健方面的產品，最有名者包括：強生爽身粉、棉花棒及強生藥用繃帶等。這家公司在全美擁有一百多個關係企業，製造上萬種不同產品，有美國保健業的「凱迪拉克」之稱。

泰諾止痛藥是由強生公司旗下的麥克納（McNeil）藥廠製造，是止痛藥中最負盛名者，市場佔有率高達百分之三十五。此藥受歡迎的原因是它不含阿斯匹靈，所以可以適用於孕婦及老人。許多醫生喜歡開這種藥給病患。據估計全美使用者約達一億人左右。

一九八二年九月廿九日早上，在芝加哥城外的小鎮鹿洞（Elk Grove）有位年輕女孩暴斃，當晚她的親友前來追悼，她的兩個兄弟不明究裡，也相繼倒斃而死。當晚，兩個消防隊員曾告訴警方，他們懷疑泰諾藥可能與死因有關，第二天，警方初步調查證實，這兩件事件確實與泰諾藥有關。美聯社與合眾國際社在第二天（卅日）開始報導死者生前

曾服用泰諾藥，到十月二日（四天後）全芝加哥區已有七人因服用泰諾藥而死亡。

一、強生公司的危機處置

強生公司的處置可分為兩個階段：第一階段是所謂的危機處理時期；第二時期為重返時期。第一時期為期大約為一個月，第二時期為期則約為六個月，兩者有重疊期間。

(一)危機處理第一時期

由於事出突然，強生公司以為是自己產品出了問題，馬上決定停止製造，靜待警方調查。另一方面，在芝加哥地區進行回收，等到警方證實泰諾藥是遭人下毒，強生公司才改變決策，進而在全美進行回收。

值得注意的是這個回收的決定，是一種即時的反應，沒有經過任何會議的討論，公關人員就已經建議經理決策單位採納這個方法，第二個相關的決定，則是與新聞界保持「毫無保留」的合作。這個決定則是基於類似的信念——新聞界是讓大眾了解危險所在的關鍵。公共關係人員隨即展開日以繼夜的服務，平時僅有三至五通的新聞聯繫電話，在第一個週末升達近三百通。

全美民眾透過新聞媒體的報導馬上知道了下毒事件。據調查，在離芝加哥「鹿洞」三百哩外的居民，有百分之八十在廿四小時內就獲得消息；四十八小時以後同一個地方獲知消息的人已達百分之九十六。消息傳播這麼迅速，使得強生公司的股票在紐約馬上下降七個點數，泰諾藥在市場的佔有率也在一週內從百分之三十五掉到百分之六，專家們都對泰諾藥的前途感到悲觀。一位廣告公司老闆甚至說：「要是有誰能讓泰諾藥起死回生，我一定延攬他來，因為我正準備要把汽車水箱用的冷却水宣傳成飲料酒（water cooler to wine coller）。」

強生公司立卽採取了以下的措施：

1.強生公司在事發後，馬上由總裁召集成立了一個七人危機處理小組，其中並包括一位公關人員，每天聚會兩次達六週之久。

2.透過新聞報導，強生公司籲請大衆在下毒原因未澄清前暫停使用或購買泰諾藥。

3.邀請美國官方食物及醫藥署署長現身在全美刊登的廣告中警告大衆在買藥時要注意瓶蓋包裝。這位官員並在廣告中強調強生公司正與政府合作全力力阻類似事件再次發生。

4.強生公司並由董事長出馬，在著名新聞節目（六十分鐘）及其他大衆節目中向全國民衆解釋強生公司的誠意。他也敎導大衆如何檢示包裝瓶蓋，並表示膠囊式的泰諾藥將由其他方式取代。

5.在此同時，強生公司進行了一連串的調查研究，發現民衆尚能分辨強生公司與下毒者無關。大多數受訪者並表示如果包裝改變，仍將採用泰諾藥。有了這些結果，強生公司因而決定留藥而不改名，但是膠囊及包裝則要改變。

6.接下來強生公司馬上在全國電視上做廣告請大家繼續信任強生的藥品。另外，在報紙廣告中表示將以藥片取代膠囊式的泰諾藥。

7.另一方面，強生公司針對醫生發動公關活動，除了發送二百萬份說明書給全美家庭醫生外，並派了二千位推銷員打電話給醫生們，口頭說明事情的眞相。

8.強生公司並懸賞十萬元給能通風報信抓到兇手的人，兇手至今猶未出現。

9.一旦決定重改瓶蓋包裝，強生公司接受其公關顧問公司的建議，出奇制勝的在全美三十個大城市，透過衞星轉播，舉辦電傳連線記者會，介紹新產品。此一新包裝及記者會頓時成爲新聞事件，媒體爭相報

導。在記者會中，強生公司的董事長介紹了新設計的三段式安全瓶蓋，這一產品「秀」隨卽再以報紙廣告配合。

10.強生公司適時推出減價券，可減價美金二元五角購買泰諾藥或其姊妹品。

11.在一九八三年上半年，爲配合新包裝，強生公司花費七千萬元廣告費促銷。

(二)危機處理第二時期

這一階段的重回計畫幾乎是當市場調查確定消費者仍然信任泰諾藥後馬上展開，整個一九八三年的上半年促銷活動都集中在宣傳新包裝。到五月份，強生公司正式拿下所有請大家繼續信任「強生公司」的促銷活動，都改以新的主題：「您再也買不到更好的止痛良藥」，「信任泰諾藥」，「因爲醫院都相信」，以喚醒大家的信心。

到五月份時，泰諾藥的市場佔有率回昇到危機事件前的百分之八十，陰霾已去。估計強生公司在整個事件中的損失是一億美金。

在整個危機事件中，強生公司共被報導了十二萬五千八百次，這些報導大都持對強生有利的態度。

強生公司主管公關的副總裁說：「這一事件的處理證明了公共關係只不過是一些基本的道理：最好的公共關係建立在健全的企業行爲及負責任的企業哲學。」

華盛頓郵報的一位記者稱讚說：「強生公司在整個危機事件的處理過程中表現了一個企業不計任何代價做他認爲對的事情。強生公司爲了大衆利益所做的努力挽救了公司的信譽。」

第二節　統一公司危機事件處理的實例

在我國亦發生類似美國強生公司泰諾止痛藥的下毒案例。

民國七十六年十月八日至十月中旬，梁國平等三人涉嫌以氰酸鉀液注入統一公司鋁箔包飲料，向統一公司勒索，為警方逮捕。此一事件引起民眾恐慌，要求統一公司回收鋁箔包飲料，從而引發統一公司一連串危機處理行動。

一、事件處理經過

(一)潛伏期

民國七十六年七月初，四十八歲的高雄人梁國平，因獨資經營之冲床工廠遭人倒債，又逢大家樂連續「槓龜」，遂生歹念，涉嫌夥同友人張聰南、黃文忠模仿日本千面人行徑，向統一公司勒索新臺幣一千五百萬元。

七月三十一日，梁國平等三人採取行動，將兩粒氰酸鉀放入硫克肝空瓶製造水溶液，另買注射針筒及強力膠，直驅臺南縣統一公司，以電話勒索，統一公司不從。

從七月下旬開始，三名嫌犯亦曾輪流打電話向統一公司勒索錢財，表示若統一公司不付錢，將「讓其產品變壞」，統一公司未予答覆。

八月一日，梁某以一百元代價請一位計程車司機將九罐含毒飲料送至統一公司，並隨即撥電話繼續勒索。

八月五日，梁張兩人因統一公司久無回音，遠赴臺中打電話要求付款，再遭拒絕。梁張兩人隨即以同一手法將「氰酸鉀」注入統一公司飲料，放入包裹郵寄統一公司，但為統一公司拒收。

八月十三日，另一勒索集團涉嫌人張銘謙、夏財信以「怪人二十二面相」名義，分別寄恐嚇信給統一、義美、掬水軒三公司。

八月三十一日，歹徒續以電話勒索統一公司一千五百萬元。九月十

六日，臺中縣潭子鄉兩名女童喝了統一蜜豆奶及速食麵，中毒而死。

於是九月三十日，法務部調查局證實調查人員已針對「千面人」恐嚇國內食品公司一事進行偵查。十月三日至七日，統一公司企劃部副理楊明井再接獲勒索電話，統一公司堅拒威脅。梁某三人赴臺南縣仁德鄉中山路偉成福利店下毒，並叫統一公司派人處理。梁等人則在附近埋伏，等候多時並未見統一公司人員。另一方面，統一副理楊明井動員全公司五千名員工，注意歹徒可能出沒的地方。

(二)爆發期

臺南市根據秘密證人檢舉，在十月八日刑警逮捕涉案的三名嫌犯。同日桃園八德鄉霄裏村兩名幼童，喝了統一蜜豆奶連續吐瀉五天未止。與此案是否有關不得而知。同日，臺南市警方前往臺南縣偉成福利中心，將所有統一公司鋁箔包飲料共四百四十五盒帶回送往化驗，以確定究竟有多少包飲料遭受下毒。

十月九日臺南縣衛生局說，如化驗結果不只兩包飲料下毒，該局將要求統一公司全面收回。

又據北市刑警大隊表示，該隊曾向統一公司查證是否遭人恐嚇，公司人員否認此一事情。

涉嫌三人否認在臺南以外地區下毒。同日，統一公司企劃部楊明井副理表示，臺南地區已有三十九家零售商以電話要求更換新產品。十月十日，各地統一商店受到波及，業績大受影響，鋁箔包外的產品亦連帶遭受牽連。

《中國時報》連續兩天（在十日及十一日）特稿指出統一公司處置不當，不負責任的作為。整個案件真相遲未公佈，並曾一再否認被恐嚇之事實。十月十一日，統一公司表示，已從九日起由公司派員協助零售商檢驗所有統一產品。

(三)後遺症期

十月十二日，消費者文教基金會決定要求統一公司在警方偵察確定前停售或全面換新鋁箔包飲料，以確保消費者安全。消基會秘書長侯西泉並表示，統一公司知情未報，不僅影響破案時機，同時損及大眾權益。

同日新聞報導，臺中亦有四人發生中毒事件，均疑與飲用統一鋁箔包甘蔗汁有關，箔鋁包摺縫處發現有針孔。同日統一公司為安撫所屬經銷商，寄發由總經理高清愿署名之保證書，聲明如果消費者因食用該公司產品而產生任何不良影響，統一公司均將負起道義責任，要求經銷商不要慌亂，影響業績。

(四)補救期

統一公司總經理高清愿對外界發表聲明，對歹徒的恐嚇事件，堅持「不妥協、不逃避、不掩蓋」三原則。高清愿在記者招待會中表示，該公司已召開緊急會議，通告全省六十餘經銷商，五十餘萬販賣店，限令在四十八小時完成回收退換工作。「未照辦者，一經查出屬實，將撤銷經銷權。」高清愿承認該公司回收緩慢的過失，他估計其損失將超過新臺幣五千萬元。

高清愿同時宣稱將配合警方查緝不法之徒，他並希望消費者小心，不要飲用來路不明的飲料。統一公司表示正加緊回收工作，將集中在臺南新化工廠，以公開方式壓碎或銷毀處理，並將全面改變箔鋁包的外包裝。統一公司副總經理顏博明表示，各經銷分店於撤換統一鋁箔包後，將貼出布告，讓消費者放心。

同日《中國時報》社論〈從飲料下毒談企業經營的應變理念〉指出，統一此次以個案方式處理勒索事件，是逃避責任，不願負起社會責任，統一此次未能利用有利時機建立「企業形象」，殊為可惜。

統一公司表示，十月十五日第一批由臺南市回收的六大貨車鋁箔包已運回統一公司新市鄉總廠，預估損失將超過一億元。同日，臺南縣傳出飲用味王罐裝蘆筍露中毒案。

涉嫌以「怪人二十二面相」名義向統一、義美及掬水軒食品公司勒索巨款之張銘謙、夏財信落網。十月十六日，國內多家食品公司高級主管聚會研商打擊歹徒，協議今後儘量與警方合作，遇案即報。十月十七日，經濟部致函財政部，建議對統一回收之損失放寬核課所得稅。經濟部並致函司法院，要求從重量刑，對下毒勒索者處以嚴刑。經濟部次長王建煊並呼籲大眾對被害廠商加以支持。

統一公司在各報刊登全版巨幅廣告「統一有話要說」，建議類似事件今後宜由專責機構負責；並由政府協調傳播媒體，不得對類似事件做任何猜測、建議或渲染報導。產品之回收由政府專責機構做決定。廣告中強調統一公司是無辜的被害者，為盡社會責任而收回成品，呼籲社會大眾續予支持。

統一公司總經理高清愿宣佈發給獎金，鼓勵民眾踴躍提供消息，避免同類事件再度發生。

臺灣省衛生處指出，今後類似事件中，衛生機關將主動派員四處抽驗，配合治安機關抽樣檢查，統一公司危機事件因此落幕。

在以上危機事件處理的兩個實例探討，可以獲知遇有不利企業經營之因素產生時，同時也是極佳的緩衝劑，甚至處理適宜還會化危機為轉機，將阻力化為助力，重新為企業經營注入一股新生力量。我們也可探索到危機處理的原則：（一）危機預防勝於事後處理，為研訂危機手冊等。（二）常持危機意識，善用壓力，創造潛力，發揮實力。（三）建立警察與大眾傳播溝通管道。（四）事件發生須了解真相，迅求解決之道，切勿隱瞞真相，延誤時效，須當機立斷，迅速處理。（五）矯枉過正提昇形

象，以昭衆信，如統一企業全面回收鋁箔包加以銷毀。企業公共關係具有危機偵測預警功能，是危機管理的主要應對者，它須預防危機事件之發生，並對已發生之不利事件做妥適之善後處理，將損害程度減輕至最低爲目的。而公共關係確也是企業整體運作之成果爲其特色。

第 六 篇
公共關係的未來趨勢

　　各種組織裏的公共關係執行人員（以下簡稱公關人員）都必須要去克服各種的問題與障礙。公關的理念越來越受注目，其範圍日益擴大，包括責任的認知到該組織對公衆事務的廣泛參與。

　　自從一九四〇年代後期，「社會責任」這個話題成爲組織管理人員和公關人員的重要辭彙。不論營利事業或非營利事業的管理人員，對責任與法規的問題都相當關切。每一個組織（機構或企業），除了針對本身應有的功能運作外，對現代社會的責任、義務與法規均必須縝密的思考。譬如，營利事業單位的某種舉動不以營利爲訴求，教育機構的某種舉動不完全以教育爲目的，醫院的某些舉動明顯地與醫療行爲毫不相干，均因各種環境與公衆實際需要使然。當然，公關人員必須是他所服務的機構與社會兩者之間的橋樑，因爲他們在參與該機構運作時的一切努力都直接關係到社會責任的問題。

　　在本篇中，我們首先要探討的目標，乃對社會責任問題能有更深的瞭解，俾使公關人員與企業管理人員產生重大影響。繼而吾人須從公關人員在處理社會責任一般觀點所衍生的問題來探討，就包括了環境保護問題、消費者保護問題、都市問題與國際公共關係等。

第二十七章　社會責任觀念的強化

第一節　公共關係與社會責任

公共關係的定義是；個人與企業行爲都是羣體性的，其意義必然超越個人與私益的範圍。所謂的最大利潤說主張，個人在追求一己的利益時，也可能帶來社會最大的福祉。幕僚管理人員在管理他所服務的組織時，必須在該組織和公衆利益之間建立一個平衡點。企業在追求個人利潤時，基於公共福祉的考慮，卽使蠅頭小利或完全無利可圖，亦須爲之。

公共關係就是在一個組織和公衆之間發揮雙向功能。最近的研究報告指出，一般公衆認爲各種組織對社會責任的表現包括對產品與服務品質的保證、抑制通貨膨脹、促進少數民族的就業、改善人力資源等。公關人員應該發揮反映社會變遷顯示器的功能，成爲企業對內或對外政策的決定者或協調者，並且指導該企業擔負「社會責任」的部份重任。

自始至今，公共關係這個課題就被各種組織和機構在考慮社會責任時特別關切。公共關係的應用可以追溯到企業組織爲了承擔服務社會更大責任時，就已受到他的壓力。最有利的情況是，組織內的管理人員對社會的實際需要有敏銳的洞察力，並且使他們自己也置身於此類需要中。最不利的情況是以爲公共關係就是爲了掩護自己，以歪曲或廻避社

會的核心問題。

　　早期公關人員愛德華・柏雷 (Edward L. Berneys)，是第一位提出「公關的功能是爲了建立個人或組織與社會之間的共識」理論的人。哈伍・吉爾斯 (Harwood Childs) 則給公共關係下了定義，他將社會責任的應用與公共關係理念的應用緊緊地結合在一起。

　　　　公共關係定義是個人或企業團體的行爲是社會性的，它超越了純
　　　　個人的利益範圍，　因此，　公共關係的意義，　並不是表現一個觀
　　　　點，　也不是鍛鍊心智態度的藝術，　更不是僅爲了熱心於公衆利
　　　　益。簡言之，公共關係是一切爲社會謀福利的行爲。

　　雖然，公關的應用直接關係到該組織對社會責任的概念，公關的理念仍然不易界定。所有組織脫離不了社會責任；因爲公衆機構不僅以營利爲目的，他們的行爲被認爲是與公衆利益相容。如少數國家政府機構中種族或性別的歧視，　或我國都市下水道系統排出污水、　高價出租房屋、房屋破舊不堪、房東又拒絕修理等問題，在在顯示社會責任問題對企業組織的重要性。

　　我們還要追溯企業界在社會責任前題下的進化過程，以及它和公共關係之間的界定。在我們社會中，各種機構之間的相互關係，以及公共關係在其中劃分界限的角色。現在我們把焦點放在各個機構之間的各種對內對外關係上。這種關係的最中心部份，是讓公共關係發揮雙向溝通的功能。

第二節　公共關係的社會責任觀念的發展

一、獲得最大利益服務社會

　　美國企業一致相信每一個公司行號的最高指導原則是獲得最大利潤，此項觀念深深地根植在自由企業的觀念中，也是美國經濟體系的基礎。獲得最大利益觀與個人主義的擡頭脈絡相連，發展成西方社會形態，亞當‧史密斯早就在十八世紀末期提出，社會責任是獲得最大利潤的必然結果。

　　每一個人，不管他所能掌握的資本有多少，必然竭力不斷的從事他認為最有利的工作，是以個人利益，而不是以羣體利益為出發點。但當他們在選擇個人利益時，很自然的，且是必然的，會選擇他最有利於社會大衆利益的工作……

　　然而每一個個體盡全力運用其資本和勞力以資助國內的產業時，必然會導引該產業生產最有價值之產品，每一個個體必然用心經營，使社會收益達到最高點。一般而言，他的確無意於追求公衆利益，也不知道公衆利益能給他多大的保障，但他對產業所持的態度可能產生最大的價值。當他們把注意力集中在個人收益時，也伸出一雙看不見的手推動着社會進步。個人在追求自己的福祉時，推動着社會的進步，而社會的實質進步超越了個人實質推動的意願。這些勤於經營事業的人，對社會所帶來的貢獻是難以估算的，這是對產業的一種熱愛，貢獻社會的確不是每一企業者的意願，但是對他們略加說明，使他們有相同認識是必要的。

　　亞當‧史密斯的「個人追求福樂，使社會獲益」理論，是美國企業界的指導哲學，自從一七七六年以來，認為盡其所能的服務社會，仍然是個很普遍的概念。

　　一九三〇年代美國的企業界對社會責任開始重視，在此課題下，西方制度產業形態的發展和私有企業，因一九二九年經濟大恐慌之後被團體形態的企業所取代。企業的經理人員，甚至最高級主管，不再是企業的所有人，而變成了經營管理人員。其大型企業的所有人因公司股票權

益的歸屬，變成了一羣人，而所有人甚少出現於辦公室。結果是企業所有權人散佈在各地，許多觀察家紛紛指出，企業的管理必須從所有者移轉到經營管理人。經營管理人是企業的最高執行者，扮演各種不同觀點仲裁者的角色。管理者必須維持該企業和所服務的大衆（包括公司股東、員工、消費者、原料供應商和一般大衆）等間利益的均衡。抱持着社會責任哲學的人認爲，企業必須在達到「股東所追求的目標」與「它所影響或被影響的各種其他團體」之間取得平衡。制定決策者必須作適當的選擇，因爲企業與其他團體之間有直接關係，不惜降低某些團體的利益以適應這些團體的需要。因此，某些短期利益勢必被削減，長期利益必然會增加。

同一時期所產生的經營管理人哲學，也在公關應用法則下趨於成熟。我們看到第一次世界大戰結束到第二次大戰開始前一段時期，企業的公關顧問日漸擡頭，許多公關公司相繼成立。在此時期內，許多倡導公共關係的人士嶄露頭角，譬如艾維·李 (Ivy Lee)、喬治·克里爾 (George Creel)，卡爾·拜奧(Carl Byoir)，愛德華·柏雷 (Edward Berneys)，約翰·希爾 (John Hill)，唐·諾爾頓 (Don Knowlton) 等人。而且，許多學者對公共關係這一課題更加注意。大學裏增關公共關係課程，許多相關的著作亦一一問世。

企業界對公共關係的應用和觀念的成熟並不是偶然的，對於社會責任的認識也趨於成熟，經營管理者開始體認到自己任務的本質，並且也感受到他們的組織與各種公衆團體之間運作的壓力，企業不能再一味的追求利潤，利害得失範圍之外的事物必須列入考慮，這些考慮因素包括以前未曾感到需要的新管理技術。許多企業高級管理人員爲了獲得最新管理技術，紛紛聘請公關專業人才擔任公司顧問或經理。如最著名的是前 AT&T 公司的副總裁阿賽·培基 (Arther W. Page)，他曾經說

過: 民主國家的企業仰賴公衆的支持而生存與發展。

二、企業資源投資社會計劃之決策

一九六〇年代社會的動盪不安，企業界對社會責任發展出一套新的哲學。許多管理人員認爲，經濟的成功不能超越該組織賴以生存在這個社會的羣體與物質環境。此種哲理常被解釋爲追求個人利益，他們認爲，從事某些商業行爲可能是與利潤毫無直接關係。因此，企業的管理人員可能作一項決策，把企業的資源投資社會計劃，包括慈善事業、環境保護，或其他不直接創造利潤，或甚至有損於企業收益的計劃。

追求個人利益雖非優先考慮因素，但亦可提供企業的最佳利益。譬如，一個企業對大專院校的捐助雖不能與投資追求利潤的行爲相提並論，但是從一個企業延攬大專畢業的管理人員與培養科技人才的遠景來看，則是有長遠利益的。同樣的，企業資助環境和羣體生活的改善，所帶來的結果是擴大企業活動的範圍，顯然的，企業界公衆化的社會行爲可以提高企業在公衆心目中的形象，它所帶來的無窮福祉難以估算，但公關專業人員最擅長的卻是估算企業從事此項行爲和政策所獲得更多的利益。

我們探討有關企業的社會責任各種不同典型的學說，同時也探討公共關係的運用，頗屬有益。在管理體系的最大利益前題下，公共關係扮演着和事佬的角色，但有時角色模糊不清。如果一個企業一味的以增進投資人最大的利潤爲專職，不顧社會責任，將必須不斷要求公關人員擴大其正面宣傳，以抵銷因不負責任的管理觀念所激發的負面影響。此時，公關人員的職責是協助完成政策執行的幕僚人員。公共關係並不是管理決策當局的諮詢，而是要讓公關人員獲知決策，發佈確實宣傳文字。在企業最大利益原則下，公共關係的功能是促進管理決策的進行，

而不是去執行。

　　經營管理人員促使公關人員在企業內部的地位合法化，羣體責任的理念促使企業對羣體影響力的認識，不再是立即以消費者長短期利益爲唯一着眼。公關資料成爲制定決策時的最重要參考因素。公關的專家在企業對大衆意見的認知，提供最成熟的管理法則和適切的溝通，以避免決策當局以負面的理念所導致的不良後果。經營管理人員仍然必須考慮企業的利潤因素，但是他們必須權衡調整企業的長短期利益，公共關係的經理人員才是最重要的決策者。

　　在追求個人最大利益原則下，公關人員都以爲自己擔負繁雜的任務。公關專家和經理人必須代表企業內部各種團體的利益參與決策的運作。而且，公關人員經常的扮演着代表消費者、少數民族、環境決定論者或其他團體的保護者，與處理人民控告政府案件的角色。因此，公關人員對公衆的需要應有全盤的瞭解，並且從企業的內部結構下功夫。此種企業內部保護者典型，或許對企業的利潤沒有直接而明顯的關聯，但是此種管理哲學，必然促使企業對公衆問題的連續關切，因而制定有效的對策和行爲準則，即使是降低了獲利率，最後必然帶來企業和社會的福祉。企業在追求個人利益哲學的運作下，公關人員即使不是最高決策者，也必然成爲企業的高級管理人員。

第三節　企業任務與社會責任問題

　　隨着時代轉變，發展出三項有關社會責任的哲學理念，這些理念至今仍然存在着。事實上，一個企業很可能三者同時運作。經營多元化的企業，可能只有一個部門在追求擴大利潤，或聘用幕僚管理人員追求企業的各別利潤。甚至企業內部的一個部門或單位，根據實際情況採行各

種不同運作方式。從整體觀之，大部份企業對社會責任所採行的方法，可以就以下三點加以歸類，　公關執行人員為了維護他們在企業中的地位，不管他們歸屬那一類，均必須瞭解其管理哲學。

一、企業任務就是創造利潤

社會責任的觀念雖重，但企業追求最大利潤仍受重視。企業的任務也就是創造利潤。

著名的經濟學家米頓·費利門 (Milton Freedman) 宣稱，經理人員是擁有企業者（股東）所僱用的人，無權耗費企業資源策定沒有利潤的計劃，費氏認為，企業執行人唯一的責任就是遵照企業所有人的願望領導企業，盡其所能的獲取最多的利潤。要求執行人員抑制產品售價以縮減通貨膨脹，並不符合企業的最佳利益原則。

企業雖以創造利潤為主，但不要違反公開與自由競爭的遊戲規則，更不應以欺騙為獲利手段。有些企業的經理人員一心想讓股東發財，不顧社會責任，乃嚴重破壞了我們社會的自由經濟基礎。

二、企業利潤與社會責任之平衡點

另外還有一種截然不同的觀點，認為企業界不但不應該擔負社會責任，而且社會還應該設法防止企業界的介入，其中以李維德(Theodore Levitl) 為主，他尤其恐懼，企業領袖過度參與公眾事物，會導致大型企業左右社會的價值觀。李氏認為解決社會問題必須有以下的認識：

我們所能參與的責任並不是空談，而是因為我們出自善意的反應。企業對羣眾的聲言可能相當於一個獨立國家。譬如增進員工福利計劃、參與社區建設、慈善事業、教育事業等投入，或透過已經在進行中的外圍事業機構或工程，任意在政治上或公眾口味上揮霍，美其名為出於善意，卻是狡猾地在暗中活動，在我們的共同

血統軌跡上塗上油脂，以紊亂社會秩序。企業自己，甚至企業的
批評人都會感到厭惡，此種危險是把廿世紀的企業拉回到中世紀
教會的水準，因為企業傾全力地把他們的義務和責任投注在控制
人力，根據企業的狹隘野心塑造出一種社會型態，此種作法並不
能符合社會的需要。

　　企業必須忠於其本行，不要介入與他的利潤目標無關的事特。我們
已探討許多社會問題會影響到企業的長短期利益。而且我們一向無法估
算此項影響如何？ 基於此種原因，許多有見識的觀察家與專業人員認
為，企業既然是社會的一份子，必須擔負起社會責任，即使社會責任與
利潤沒有直接關係。 美國有一著名的企業組織經濟發展委員會（The
Committee for Economic Development）研究結論是「企業對利
潤的追求有其大眾福祉的正面價值。」其論點在企業的追求利潤是與社
會福祉是相連的，而企業行為是其最主要部份，由於其基本需求而牽引
資本、勞力、顧客等功能的發揮，愈受肯定，企業的發展有賴於社會的
善意，公眾可以透過政府施壓力以決定企業是否繼續生存，或使企業的
利益受損。社會的潛在資源與善意，不是在企業有缺乏時才出現的，企
業必須努力去發掘與開拓。

　　當我們提及，企業必須更多的回饋社會而不是一味的追求利潤的事
實時，經濟發展委員會宣稱，不要指望私人企業解決所有社會問題。處
理社會責任問題的人員必須努力尋求企業利潤和社會責任之間的平衡
點。任何形態或大小的企業，都不會付出太大的代價，使企業喪失他的
競爭力，甚至威脅到企業的生存。

　　有一派人士宣稱企業必須竭力追求利潤，另一派則宣稱企業必須在
社會責任和利潤之間取其平衡點，斯坦納（Steiner）對兩者間的不同
結論說；舊觀念認為企業追求最大利潤，不顧個別利益，新觀念則認為

增進社會福祉同時會爲企業帶來利益。追求個人利益的新一派企業經營者則認爲公正而適切的作法，並且關切員工權益，可以調合企業的最大利益。

　　企業界對社會期盼和需要的許多反應。經濟發展委員會在一九七一年所發佈的有關商品安全、廣告、消費者事物以及社區服務等項目，至今仍有其價值。企業界擔負社會責任不但很有意義，而且包容廣泛，其結果未必雙方認同。我們必須謹愼的研究企業在協助解決許多社會問題所扮演的角色，此社會責任問題是隨着六〇年代到七〇年代之間被疏忽的重大問題而引發的。

第四節　美國促進企業擔負社會責任之努力

一、經濟成長與效果

(一)增加私有經濟個體的生產力。

(二)促進企業管理的革新與執行。

(三)提高競爭力。

(四)和政府通力合作發展，俾以有效的控制通貨膨脹，使就業達到最高水準。

(五)支持財政與貨幣政策，以求經濟的穩定發展。

(六)協助越戰之後的經濟復原。

二、教育

(一)直接參與對學校的財力支援，包括獎學金、助學金及教授的補助。

（二）協助學校增加預算。

（三）協助技術人才的培育或設備的捐贈。

（四）協助課業的發展。

（五）諮詢與醫療教育的協助。

（六）增建新學校，改善學校的經營和管理方式。

（七）對專科學校財務與管理的協助。

三、就業與職業訓練

（一）吸收傷殘人士使其恢復工作能力。

（二）特別技能、醫療與諮詢等訓練。

（三）提供就職婦女日間孩童照顧中心。

（四）改善工作或就業機會。

（五）訓練員工有效地操作自動機器。

（六）制定更換老弱或殘障員工的計劃。

（七）協助政府對意外事故、失業、醫療與退休制度等業務。

（八）擴張所需要之費用。

四、公民權益與機會均等

（一）保障少數民族人士受僱與陞遷的機會。

（二）持續訓練或其他特別訓練計劃，使員工陞遷的機會均等。

（三）協助與改善黑人學校的教育環境，制定特別計劃使黑人或其他少數民族的教育機構力求完整。

（四）對少數民族企業的財力與技術之協助。

五、都市更新與發展

（一）領導與資助城市或地區計劃與開發。

（二）爲低收入家庭興建房屋或改善住屋品質。

（三）建造新的商業中心、社區與都市。

（四）改善交通系統。

六、改善環境污染問題

（一）增設現代化設備。

（二）增設新設備，使環境污染問題降到最低。

（三）科技的開發與研究。

（四）與城市中的自治團體合作使用各項設備。

（五）與地方或州政府合作發展，改善環境管理制度。

（六）研究廢棄物的回收與再使用的有效方法。

七、保存與再造

（一）增進可補充之資源的獲得。譬如森林的砍伐與擴大森林面積。

（二）保護野生動物與維持森林的生態環境。

（三）爲了公衆使用的目的，提供娛樂與美化環境場所。

（四）美化業已挖罄廢棄的礦坑四週環境。

（五）改進稀有資源的生產與保持。

八、文化與藝術

（一）直接資助藝術機構與獻身藝術者。

（二）在營業支出項目中，設立捐贈科目直接資助有藝術天份的人才並刊登廣告。

（三）參加有關法律、勞工、金融管理等方面的會議，並且提供意
　　　見。

（四）資助當地或州際的藝術機構。

九、醫療保健

（一）協助策劃社區的保健活動。

（二）低成本醫療保健計劃的策劃與推動。

（三）新醫院、診所的策劃與經營，增購巡廻醫療器材。

（四）改進醫療保健的管理辦法和效果。

（五）改進醫療教育制度和護理人員訓練體系。

（六）開發並支助全國性的醫療保健體系。

十、政府

（一）協助各級政府機構改進管理制度的執行。

（二）對政府機構的執行人員和僱員提供適切的償罰和發展計劃。

（三）致力於中央政府結構的現代化。

（四）協助改善政府內部人事結構以促進其反應力與執行效果。

（五）提倡與支持選舉制度的改革與立法程序。

（六）提出計劃以提高為民服務的效果。

（七）推動社會福利制度的改革，提高法律的公信力與政府其他重
　　　要措施。

第五節　社會責任對公共關係的剖析

一、社會責任政策須以公共關係為基礎

自六十年代中期到七十年代初期美國社會和政治的動亂終於平靜下來，企業執行人員和其他分析家才對社會責任有了新的觀感，且採取明確的對策。很顯然地，雖然有些建樹，但也帶來相當的損毀。管理人員必須切記，利潤和現金的正面流通必須優先考慮。如果一個企業以為社會成本可以棄之不顧，其結果必然是損毀和成長一樣快速進行。一個很明顯的例子是，波伊斯 (Boise Cascade) 公司以他少數民族企業的姿態致力於推展重型營造事業，結果導致四千萬美元的稅前損失，不得不在其股票下挫六十個百分點後，重新評估其營業方針。

如果一個企業，在插手公眾事務時，過度的鋒芒畢露，對社會的傷害可能大過於對社會的貢獻。美國的經濟福祉取決於健康的商業氣候，如果為了解決社會問題，貿然投下大量資金，致使公司的成長受到阻礙，實屬不智。假若不仔細評估潛在的利潤因素，在市中心開設分支機構，進行訓練失業人員的計劃，或資助少數民族的企業，這樣的企業必然在介入社會責任層面上遭受慘敗。如果企業的經濟行為能力萎縮，對社區和民眾的不良影響必然大過企業不重視社會責任的努力。

企業因關切社會責任所支付費用的多寡，必須依據企業現況來決定。企業不能因介入社會計劃而傷害到他的生存能力。從另一方面來看，在當前企業若忽視其社會責任，必然要擔負起被擠出市場之外的後果，如此微妙的關係迫使企業在估算一個企劃案時，必須深思熟慮。

因為社會責任政策和行為，對企業的利益和危險性皆有其公共關係基礎，必須有長遠的眼光，公關人員必須是能影響企業的最高決策者。

高級管理人員擁有公關方面的素養與技巧，是大型企業最重要的課題之一。柏森（Burson）對這些決策的重要本質有以下結論：

> 這些企業對社會變遷的反應既快速，又出於自願，就整體來說，是基於他們對社會責任的關切。時間是一個重要考慮因素。企業的反應若是太快速，可能會喪失其競爭能力，企業對社會變遷的反應可能要付出相當的成本，同樣的，反應太遲鈍等於喪失了行為能力，也會給企業帶來不利影響。

很可能企業的社會責任行為對企業並不會帶來任何好處，因為對公眾的資助並不能解決實際的需要。如果一個企業在沒有任何產業的隣近地區設立孩童照顧中心，以利婦女安心出外工作，當然是一種社會責任行為。但是如果該地區的失業率出奇的高，原因是民眾缺乏專業訓練，交通不方便，該地區又不能提供工作機會，照顧孩童的資助將是徒勞無益，正面效果有限。同樣的，一個企業若每年投下大筆金錢，資助慈善事業或參與社會責任的舉動，而民眾卻毫不知情，自屬枉然。

二、有效社會責任行為須重溝通

有效的社會責任行為，必須對大眾的需要有正確的估算，並且在企業和大眾間進行適切的溝通。公關管理人員對這一方面必須要特別的專精。企業面對社會責任種種需要時，必須要有能力作適切的選擇，那些項目才能發揮最大的效果。公關人員應該把注意力投注在與公眾最有密切關係的事物上，並且知道他們對商業團體有什麼期盼。詹姆斯·格魯寧（James Grunig）是少數想知道公眾對商業界到底有什麼期盼的科學家之一，在他的研究報告中指出，創造利潤的結果是致使許多企業在插手社會行動的作法上遭受誹議。格魯寧研究結論顯示，一般民眾反應，企業界不應該插手諸如教育事業，慈善事業或城市受腐蝕等與企業

沒有直接關係的事務，甚至有很多人認為，社會變遷若與企業無關，企業不應該插手其間。這個研究報告又指出，所有接受訪問的民眾相信，企業應該致力於產品品質與售後服務水準的改進，抑制通貨膨脹，僱用少數民族，並且致力於人力資源的改善。

三、企業擔負社會責任須考慮之要件

我們曾經列舉，美國企業對社會責任問題所作的努力，格魯寧認為是政府，或有意與政府合作的企業的最佳參考。有許多跡象顯示，許多企業的管理人員開始對公眾的期盼有所反應。企業在擔負社會責任問題時，必須優先考慮的要件：

（一）受僱與陞遷的機會均等。

（二）環境保護與污染防治。

（三）員工的安全。

（四）資源的維護。

（五）回應政府的領導。

（六）消費者的保護。

（七）社區環境的改善。

（八）海外投資。

（九）向少數民族企業採購商品。

四、企業社會責任有賴公共關係之政策資料

我們業經探討過公關的角色與功能，目前發展到企業在追求利潤，必須應用到各種管理方法。由於企業對他們的社會責任有了深切的認識，因此他們需要從公關專業人員取得新的專業知識。在一場由美國公共關係研究與教育基金會 (Foundation for Pablic Relation Research &

Education) 所贊助的演講會，前伊利諾州電報電話公司(Illinois Bell Telephone) 副總經理赫爾·尼森 (Hale Nelson) 概述了公共關係的新角色。他宣稱: 社會政策資料被大型企業「決策者的混淆」喪失殆盡。他說，美國企業一向對於商品資料、個人資料、市場特性資料、經濟景氣資料的需要相當的殷切，但是對於社會政策資料的獲得則鮮有改進之道。他建議要從企業內部結構着手，設計出社會政策資料的收集方式，分送給企業最高決策者。這個工作應該由企業最高主管或副主席或公關部門首長來領導執行，俾以由企業最高決策單位執行工作時有所依據。尼氏說:

> 一個由副總裁或相當頭銜人士所領導的公關部門，是企業最高的智囊單位，他們可以獲得社會政策的各種資料，並加以運用，在企業運作時處於最重要地位。同樣的，輸入的資料決定了輸出資料的模式，因為在此新的時代，所有的資料必然是最公正、真誠而有益的。

五、企業道德問題的複雜性

在一九五九年，美蘇兩國先後在大氣層上試爆核子武器達數年之久，帶有輻射性的微塵掉落在北溫帶地區，其中以鍶九十最具危險性。

如果你是全國牛奶供應商協會的公關指導人員，你必須明白掉落下來的鍶九十所衍生的問題會有下列數端:

同溫層的風把輻射塵帶到地球表面各處，毫無國界之分。其他元素的影響較小，但是鍶九十掉落在北美洲、加拿大與世界其他國家或地區綠草如茵的農場上，會被乳牛所吸食，鍶九十潛伏在乳牛體內，隨着乳牛的牛奶鈣質內，此牛奶被人類食用，尤其是嬰兒或孩童飲食，會隨着鈣質潛伏到人體的骨髓結構中，因鍶九十的壽命可達五十年（半個世

紀）之久，而一個人終身都被輻射性物質潛伏在體內。此輻射性物質若日漸在人體內累積，它會摧毀製造紅血球的骨髓，導致白血球過多症。

政府所作的實驗證明，全美各地的農場都有輻射性物質，甚至有些地方的含量特別高。有兩所學校對鍶九十作了科學研究，其中有一所學校宣稱，只要鍶九十的含量不太高，對人體還是無害的，另一所學校則主張，任何含量的鍶九十都會傷害到人體。

不幸的，到目前爲止，還沒有任何方法可以將鍶九十從牛奶中抽釋出來，只能在實驗室中透過複雜的過程爲之。此種過程在日產數千加侖的農場上是不允許進行的。

美國原子能委員會 (Atomic Energy Commission) 與公共保健服務中心 (Public Health Service) 通力合作，在處理牛奶工業問題時極力的供應資料。如果你是全國貿易協會的工業公關指導人員，你的職責是提供行動方針給你的公司，使其不能不重視企業道德問題。

第二十八章　環境保護及公害問題
　　　　的處理

第一節　公共關係在環保層面扮演重要角色

　　公共關係在環境保護大前題的各個層面上，扮演著非常重要的角色，並且在現階段的輿論中具有相當的影響力。由於環保問題，使得公關人員有機會擠進企業最高企劃者和決策者。要有效的執行環境公共關係，必須獲得特別的科技與法律知識，才能創造出企業對環境保護的里程表。公共關係是企業在處理環境保護問題的範本，也是企業和環境保護執行者之間的橋樑。

　　環保問題中的污染管制非常符合企業利益，但政府法令不免重重疊疊。在環境保護的各個層面中，公共關係扮演相當重要角色。它使公眾瞭解和認知公司的立場，提供公司作決策時的參考，並藉着公開的環保宣揚，重建公司的可靠性，改變人們誤以為工商界是環境殺手的錯誤觀念。因此，公關人員有個重要課題，就是要明白過去、現在、將來引起爭論問題的大小。我們要以公關的遠景來探討環境污染問題，以便讓公關人員對環保公關有心理準備，並且還要探討公關在員工、企管人員、大衆傳播媒介、環保團體之間所扮演溝通者的角色。

第二節　污染問題的透視

一、生態體系和環境外觀的重視

在透視污染問題時，有兩個最基本而互相牽連的重要事實是我們必須要明白的。第一、污染問題並不是個新鮮話題，它和人類歷史一樣古老。第二、污染問題是人類生活的副產品。從此二者看，誤認某一企業或某種行動，對環境產生損害，是一種錯誤的指責。

依美國為例，其黑煙管制的法令早在一百年前就已立法，水污染問題也在一八九九年明令規定，但真正對環境污染問題提出有效的處理，乃在一九六〇年代。卡拉森 (Rachel Carson) 在他一九六二年出版的《沉默的春天》(*The Silent Spring*) 一書中指出許多問題，人們才着手環境的保護。一九六〇年代，這兩個重要觀念 —— 生態體系和環境外觀，才漸漸被人們瞭解和重視。

生態體系的研究是研究各種生物之間的相互牽連關係，與他們和物質環境之間的關係。生態體系一詞，是指消費和生產方面的，也就是說，我們把生產和消費所引發的污染推給環境去承擔，而不是讓生產者與消費者去擔負環境保護的代價。在過去，環境外觀這個課題一向被疏忽，而且被認為沒有安全顧慮，因為它會有自然的恢復能力，沒有人公開譴責。但是由於產業的成長和集中，環境外觀竟然是政治和經濟都不願意招惹的話題。為了瞭解生態體系和環境外觀這兩個觀念，美國環境品質會議 (Council on Environmental Quality) 對環境問題提出以下意見：

　　我們在過去趨向以經濟成長的損失來強調定量成長。以經濟衰退

來解釋環境污染的社會成本，不知道環境保護的重要性，以常態看待它，不知道它在制定決策時的重要性，環保機構對問題的不當處置，違反了傳統的政治界限，我們只求方便，不知道對環境會有什麼不良影響，更根本的說，我們忽視了環境的整體性，不瞭解環境中各個環節，包括人類，原本是互相牽制的。

二、各界對環保問題的共識

從某方面來看，環境污染的爭論業已平息，是否污染不再是問題，今天的爭論趨向非常的微妙，包括如何減低污染，避免將來再污染，社會經濟利益和環境成本之間的平衡以及自然體系中的自我清除能力。

前美國環保處 (Environmental Protection Agency) 處長羅威廉 (William D. Ruckelshaus) 指出各界對環保問題的一致看法:

(一)環境污染的問題不會自然消失，人類必須努力減少污染，補救過去所造成的傷害。 主要問題是該採取什麼行動， 進行速度和方式如何，這些問題都還沒有定案。

(二)我們知道環境污染的恢復是很緩慢的，而且它不可能恢復到原有的景觀。

(三)恢復清新的空氣、清澈的流水、碧綠的天空、消除噪音、清理固體廢棄物所費不貲，必須增加稅收，提高商品售價，摒棄士大夫作祟心理。

(四)環保的計劃必須仔細的評估，避免解決了一個問題又產生另一個問題。

雖然美國對上項問題逐漸達到某些共識，許多空氣與水污染的問題仍然是懸而未決。諸如固體廢棄物（包括有毒的、化學性的、核子廢料等），以及防癌協會、環境障礙等都是新近被提出來的問題。

三、工商界在環保問題之角色

環境品質問題一向困擾着管理人員，原因很簡單，只是由於商品在生產，分配，銷售的每一個過程中都會產生廢棄物，過去，工商界在社會經濟環境下自由運作，對環境的傷害不需要任何花費，要防止對環境的傷害就得付代價，工商界並不是環境的唯一殺手。美國政府經營的田納西流域發電廠和水壩，和私有產業一樣，也會對環境產生傷害，美國內政部和工兵軍團也經常因環境的破壞備受指責。現今美國城市的給水與污水排放的下水道系統已經成為河川和溪流的最大污染來源。工商界對污染問題的反應和任何其他機構如出一轍。

當環境污染問題成為爭議時，工商界採取一致的步驟。譬如二次大戰結束後不久的美國匹茲堡市，工商界領袖們聯手抵制空氣污染的問題，投下大量心血的結果是工廠不必關閉，也不必停止生產。

有若干美國企業對環保問題的處理只有幾分鐘的熱度，有些企業故意不顧環保問題，直到遭受公眾的非議，他們或許加以否認，或許只是避重就輕的答覆。

工商界在環保問題上受到誤導的例子。以波拉茲公司（ Potlatch Inc.）在一九七〇年，刊登了一則令人啼笑皆非的廣告，那是一幅風景照片，刊頭有一段文字：「我們花了一大把鈔票，但是克里爾瓦特河流的水依然清澈。」新聞週刊發現，這張照片是在該公司五十英里外的上游地區拍攝的，但下游地區，也就是該公司紙漿和造紙工廠所在地的河域卻被污染得像一條臭水溝。

一般說來，工商界都是在污染發生後才採取行動，事先毫無預防措施。美國希爾諾頓的卡爾・湯普森（Carl Thompson）說：

　　此時，工商界也參與遊戲，參加者紛紛到場，遊戲規則已經制

定，評審委員業已就座，看臺上有一羣奇形怪狀的生態學家在吆
喝著，此時，工商界走上臺來，宣稱遊戲規則不對，評審委員有
偏見，遊戲規則應該修正，觀衆應該有更多的同情心。

這或許有些言過其辭，美國一九七○年所制定的環保法令的確是有
瑕疵，不切實際，也讓工商界有規避其領導地位的藉口，以致於不太注意
成本和利潤的比較。其政府也賦予取締單位太大的權利，在某些特別案
例的處理沒有妥協和商量的餘地，而且有許多法令或重疊或互相矛盾。

但是美國環保法令經過考驗和全面開發後愈爲完備，此乃事實，環
保人員也比較趨於理性化，少意氣用事，尤其是能源危機的衝擊更使人
們注意到事先預防的成本。尼爾・歐羅弗（Neil　Orloff）認爲美國目
前的環保法令很有彈性，讓工商業界有較多的機會去研討環境保護的方
法，包括優先次序的調整，降低要求水準，延展執行日程表，對保護的
要求也有較大的伸縮性。

四、環境維護的成本

環境清潔和污染的控制，費用相當龐大，這是勿庸置疑。美國環保
處從一九七六年到八五年，十年之間的總花費高達二、八九一億美元。
估計一九七七年就花費了四○六億美元，佔國民總生產毛額的百分之
二・一，平均每人每年花費一八七美元。

其他的花費難以估算，尤其是失業率。美國環保處說，一九七一年
到七七年之間，有一○七家工廠被勒令關閉，所付出的代價是二○、一
二八名工人被遣散。史德・愛德門（Stah　Edmunds）估計，因爲污染
控制，全國的失業率會增加百分之零點五到百分之一。卻也有人認爲，
因爲環境清潔，會創造五十萬到一百萬個就業機會，因爲這些人會成爲
控制污染工業的員工，通貨膨脹和投資萎縮常常起因於控制污染所帶來

的後果。

五、公共關係對環保之責任

工商界若要對環保的公關產生影響力，必須注意某些要件，除探討各種公關技術外，還必須要有特別的專門知識，獨到的處理方法，才能成功的處理環境問題。環境公關的責任包括對科學和法令的認識，以便應用在產業、社區維護和其他要件。而且，公關人員對於企業在環境污染的防止或預防的運作策略必須有全盤的瞭解。

六、科學知識

為了促進環保的有效性和確實性，公關人員對生態學的科學基礎必須有所瞭解，包括生物學、植物學、化學、醫學、氣象學與其他與環境有關的學科，當然，我們不可能要求公關人員必須專精於每一門學問，一個企業的公關人員必須有基本的科學認識才能瞭解環境問題對於整個企業會有什麼關係，他們必須能隨時很深入的，帶着權威的說出該企業的污染問題和提出解決之道，為了獲得這些知識，公關人員可以與企業內部或企業以外的大學、研究中心科學家或工程師保持聯繫。更須謀求人員提供資料或政府許可資料，並且從多方面找尋資料。

七、環保法規的重要

公關人員不但必須有科學知識，還必須熟悉法律。公關人員必須瞭解當地政府、省市中央政府的有關法令，才能對企業的環保策略提出評估和維護其執行。公關人員還必須隨時注意法令的修正和解釋，以便向企業提出解釋，影響該企業的行動計畫。公關人員還必須將該企業進行中的環保工作，有關公關法令的細節向企業經理人員提出說明，許多企

業在收到環保處的罰單後，來到法庭要求延期罰鍰或企圖推翻法令，這顯示了該企業自衞、只求私利，不顧大眾健康與公共福祉。從公共關係的長遠利益及大眾利益，企業界應該注意環保法令，以公眾利益爲行動準則。爲了達成此一目標，企業必須具備一種態度，要求企業內部的專業人員設法獲得有關環保的各種長期記錄。茲簡錄美國環保法令大綱資料，可資參考。

（一）美國水污染問題的法令

1. 一八九九年河道與港口法案 —— 禁止排放任何廢棄物進入航道 —— 除非經過特許。

2. 一九二四年油漬污染法案 —— 禁止在海岸線範圍內傾倒廢油。

3. 一九四八年水污染管制法案 —— 污水處理是個地方性問題，但可以向美國公眾健康服務處索取相關技術資料。

4. 一九五六年水污染管制法案 —— 清理傾入州際水道的廢棄物。

5. 一九六一年修改一九五六年的法案，擴大聯邦司法權，制定標準並提前實施，起訴違法者。

6. 一九六五年水品質法案 —— 在公共福利部、敎育部和衞生部增設聯邦污水管制行政。

7. 一九六六年清潔水源恢復法案 —— 修正油漬傾倒法令，增設單位以制定地區性水清潔標準。

8. 一九七〇年改進水質法案 —— 清理礦場廢棄物，下水道排放之污水與船舶所排放之污水。

9. 一九七二年水污染管制法案 —— 制定目標以減少污水排放。

10. 一九七四年安全飲水法案 —— 制定有關飲用水與公眾健康，氣味相關法令，以及人民控訴有違反該法案嫌疑者。

11. 一九七七年修正一九七二年的法案 —— 制定新的污染程度等級，

每一個種類各有不同的要求，尤其強調有毒廢棄物的污染，提供廢棄物的新處理技術，包括污染管制副產品的回收，再使用與能源保存，使土地和水因廢水處理達到多用途的目的。

(二)美國空氣污染問題的法令

1.一八八一年芝加哥和克里夫蘭通過黑煙管制法令。

2.一九五五年空氣污染管制與科技協助法案 —— 協助技術的研究與資料的蒐集，該法案延展到一九五九年。

3.一九六三年空氣清潔法案 —— 制定有關排放物跨越州界污染法案，該法案經過一九六六年與一九七〇年的修正，更加嚴格執行。

4.一九六五年動力車的空氣污染管制法案 —— 授權聯邦政府制定自動車氣體排放標準。

5.一九六七年空氣品質法案 —— 以全國性空氣品質管制為目標。

6.一九六九年全國環境污染法案 —— 使用聯邦支出公佈環境污染詳情。

7.一九七〇年環境品質改善法案 —— 提高聯邦公權力。

8.一九七七年修正空氣清潔法案 —— 再強化一九七〇年頒佈的法案，強化其標準。

(三)其他環保法令

1.一九七二年噪音管制法案，明令環保單位就產業所產生的噪音制定噪音管制標準。

2.一九七六年資源維護法案 —— 鼓勵改進固體廢棄物的使用，制定有阻礙性廢棄物的管制標準，制定資源維護條例諸如固體廢棄物管理辦法。

3.一九七六年有毒物質管制法案 —— 促使全國化學工業包羅在聯邦法令管理之下。

八、環境保護的日程表

公關人員必須熟稔企業的環保問題與措施，爲了達成此一目標，企業必須制定計畫，此計畫必須從企業的環保政策着手，簡單明瞭易讀易懂，包括該企業在進行中的環保預防措施，將來的計畫，目標與達成此目標的日程表。

在預備此里程表之前，必須先估算所有企業運作對環境所造成的影響。譬如煙和工廠的排放物尤爲明顯。他如飛馳的貨運車沿途撒放的廢紙和放射物等不勝枚舉。空氣、水等資源的維護，以及噪音、廢棄物污染的處理都是每一個企業必須具備，企業運作時還必須考慮適切的調整其活動、優先次序、成本和日程等問題。此里程表還應該列明其他企業對同一問題的處理方法。一旦該里程表業已制定，最起碼每一季記錄一次其執行成果。

制定這種里程表益處良多，可以創造許多機會以應企業環保措施的需要，企業在實施環保措施與解決企業內部問題時隨時有資料可尋，公關部門的工作人員也可以藉之估算出企業內部現存與潛伏的問題及明白事態的危險性，以利更深入的探討，發掘問題好向科學家或律師尋求解決之道。

第三節　公共關係對環保決策的影響

一、公共關係是表現企業形象最佳途徑

吾人一直強調公共關係是企業內部決策的重要依據。企業在尋求政策、戰略運用以反應環保問題，提出有效措施之前，把公關列入重要考慮因素，使企業藉着科學方法以提升該企業的公共關係。有一個影響企

業在掌握未來的社會環保問題時，決策者感到茫然、困難與不知如何着手的因素，著名的學者凱斯・戴維斯 (Keith Davis) 與羅勃・布魯斯壯姆 (Robert Blomstrom) 談到企業責任：

> 企業單位在應用決策工具時必須深入情況，必須有新價值觀與正確的思考方向。工商界必須調整他們的步驟，調整組織結構與經營方式，以尋求環保資料的獲得與因應措施，企業的智囊團在經濟利益的考慮之外，尤其對環保資料有敏銳的洞察力。企業必須詳細研判資料，並對社會有所回饋。

默勒 (R.J. Mockler) 也有相同的觀點：

> 企業必須根據各種條件，包括公司規模、財務狀況、公共形象、該企業管理人員的社會責任價值觀來針對水污染問題，提出解決計畫。

企業努力執行計畫時，公共關係是表現企業形象的最佳途徑。凱斯和羅勃建議，企業應該把更多的社會問題列入決策的參考，基於環保因素的考慮，使公關人員有機會參與企業決策與政策的制定。

美國環保事務委員會是企業藉以宣佈其環保措施的一個重要機構。委員們藉着多方面的努力，在制定環保措施時把各種不同因素視爲同等重要。雷那・隆德 (Leonard Lund) 在《企業組織的環保策略》一書中，概略的提出幾種組織結構，以供企業選定環保措施的參考。在必要情形下，高階層環保人員可以驅使環保委員會指示該企業或與其他企業共同推動環保政策（如圖四）。

隆氏認爲，許多公司在推行企業的社會責任時，對環保措施都有一致的看法，此時，企業可以將環保問題提交公關部門全權處理（如圖五）。

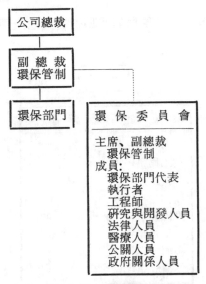

圖四　顧問環保委員會

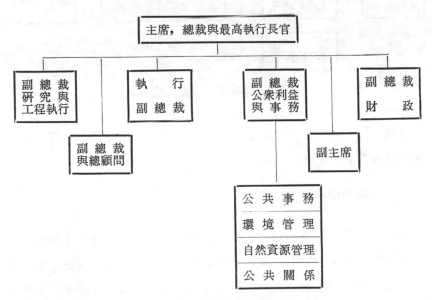

圖五　公眾事務的環保管制

有時環保委員會可以把環保的觀點提交其他公司（圖六）。

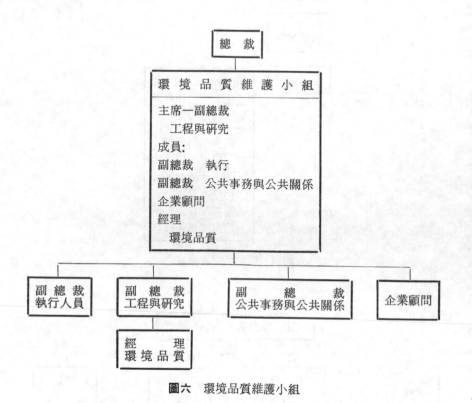

圖六　環境品質維護小組

最後，隆氏提出，有不少公司以一般的運作來處理環保問題，圖七是生產導向的實例。

二、環保問題的溝通

事實上任何的團體都需要獲得環保措施的資料，股東必須知道公司為了減少污染所花的費用，並且認同這些費用是適切而必須的，企業對員工和員工家庭的溝通，可稱之為企業內部溝通，反應了企業的社會責任觀，藉此一方面提供了企業減低污染的新資料，對抗環境污染的產品

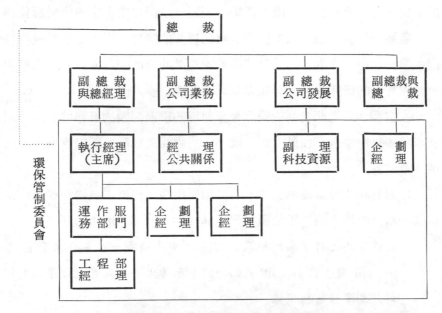

圖七 環保管制與正常的運作結構

新製造過程，研究與開發，公司的環保決策等資料給員工和員工家屬，以利他們在家居生活或工作中亦能顧及污染的防治。其他需要環保措施資料的團體有社區成員和政府官員。我們將會把重點放在最重要的兩個團體；大衆傳播工具與環保執行人員，不管任何的團體，我們在促進環保問題的溝通上，有一個大前題，就是要以誠信爲準則。

三、爭取大衆傳播的報導

有許多的環境問題可以目視，譬如黑煙、死去的魚、有毒的氣體、吵雜的馬達聲或者特別引人注目的可聽可聞可見的事物，此些問題均可成爲大衆傳播工具爭相報導的主題，他們甚至故意偏離事情的眞相以引發人們的反應，特別是環境與資源的問題尤甚，可成爲最大或最嚴重的大新聞。而且，大衆傳播工具是把企業改革與污染防治改進向大衆報導

的管道。許多公司致力於改善污染的問題，以提昇該企業的公衆形象。

　　雖然環境的問題可以提供許多藉題發揮的題材，大衆傳播界很少自己去發掘問題，事實上，大衆傳播界所探討的環保問題大多來自報章報導，或官方的研究資料，而且大多乏善可陳。沙大衞（David Sachs-man）宣稱，新聞記者甚少過問報章報導的環保問題的可靠性，對於所報導的確實數字也不加以證實，就一味的依賴來自環保團體或環保單位的小道消息。

　　報導員在報導環保消息時，有其困難所在，他們必須懂科學名詞、商業術語、政治術語。正如羅賓與沙其（Rabin & Sachs）所說：

　　　　報導員缺乏科學專門知識，因此所報導的每一件事非但毫無章
　　　　法，小題大作，而且他們的消息來源大多數沒有先作深入的探
　　　　討，真實性有待商榷。

　　羅賓與沙其說明：報導員非常相信保守份子和政府單位的資料，雖然工商界所提供的資料較具可讀性，而報導員比較喜歡採用報章所報導來自工商界的資料，同時他們也報導本地廠商的反面消息，尤其是來自政府資料或環保團體的不確實報導。

　　環保報告的效用，乃使公司的公關部門人員，在危機發生之前就掌握了該企業環保措施每日的記錄，對所探討的里程表正好可以派上用場。報導員應以虛心受教的態度去瞭解這些資料的眞諦。

四、環保措施應重溝通

　　也許企業所關切的，有關公共環境與污染問題最大的隱憂是環保教育與對法令的認識。企業應該竭力的與環保執行人員取得聯絡，更有效的方法是與他們保持私人接觸，不要再聽命於大衆傳播工具，尤其是企業在環保問題有了瓶頸時，應該用心的聽，認眞的學。某些大型企業就

是因爲不肯聽，不肯學，有了問題不尋求解決之道，聽信一面之詞，致使企業受損，不得不對簿公堂。

企業的環保措施不能因遭受阻力就改變方向，可以藉着各種溝通途徑或充分配合環保決策單位的提議方式，盡全力的進行，以達到最具建設性的成果。有些企業特別爲此需要設立了市民顧問委員會，雖然這樣的計畫比較不花錢，但費時較長，而且效果不如因爲接到法院傳票，或立法機構等的召喚不得不參加來得大。

如美國保護天然資源基金會前任總裁吉米・雷尼（James Reilly）說：基於將來的經濟利益與社會學的觀點，兩者的利弊各佔一半，因此很難以取捨，但是大家若肯公開的交換意見，尋求合理的解決之道，則是很有益的，公關人員在此可能扮演了公開交換意見的管道與媒介的角色，藉此方法也可以突破一切神話、感情用事、或因反對而反對的觀念。

五、能源與溝通

美國迦爾維斯頓的居民瞭解能源的需求，以及該地區發現大量天然瓦斯蘊藏對經濟發展的正面影響，當米其爾能源開發公司（ Mitchell Energy & Development Corp.）在內陸開發瓦斯能源時，他們毫無異議，但當該公司提議要在迦爾維斯頓外側的墨西哥灣九千英尺下的地底吸取瓦斯時，該地區的社區環保團體、旅遊業與娛樂界提出強烈的反對。美國米其爾公司原本可以與他們抗爭到底，卻採取了公開協調的戰略，強調了某些要件：

(一)能源的重要性不可置疑，我們應該從生態環境加以研討和評估。

(二)若我們能不受阻撓，徹底地探測，我們的計畫對大家都是有利的。

(三)個人與各種團體，藉着各種方式的協調、改進，以完成探測計畫是難能可貴的。

基於以上分析，米其爾公司發展出一套包括以下要素的溝通方式:

(一)米其爾公司代表以私人身份參與公眾會議、經理人員會議、作家與新聞工作從業人員會議、廣播人員會議，以獲得大家的認同與支持。

(二)指派可靠而善於溝通者在會議中出現，聽取民眾對該計畫有關科技與安全顧慮等方面的意見。

(三)尋求當地人民團體、市民俱樂部、工商會、民意代表、旅館和汽車旅館經營者、餐飲業者、捕蝦業者、工人團體等社區團體人士的意見。

(四)在開始挖掘、進行挖掘中與挖掘之後，均邀請政府官員與地方父老乘坐直昇機，從空中巡視。

(五)不惜鉅資，將鑽井小屋予以特殊設計，以適應生態環境的要求，並且根據鑽井小屋的大小，搭建一座樣品座，以證明他們的鑽井工程並不影響海岸觀瞻。

(六)藉着宣傳單、影片與大眾傳播工具來證明該公司對環境保護、觀光事業與水產事業的維護。

結果米其爾的溝通方式產生效果，反對的情緒終於平息。該公司在吸取重要能源之際，亦顧及環境維護，使公司與社區同蒙其利。

六、個案研討一: 紙漿工廠與污染問題

一九六八年，米德公司 (Mead Corp.) 所屬的艾斯紙業公司 (Escanaba Paper Co.) 宣佈，將要在美國密西根北方的上賓尼蘇那 (Upper Peninsula —— 一塊空氣清新，保持原始自然環境，未遭受

人工破壞的乾淨土地）投資一億美元興建一座造紙工廠。米德公司在上賓尼蘇那已有很悠久的歷史，與該地區居民關係至爲密切。這個政策公佈後，該公司員工竭力的聽取居民意見，米德公司有二位員工出現在當地行政管理委員會席上。

第一階段造紙廠的建築沒有遭受反駁就順利通過，但第二階段的建廠計畫，遭受拯救空氣品質委員會所屬的三角洲居民委員會杯葛。在行政管理委員會開會之前，拯救空氣品質委員會就紙漿工廠計畫將來可能產生臭氣的問題，在當地的報紙與商會提出多點疑問，以下的舉例是他們反對興建紙漿工廠的措辭：

> 我所要強調的是，我是一個有羣體責任感的市民，而且一向讚同米德公司的行爲。米德公司對慈善事業，對社區都市計畫的推動一向不遺餘力。基於此一原因，捫心自問米德公司的行爲是否正確，他們由於經濟的考慮，不顧他們原本是企業善良公民的信譽。

一九六九年四月二十八日，該公司的經理宣佈決定建造紙漿工廠，並提出一個完整的協調計畫，宣稱該公司將花費五百萬美元，採用最先進的防止空氣污染設備。

一九六九年五月十九日，拯救空氣品質委員會通過一項決議案，要求米德公司保證紙漿工廠不會散發臭氣，而且一旦散發臭氣，該公司願意立即永遠關閉紙漿工廠，爲了表示堅定立場，該委員會採取公開抗爭活動，包括在報紙刊登廣告，寄發大量信函，在電臺宣傳，並且不斷發佈新消息。直到同年六月，米德公司才有了回應，該公司解釋說，所以遲遲答覆是因爲深入研判紙漿工廠的生產技術，而且保證盡可能不製造臭氣。但該公司堅決婉拒保證生產運轉時，不會產生故障、錯誤，或因氣候狀況所引起，暫時性的臭氣外洩等問題。

八月，該委員會的公報刊出一則全國性的消息：

　　北密西根地區的居民正奮勇的拯救空氣品質，因為該地區空氣中
　　散發着檝木香脂油的氣味，根據某科學研究單位的證實，該地區
　　是全美空氣最清純的地區。

這也就是警告說，有一羣居民將要陷身在硫酸鹽紙漿工廠的臭氣中。

約翰‧華伯利吉 (John T. Walbridge) 說，那種氣體聞起來就
像有惡臭味的蛋，像腐爛的甘藍菜，像臭鼬的味道，以後只有鬼知道的
氣味。

九月十五日，拯救空氣品質委員會召集了一項四到五百人參加的集
會，並經由哥倫比亞電視網報導該事件，二天後，該委員會向該州的管
理委員會提交一紙條款，要求顧及人民的健康、安全、福祉與安適，其
目的無非是要制止紙漿工廠的興建。

米德公司認為該條款不負責任，並且決定抗爭到底。但他們卻明白
表示願意與當局密切配合，研究出一套合理的法令，米德公司公開表
示，一條明示技術難題的法令是的確需要的。

拯救空氣品質委員會繼續奮鬥，並且獲得北密西根教區大主教的背
書認可，與新共和報的稱許。此時，米德公司仍然按兵不動，只表示願
意合理、公開的通力合作。並且耗資二百萬美元，興建一座可以自由參
觀的水處理設備，立即受到當地報紙的讚揚。

密西根空氣污染防治委員會在該州州政府所在地的藍興市舉辦了一
場聽證會，反對米德公司的團體有拯救空氣品質委員會、地球之友社、
環保聯盟、環保處、密西根大學和密西根州立大學的學生團體，這些團
體相繼對米德公司的可信度提出質疑，並且主張米德公司在開工興建紙
漿工廠前必須先行保證。

米德公司仍然不願作沒有把握的保證，只提出完全的、易於明白

的、有關技術與經濟方面的資料，並且邀請十二個社區領袖前來藍興市作證。密西根空氣污染防治委員會的主席宣稱：「米德公司已經表示最大誠意，並且發揮了公共關係的效果。」

該委員會制定七項條款，以配合米德公司獲准興建工廠前的實際需要，這些條款雖然與米德公司原先的計畫略有出入，而且增加許多成本，米德公司仍然接受。委員會的一位委員說：「米德公司不違反我們的法令，我已經很滿意了」。米德公司提出興建紙漿工廠計畫的一年後，也就是在一九七〇年八月二十八日，該委員會以七票對一票，通過建廠許可。

七、個案研討二：克里爾瓦特河興建水壩

克里爾瓦特河是美國境內較不受人工破壞的少數河流之一，當美國陸軍工程兵宣佈在艾達華州，克里爾瓦特河中間分岔口興建班尼克里夫水壩時，全國環保單位所制定的法律面臨了挑戰。

此項宣佈立即有了反應，河域附近產業的所有人擔憂新的水位會損及他們的農地。地方的商人擔憂會因露營者、釣魚者、打獵者銳減而剝奪了他們的飯碗。山嶺俱樂部則召徠一羣人，深入探討環境潛伏的傷害有多大。美國蒙他那、艾達華、華盛頓等地獵人俱樂部的成員也紛紛發起寫信給親友的行動，甚至於濱臨太平洋的西北海岸洋菇採收團體也開始為河堤的改變煩燥不安。

每一個團體都深深瞭解美國陸軍擁有合法興建水壩的機械，只有訴諸聯邦法律才能挽救這條河流，維護其現今的休閒、森林與居住環境景觀。這些團體的壓力催生了國家原野與河流風景保護法案，並且將法案的效果擴及到美國其他著名的河流風景區。

國會指令國家森林服務處的官員，安置公共召示牌與大衆參與計

劃，以測試支持河域保持原有自然生態的人有多少。不幸的，沒有任何專門人員參與該計畫，也沒有人前來受僱。為了獲得廣大支持，國家森林服務處的官員接近備受注目的人民團體，指定精選的顧問團體，並且在公共場合宣佈新聞。同時，召集河域四週土地所有人組成團體，以支持河流保持自然生態計畫，有效阻止水壩興建。全國傳播機構與戶外雜誌爭相報導，引發全國人士的注目。

接着，管理人員在河域增設露營設備與特別路標、旅遊服務中心與禁止擴建法令。幾個月後，國會制定原野與河流風景法案，並指定克里爾瓦特的分岔口為八個維持河流自然生態的案例之一。

此時，所有參與的團體似乎滿意了，但不久之後，漸漸感到政府並沒有依照諾言行事，附近道路與公路並沒有增設明顯路標，也沒有增設休閒設備，更糟的是管理該地區的美國森林服務處官員，在該地搭建房屋，並且在私人土地附近劃分地界，也就是在自己所管理的土地上制定不同的標準，受到各界的指責。

第二十九章　消費者權益及保護主義擡頭

第一節　消費者與公關部門之關係

一、公關須建立消費者與企業間之雙向溝通管道

企業要維持消費者和公關部門之間的關係是理所當然的，因為消費者是公關人員必須去瞭解和打交道的一羣人。當消費者有抱怨申訴時，企業必須快速有效的處理，不能等到企業制定了反應消費者要求政策之後才處理。公關人員必須要在消費者和企業之間建立雙向溝通管道。

公關人員必須取得與製造廠商與服務單位的協調，並且公關人員必須很有技巧的取得有用的消費者資料，以應企業的需要。

法國諺語：「長久以來，消費者一直處於被壓搾的地位」。例如有一對來自賓州彌脫爾墩的夫婦，住進了費城的假日大飯店，準備好好的渡個愉快的週末，結果為期四十八小時的假期是煞盡了風景，這對夫婦被折騰得焦頭爛額，起先是房價比平時高漲了許多，接着是毛巾不夠用，浴缸堵塞，淋浴的噴頭裝在天花板上，最後給這對夫婦精神上的最大打擊是，旅館的櫃臺職員竟然忘了叫這對夫婦起床，讓這對夫婦多付了超時停車費。

　　這對夫婦寫封信給旅館當局，旅館經理立即出面道歉，並且表示願意提供另一次免費服務。然而這對夫婦的經驗值得我們就時下一般大企業忽視消費者權益，與對消費者需要視而不見這件事情加以口誅筆伐。一般相信，消費者是一切產品或服務的最終使用者。顧客至上是所有提供產品或公眾消費服務公司的至理名言。政府和非營利事業也時常要面對盛怒的消費者或代表消費者的團體。

二、消費者對商品及服務的反應

　　消費者對商品、服務與各種問題的責怨，玆列舉美國一些特別吸引公眾注意，性質與程度不同的問題：

　　(一)美國國家高速公路安全局的報告指出，每檢驗十一條輪胎，就有一條不符合安全標準。

　　(二)有許多眼鏡是高可燃性纖維素材料製成。

　　(三)電視機的螢光幕放射出危害人體健康的放射線。

　　(四)城市的供水系統發現危害人體健康的污染物。

　　(五)根據美國國家科學研究院的報告，每四千件配藥中，有三百件沒有對症下藥。

　　(六)醫院的操作人員誤將瓦斯當作氧氣使用，致使動外科小手術的病人冤死。

　　(七)有百分之四十購物者，因受廣告的矇騙，在超級市場採購毫無經濟價值的商品，同樣是三點廿五盎斯的牙膏，某一品牌的標示是「中型」，另一品牌的標示是「大號」，另一種品牌則標示爲「特大號」。

　　(八)美國聯邦貿易協進會宣稱：「大富翁遊戲」的命中率只有千分之三‧四，而獎金只有三‧八七美元。

　　(九)廠商並未履行他們的保證。

(十)組合型商品的組合袖珍本說明書說明不清楚,或根本就看不懂。

(十一)消費者缺乏信用成本和利息等方面的知識。

廠商和企業組織最常見的反應是否認一切事實,爲了擴張這種自衞行動,常常僱用公關人員就消費者保護法之外設法與消費者協調,這樣的結果使越來越多的企業組織瞭解到,有效地反應消費者問題的重要性。

三、消費者與企業形象之關係 —— 美國波其止血棉花球公司的個案研究

如果一家企業遇到了消費者的控訴,卻一再的否認以規避責任,這種行爲從長遠利益來看,該企業勢必要付更大的代價。例如,一九八〇年,美國當局將毒素震盪併發症(毒震症)劃入單一症狀類別之後,波其公司 (Procter & Gamble and Rely Tampons) 所產製的止血棉花球與大衆傳播所報導的許多症狀扯上了關係。起初,該公司的棉花球是否散發這種病毒,並沒有明顯的跡象,漸漸的,這項產品成爲大家交相指責的衆矢之的,波其公司一面深入的研究,一面與美國政府的疾病防治中心充分合作,竭力避開此一罪嫌。研究的結果證明該產品未受污染,也不會散播這種病毒。因爲該棉花球的材料本身就會防止細菌入侵,美國的疾病防治中心早期的研究報告指出,波其公司所生產的其他品牌棉花球顯然與毒震症的散播有關。

但是,不久之後,波其公司接到聯邦食品與藥物管理署通知,宣稱根據美國疾病防治中心的研究結果顯示波其公司的棉花球,散播病毒的可能性比該公司其他品牌的棉花球來得大。波其公司立即採取行動。一支由該公司高級經理人員所組成的代表、公關、科學、法律專家、醫療顧問的工作小組於焉成立。工作小組的成員們,努力地穿梭在辛辛那提

波其公司總公司，與華盛頓聯邦食品藥物管理署之間，仔細查對疾病防治中心的每一項實驗過程。同時，一支由科學家與藥學專家所組成的獨立委員會深入的研究一切來源資料，並將結果向工作小組報告。

波其公司在接獲聯邦食品藥物管理署通告之後一星期，工作小組決議收回波其公司所有在市面上銷售的棉花球。雖然該公司認為疾病防治中心的研究報告有諸多不確定因素，大眾心目中波其公司的棉花球是散播毒震症病毒的禍首，產品的可靠性已經大打折扣，波其公司收回成品的決定立即經由大眾傳播界的報導，工作小組也全力的與聯邦食品藥品管理署通力合作。再過一星期，達成最後協議，波其公司同意向零售商和消費者買回所有未經使用的棉花球，刊登大型廣告，向公眾警告毒震症的危險性，應該減少波其公司棉花球的使用。由於該公司對公關事務所作的努力，刊登公開信函與廣告，在一週內，使百分之八十五的存貨從商店的貨架上取下來。

波其公司的工作小組為了避免聯邦食品藥物管理署的警告所導致的不良後果，所採取的行動是關心消費者健康的成功行動。波其公司的快速反應，避免該公司形象與其他品牌相關產品的傷害。有一家獨立的市場研究中心對波其公司的公共形象與波其公司的產品作了深入研究。前項研究報告是在波其公司上述宣佈後立即公佈的，該公司的棉花球能有效的防止病菌入侵，後項研究報告則宣稱，波其公司的行動值得稱讚，波其公司形象所受的影響將只會是暫時的。

第二節　消費者權益之維護

一、消費者的認知

我們從農業社會基本形態發展到目前以服務傾向與產業高度相互依

賴的社會結構，對工商界的認識也有所改變。從前，咸認企業爲私有產業，現在已經改變觀念，企業必須擔負社會責任。

在歷史中，曾經有過一段時期，商品種類稀少，消費者與工商業者間面對面接觸的可能性也比較高，那時，商品的標示、等級與各種形式的標準並非特別需要，因爲商品種類不多，買賣雙方對於交易的共識也並非很殷切。

美國自十九世紀末葉以降，買賣雙方關係有了轉變。製造消費商品的廠家認爲有需要擴大市場，把貨品運送到遠方去銷售，購買商品的人也從各種不同行業去採購商品。由於商品分配的延展，促使諸如甲醛與其他有礙健康的添加劑置放在食品中，以預防腐化。在美國有許多工商業者抱持着一種哲學觀，認爲消費者購買商品時自己要睜亮眼睛，才能維護自己的權益。此種哲學觀使買賣雙方產生一道鴻溝，許多不道德的商人從中圖利。結果是產生了許多專業記者在產業中，找尋揭發不安全或不衞生的商品，尤其是針對食品包裝。一九〇六年，制定了第一條食品衞生法令，導正了許多當代所發生的問題。

一九三〇年代，消費者才意識到食品與藥物的泛濫。聯邦立法機構針對這些問題，增訂許多法令。一九三四年制定海產食品法案，一九三九年制定羊毛織品標示法案、可燃性纖維法案、惠勒（紡織品長度）法案等，提供了食品包裝、紡織品、廣告業及政府法規與標準的依據。

一九六〇年代，消費者權益特別廣受注目是太利多米地鎮靜劑（服用後會使胎兒畸形）的醜聞，與拉菲·那德（Ralph Nader）控訴卡瓦牌（Corvair）汽車的勝訴所引起的。美國約翰·甘廼迪總統於一九六二年三月間，在其國會傳達有關消費者權益信息，對消費者權益認知的時代於焉來臨。所傳達的信息有四大綱領，此四大綱領到目前爲止，仍然是美國消費者保護運動的重要基礎。

（一）消費者的安全必須被保障　商品不可傷害或損及使用者。商品的內容必須與所標示的內容一致。提倡消費者保護運動的人士抱持着一種看法，認為在富裕的國家裏，商品大量生產和複雜的配銷體系，必然會加增商品的危險性與損及人體健康的可能性，他們認為消費者有免受商品的傷害或矇騙的權益。

（二）製造商不可忽視消費者說話的權益　消費者的意願必須廣受注意，並且反應在商品或服務中。提倡保護消費者權益的人士認為，廠商對消費者意見與要求的反應每況愈下。

（三）消費者有選擇商品的權益　基於消費者花錢購買任何種類的產品，消費者合理的選擇權必須被維護。

（四）消費者有認識商品的權益　消費者為了能有效運作 前 三 項 權益，商品標示或說明必須很清楚，以令消費者完全而準確的獲得商品資料，工商界時常藉着廣告推展其商品，忽視了商品的明確標示以作為購買依據，而遭非議。

二、消費者保護措施

一九六〇年代間，產生了許多令消費者不滿意的問題，此問題滲入到社會結構中。不安的氣氛提供了有利的基礎，許多新的消費者保護措施在這一時期中醞釀與發展， 就美國言， 許多舊法案再度被提出來實施。在消費者眼中，產業的規模反而不太受注意。消費者開始感覺到，在買賣雙方的關係上，尤其是與大型商社、大公司集團或跨國際公司打交道時，顯得柔軟無力，此種無力感促使消費者保護立法要求的呼聲高唱。以往，呼籲修改保護消費者法案的人士大多為立法人員或新聞從業人員，但是，自六〇年代以來，廣大的消費羣衆參與消費者保護運動，以維護自己的權益。

現代的消費者保護運動採用了社會組織原則，以對抗可以感覺得到，目前美國工商界普遍存在的，大型公司對社會的影響力與本身財勢日益壯大的現象。提倡保護消費者人士認爲，此種消費者和廠商間不平衡的關係所帶來的結果，從每一個角度來看美國的經濟環境，就會發現有一種偏好大型企業的傾向。其原因爲：

(一)對廠商義務要求與犯罪懲治的立法不足。

(二)缺乏可供廠商依循的，有關消費者安全與健康的研究與發展的法令。

(三)消費者資料系統不切實際。

(四)在消費者保護這個範圍裏，企業的執行人員不必對國家的立法機構負責。

(五)美國政府對處理消費者申訴始終沒有制定出有效的系統。

許多提倡保護消費者權益的人士認爲，消費者想要在買賣雙方爭得平衡地位，必須強化政府所明令「賣貨人當心」的公權力，以取代「顧客留心」（貨物售出概不退還）這句名諺。

三、受過良好敎育的消費者羣

美國消費者敎育水準的提昇，推動其現今消費者保護運動，由於知識的提昇，對商品水準的期望也增高。由於這種趨勢的繼續存在，消費者認爲：

(一)對於他們所購買的商品或服務，與提供該商品或服務的廠商有丁更大的，不同層面的要求。

(二)越來越強調產品的性能、品質與安全性。

(三)消費者權益的意識日漸擡頭。

(四)對於保護消費者權益政策的增訂，反應比以往強烈。

(五)較能作自我評估。

(六)希望個人的人格被尊重。

(七)較不寬容權力主義與特權組織。

(八)今天的消費者要求更多有關他們所購買的商品或服務的資料，也希望聽到更多能影響工商界決策的聲音。

四、商品缺陷

今天的消費者幾乎每天都會聽到對某項產品的警告，或聽到某項產品有危險性，以及大眾傳播媒介的呼籲。廠商宣稱，雖然商品會有缺陷，卻也製造一些新聞，宣稱他們日常所製造的用品毫無缺陷。此種說法或許有幾分確實，但因為消費者都曾經有過對某項產品的不良印象，他們很容易從新聞中去分辨，指出產品的缺陷。一九七〇年美國全國商品安全委員會有一份報告指出，消費者揭發有危險消費品的次數超過了應有的標準。該報告又指出，每年約有二千萬美國人在家中使用消費品時受到傷害。該委員會估計，每年這些商品發生意外所導致的損失超過五十五億美元。

第三節　影響消費者與工商界關係之因素

一、售價高得出奇與不良的售後服務

如果消費者膽敢面對不良產品的威脅，貿然購買某項產品，當該產品必須修理時，這位消費者一定會遭遇許多挫折。可靠的修理服務不容易獲得，而且難以掌握，消費者只能處於被敲詐的地位，東西又修不好。在紐約市曾經進行過一項調查，有廿位修復人員應召去修理一支品質不良的電視機影像管。此項服務的工資是八‧九三美元，服務人員的

索價卻從四到卅美元不等。此項調查顯示，在此廿位修復人員中，有十七位不誠實或不能勝任該工作。每一個人都會有諸如此類的經驗。當局還曾經就其他相關的產品修復進行類似的調查，所獲得的結論爲：消費者很可能被索取服務費，而服務人員並未進行修復工作，或者服務人員要求消費者加裝某零件，而該零件根本就不需要。許多大型廠商爲了解決越來越多諸如此類的問題，紛紛設法創立服務單位。

二、不切實際的保證或不履行保證的諾言

消費者的申訴往往是針對產品的保證，一般相信，因爲廠商和銷售人別有用心的繕寫，使得保證書形同廢紙，或者是乾脆拒絕履行保證事項。此問題或許比其他問題更被關切，它已經在美國工商界和消費者間樹立起一道圍牆。 的確， 工商界別有用心的， 以欺騙手法制定一些文件， 以規避事實上存在的責任 。 當消費者不能從零售商獲得滿意的答覆，只有直接向廠商申訴。製造商普遍存在着推托責任的想法，對消費者的申訴採取相應不理的態度，雖然有時會有反應，卻要求消費者直接找經銷商，也有的廠商則要求消費者找地區的服務代理商，此種作法被稱之爲踢皮球手法。廠商、批發商、零售商互相推卸責任的手段，對解決問題並沒有好處。

三、不公平與不實的廣告

另一個影響消費者與工商界雙方關係的因素，是廠商在推廣產品或服務時， 採用不公平或欺騙的手段， 使此種情況有增無減。工商界指出，欺騙不實的廣告只是少數人想引發大衆的注意力。由政府資助的一項調查報告指出，只有少數人採取欺騙顧客的廣告。屬國家科學學術會的一個單位爲聯邦藥物管理署進行研究後指出，廣大羣衆大多依廠商的

廣告來服藥。只有百分之七的人認為廣告的效力不足採信，此羣人包括每年花費二億美元購買漱口液的美國人。但是，卽使只有少數人採取欺騙不實的廣告，他們的不誠實手段卻已深深地影響廣大的消費者羣眾。

由於推廣大量銷售技術與戰略的急切需要，締造了允許美國工商界的少數人對整個公眾意見產生重大影響的環境，同時也致使少數不良份子對整個工商業帶來極大的傷害。因為廣大的消費羣業已深受影響。根據統計，只有少數廠商的產品與廣告內容不相符合，但是廣大消費者羣已經深受少數不良產品的傷害，以致對商品品質普通採取不信任的態度。

四、公共關係與消費者

從大體言，一般大眾認為，美國工商界在處理有關消費者事務時，越來越不尊重公眾意見。在一九六○年代，接受調查的消費者羣，有百分之七十的人士認為，美國企業界力求在追求利潤和提供服務兩者之間維持平衡，到了一九七二年，抱持這種看法的人士只有百分之二十九。一九六○年代初期，工商界感受到消費者對工商界信任度下降的壓力，當時，他們採取立卽的反應，或戲劇性的表示對消費者的同情，而不尋求長遠的解決之道。除此之外，許多企業界領袖對消費者事務的認知，只有幾分鐘的熱度，不久就淡忘了，以致於許多企業界人士乘虛而入，指出許多消費者的問題，逼使企業經理人員不得不採取行動。最近，企業界已經體會了消費者事務的重要性，也知道企業界必須起帶頭作用來解決他們的問題。

有的企業願意視消費者權益為重要要件，甚至於抵制素行不良的產品，巨人食品公司（Giant Foods）由於有部份供應廠商不願在商品

上作適切的標示，寧願不賣這些產品。這樣的舉動不只是對不肯反應消費者需要的廠商施加壓力，更重要的是提升了該公司的公共形象。

五、對消費者的共同反應

消費者事務聯合組織在過去廿年當中已經成為大部份企業與消費者之間的附屬裝置。此項組織的功能可以從各種不同名稱獲得解釋。譬如公共事務、顧客關係、消費者關係、消費者維護或公共關係，不管此項組織是什麼名稱，他們的功能，是從外側去推動企業與消費者之間的關係與協調，從內部去影響企業最高決策與管理圈子，使他們深入瞭解消費者事務，以採取因應對策。負責處理消費者關係的組織，通常解決消費者申訴，傳播有關消費者資料，將消費者事物傳遞給經理人員，以及與其他維護消費者權益組織打交道。

通常，處理消費者事務的單位，與企業發展公共關係的功能是息息相關的，自屬當然。因為消費者是公關人員必須要去服務的一羣大眾，而消費者事務的設計與掌理，因企業大小、性質、產品或服務種類的不同而互異。雖然接近消費者的方式各不相同，但有共通特性。處理大眾事務的單位能夠直接對最高管理人員報告，以利最高管理人員在問題擴大之前就能深入瞭解與認識，進而影響決策的制定。

六、組織結構

美國施白樂百貨集團（J. C. Penney —— 美國三大百貨公司集團之一，在全美有三千餘家分店）公關組織（圖八）。教育與消費者關係部門是在公共關係經理、公共關係副總裁、公共事務副總裁監管下的一個公開部門。此種組織結構致使專業幕僚人員與企業其他運作功能很自然地與公眾關係功能相結合。消費者關係部門自公共關係部門獨立出來的

利益，在於各個專業團體各自發揮所長。在教育與消費者關係部門中，有三個發揮功能的團體：第一個團體是由施百樂公司所資助，專營各種消費者刊物的發行。第二個團體是專司每年透過當地商店的教育運作，對消費者事務進行協調與拓展。第三個團體是個消費者關係小組，專營反應各種資料的組合與發展，使消費者能夠參與。

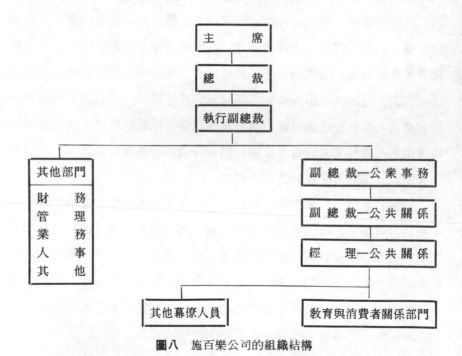

圖八　施百樂公司的組織結構

　　美國大通銀行 (Chase Manhattan Bank) 的消費者事務團體可以接近該銀行的最高級主管人員、在美國大通銀行（圖九）公共關係副總裁與理事，公共協調最高副總裁所組成的單位，直接受主席與最高執行長官所指揮。由於此項組織結構，消費者事務部門對最高管理部門負責，輔導消費者，以及接受高級經理人員指示，掌理消費者訴願事宜。許多消費者訴願事宜，經過正常管道上達，但事情並未獲得解決。在此

情況下，美國大通銀行的消費者事務部門可以請求掌理訴願的副總裁進行解決。

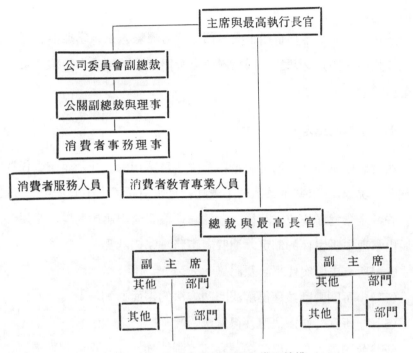

圖九　美國大通銀行的組織與結構

　　頗多諸如美國大通銀行這類有許多部門的大公司，把消費者事務團體設立在公司的公共基礎上，而不是把它看成一個部門，使消費者心聲可以成爲企業決策的參考，進而影響企業的前途。因此，消費者事務部門不能僅僅是個申訴部門，只有極少數的大型機構，同時把消費者事務團體設立在公司公共基礎和部門水平上。

　　消費者事務幕僚人員：消費者事務單位幕僚人員組織和地位各不相同。有些機構只有一名消費者事務專業人員，有的機構參與消費者事務的幕僚人員達到數百人，通常此幕僚人員被編列成許多單位，以處理各

自的業務，譬如接受申訴、發行公共刊物、教育消費者等工作。通常此團體的運作與企業內部其他公共關係團體的功能相結合，成爲一個重要整體。

通常，一般企業都是從企業內部遴選有經驗人士來掌理消費者事務單位。此種作法是必須的，因爲處理申訴與調查問題的人必須是對企業瞭若指掌的人士。

七、申訴的處理

消費者申訴是掌理消費者事務單位最爲關切的，此乃企業責任觀成熟唯一的現象。有些企業甚至不讓此種權限直接參與消費者申訴的問題。許多企業爲了快速，前後一致的處理消費者申訴的問題，都用心的發展出掌理申訴案件的制定，消費者事務專家們認爲:

(一)所有申訴案件都必須記錄下來。

(二)申訴團體應該獲得解決問題方法的書面通知。

(三)申訴案件必須快速獲得解決。

(四)公司內人員和部門必須立即接到通知，並且瞭解因應措施。

(五)申訴案件的模式必須繼續加以研判分析，並且尋求可行的防範措施。

美國大通銀行消費者事務單位的運作方式是符合上述要求的好例子，他們把消費者申訴案件加以分析整理，規劃出二十五種類型，按月在公司內部的每一個部門加以公告，從此項分析來制定事先防範之道，在公示的報告中，附帶一些代表性的信函，以利最高管理人員從此信函中獲得最佳提示。譬如，該公司公告一封由貸款部門發出，催顧客繳貸款信函，以利銀行經理人員知道，激怒顧客不但不能使顧客提早繳回貸款，甚至會損及公司形象。此信函的公佈也促使該銀行改用堅定而合理

的口脗催繳貸款。

　　美國大通銀行的消費者事務組織執行了許多未雨綢繆的措施。每一封來信都可能是來自不滿意顧客的訴怨，雖然他們的訴怨不是針對這家銀行的，爲了發掘這些隱藏的問題，一封封經由總裁親手簽名的問卷式調查表發送到各個分行（如附表）。這個問卷式調查表是由消費者申訴案件累積、綜合編輯而成，並經由最高管理部門親閱，企業擁有最先進的消費者事物資料，以提供產品或服務方向策略制定的參考，是非常重要的一環。

八、消費者關係調查

　　消費者關係調查依美國大通銀行對顧客的問卷調查例，其問卷內容：

(一)通常你如何處理你的銀行事務？ 1.親自到銀行。 2.以通信方式。 3.使用提款機。 4.使用駕車服務臺窗設備。

(二)常去你的存款銀行嗎？ 1.每天一次。 2.每星期一次。 3.每個月兩次。 4.不去。

(三)你對出納員的評估

	很好	滿意	不良	不知道
1.禮貌	(　)	(　)	(　)	(　)
2.效率	(　)	(　)	(　)	(　)
3.服務速度	(　)	(　)	(　)	(　)
4.敬業精神	(　)	(　)	(　)	(　)
5.對你的幫助	(　)	(　)	(　)	(　)

(四)你對職員的評估

1.禮貌	(　)	(　)	(　)	(　)
2.效率	(　)	(　)	(　)	(　)

3. 服務速度　　　　　　　　（　）　（　）　（　）　（　）

4. 敬業精神　　　　　　　　（　）　（　）　（　）　（　）

5. 對你的幫助　　　　　　　（　）　（　）　（　）　（　）

(五) 你在本行的帳號已經使用了多少年？ 1.五年。 2.二～五年。 3.一～二年。 4. 一年以內。

(六) 你在本行辦事感到很方便嗎？ 1.很方便。 2.尚可。 3.不方便。 4.不知道。

(七) 你對本行工作人員的外表感到滿意嗎？

　　1. 乾淨度　（1）一向很乾淨　（2）有時很乾淨　（3）不常乾淨　（4）不知道

　　2. 整齊度　（1）一向很整齊　（2）有時很整齊　（3）不常整齊　（4）不知道

(八) 爲了提供更良好的服務，請告訴我們你是

　　1. 男性　（1）25歲以下　（2）25～34歲　（3）35～50歲　（4）50歲以上。

　　2. 女性　（1）25歲以下　（2）25～34歲　（3）35～50歲　（4）50歲以上。

(九) 本行尚提供他項服務嗎？ 1.活期存款。 2.儲蓄存款。 3.聖誕俱樂部。 4.其他。

附表　美國大通銀行對顧客的問卷調查表

　　奇邦公司 (Chesebrough-Ponds Inc.) 收到顧客申訴函，該公司的嬰兒毛巾有油質從包裝盒底部溢出。該公司爲了反應顧客要求，以免失信於消費者，立即發佈通告，請消費者將包裝盒倒置一段時間，以利盒內油質重新分配。消費者寫信給舒潔衛生紙公司，宣稱該公司的面紙放射出奇怪的異味，該公司立即深入調查，把整套氣閥翻轉過來。可口可樂公司接受消費者事務部門指導員的建議，把吊牌內的文字改爲「每喝十盎斯的可樂，吸取一單位以下的卡路里」，而不再欺騙消費者說，「每喝一盎斯的可樂，可吸取 $\frac{1}{16}$ 單位卡路里」。以上的例子，都是因爲消費者事務單位的提醒，以利在問題發生前採取有效的防範或修正措施，免去公司發生鉅額虧損。

九、消費者資訊

消費者保護運動的一個大前題是，消費者在購買商品之前，並沒有適切的資訊可供參考。商品或服務的傳送無遠弗屆，越是複雜的配銷，所衍生的問題就越多。消費者因爲不當使用商品，沒有善加保存，或是購買了不是所要的商品而發生許多麻煩。掌理消費者關係的單位有責任簡化商品的保證書，使它易於充分明白商品的特性，清晰易懂的使用說明書，以教育消費者選購符合他們需要的商品。

施百樂百貨集團全力的在消費者資訊方面努力，以改進產品標示，並且向公衆說明如何閱讀商品的保證書與標示，藉着當地的門市部進行消費者計畫或教育計畫，以幫助消費者獲得商品資訊。

十、消費者團體是消費者與企業之橋樑

消費者事務部門或消費者基金會業已成爲消費者向企業管理人員傳達信息的代表，大多數掌理消費者事務的專業人員都能體認自己的重要工作，卽將消費者的心聲傳達到企業內部各階層管理人員，進而影響決策者針對消費者需要制定策略，因此消費者事務部門也是企業內部的橋樑，他們必須在顧客的需要、消費者的要求與企業目標之間尋求平衡點。公關專業人員的責任就是在此。

個案研究，消費者資訊的輸入、消費者關係部門有效的運作，不但把產品資料提供給消費者，也要使產品符合消費者的需要。公共事業，尤其是電話公司，應該明白這種需要。此種行業擔負着很重大的責任，因爲他們的服務對象是廣大的羣衆，包括各種年齡階層、職業及各種利益團體，與各種不同經濟水準及教育水準的人士。如美國印地安那電話公司 (Indiana Bell Telephone) 在一九七九年設立了消費者顧問委員會以進行與消費者的溝通計畫，該委員會與公司的顧客代表小組進行

公司與客戶之間的雙向溝通。

該委員會有十五名委員，他們代表了印地安那公司所服務的地區，及包括以下各階層人士的代表：青少年學生、家庭、老年市民、殘障者、低收入民眾、少數民族、城市民眾、市郊區民眾、鄉村民眾、小型企業與非營利事業組織等。其餘小組人士來自專業用戶、道德團體、消費者與用戶團體，消費者用戶團體並不代表任何組織或營利團體，他們在維護自己的職業或個人利益則是一羣獨立的個體。委員會則由一位大學教授來主持，他是一個獨立的代表。公司唯一的代表則是一位消費者事務專家，也是這個團體的秘書。該委員會的宗旨是：

(一)在印地安電話公司和消費者之間建立溝通管道，以維護共同利益。

(二)促進公司與消費者的相互瞭解。

(三)研究政策的協調性與可行性。

(四)對公司提出正式的意見。

(五)找出潛在的，尤其是將來可能發生的問題。

小組組員必須同意，除了運作的必要開銷之外，沒有任何酬勞，除了推選電話公司內部人員或邀請專家蒞臨之外，一切會議都是非正式，並且不對公眾開放。委員會進行期間，小組成員或電話公司都不得對外發表，小組成員任期是一年，可以連選連任。

該委員會每月召開兩次會議，研討廣泛的問題，包括印地安那電話公司如何應付小型企業的需要、設備的增減、廣告策略、為老年人或殘障者的服務或設備的增設、本地的接線服務、查號服務費的制定，以及維護用戶權益的制度等說明。

印地安那電話公司的職員們認識消費者顧問委員會在影響公司決策的重要性，開會的決議記錄將會傳送到最高管理機構的各部門首長。

第三十章　城市問題及社會環境

第一節　公關人員對城市問題的責任

　　任何企業公共關係的主要目標，是對社會的認知，對社區問題保持
敏銳的洞察力，並且能與社會各階層保持敞開的協調。企業的公關人員
必須能夠把機構的政策和運作方向向城市的公衆傳達。

　　城市中的窮困者也是重要的公民，每一個企業都必須能反應窮人的
問題、需要與意見，不論這些窮困者是否是企業的產品或服務的消費
者。

　　當政府幫助少數民族或城市中窮困者計劃，其規模或程度有所縮減
時，工商界尤其擔負較重的責任，尤其是實際存在的失業問題和種族歧
視問題。

　　公關人員有責任喚起他所服務的企業，仔細評估未來的城市問題與
需要，並採取適切反應。

　　城市窮困者是一羣人衆；工商界已經深切瞭解他們是城市公民一分
子的重要性，由於這樣的認知被強化，公共關係運用的範圍更加成長。
公共關係業已成爲大多數企業爲了擔負社會責任，所使用的有效工具。
現代都市有一個特性之一是市中心快速擴散，農村青年向都市集中，以
尋找較佳的工作，這些年輕人大都受過良好教育。像聖貝特 (Sunbelt)

乃得天獨厚的都市，也匯集了不少失業的窮人，由於移民、難民、非法
移民等因素，致使就業機會相對的減少，除了失業問題外，還併發了許
多其他問題。

工商界認識這些問題，曉得自己不能置身度外，地方或都市政府必
須極力解決由都市中的窮困人引發的各種問題，醫療和慈善機構必須不
斷的向這羣人伸出援手。當省市地區政府縮減社會福利計劃經費時，私
有企業必須提供必要的服務，與找出各種問題的解決之道。

雖然城市中的窮困人羣或許不是工商界的主要消費者羣，他們卻是
不能忽視的公衆，城市的貧窮是工商業界的負面因素。因為工商界在控
制社會的資本與勞力分配時，不能否定這些窮困人的存在。從許多方面
來看，良好的企業環境是企業提供工作機會的條件，也是窮人向城市集
中的保證，所以協助窮人乃是企業的社會責任。公關人員必須把目標伸
向這些羣衆，因為他們是消費者，也是調節器，由於公關人員受過特別
訓練，會很合乎邏輯的選擇並向管理人員提供有關的城市問題，以作
為企業的行動參考。以下的分析說明了一位執行人員對公衆長期觀察之
後，所得到的新認識。

一、工商界與城市困境

一九六七年七月間一個炎熱的夜晚，吉姆‧羅傑 (James Roche)
坐在底特律市通用汽車大樓總經理辦公室內，他和他的同事都大吃一
驚，因為他們所看到的是美國大都市所面臨的同樣的危機，他觸目所見
的是底特律市有幾條街陷在火海中，許多城市內的工商界從業人員在炎
熱的夏天都會感到同一種現象的存在，廣大羣衆的煩燥不安，貪污與大
火摧毀了諸如美國洛杉機、底特律、紐約、華盛頓等大都市的有形財
產，使社會遭受鉅大的震撼。

突然，美國全國上下的注意力集中在城市腐化，以及過去幾十年間貧窮擴散的問題。雖然政府與工商界一直在注意着這些問題，並且想盡辦法去解決，一九六七年的事件重新引發人們的注意力。這些城市問題的嚴重性，致使他們對美國人民生活層面上的重大影響突然變得很清楚。工商界在過去幾年來的蓬勃發展，曾有成千上萬的人被摒拒在慈善大門之外，他們知道他們再也不能對慈善機構的捐獻毫無反應，以前被忽略的羣衆不願再被忽略，社會必須知道他們的匱乏。在此危機之下，美國政府與工商界反應各有不同，有時採取獨立，有時採取共同協商方式，致力於就業機會均等，對毫無工作技能的人進行職業訓練，協助少數民族的企業發展，改善其居住環境等。

這些努力改善了城市居住者的生活條件，並且使企業領袖認知，他們的企業必須擔負社會責任，十多年來針對都市窮人需要所作的努力，政府與工商界同時評估他們的工作成效，揭露了不切實際、浪費與不當的種種措施。在過去十五年來，政府與工商界反省了自己的失敗，毫無疑問的改變了公衆對美國工商界的看法與角色。對於社區問題必須保持關切，因此社會各階層公開協調非但沒有減少，經理人員對公共關係的反應更加強烈，公關執行人員必須能向公衆解釋企業所關切的是什麼，將要採取什麼行動，因爲這對公衆是很重要的。更緊要的是，公司公關人員必須洞察社區的社會問題，並且告知企業經理人員。這種企業和公衆之間的雙向溝通，可以發揮公共關係的功能，是企業反應城市問題最有效的方法。

探討美國一九六〇年代中期社會不安時期城市內的情景，就應評估政府和企業因應這些問題的成敗得失，接着我們還要探討社會責任，以及企業反應社會責任的效果，最後我們還要探討公共關係在反應社會需要的角色，並且探討它在反應社會需要時如何居間協調。

二、內陸城市窮困羣的問題

一九六〇年代， 潛伏在美國大城市的大部份問題， 都可以從窮困獲得蛛絲馬跡。 根據統計， 約有三分之一的美國貧窮家庭集中在城市中， 他們可能是這個社會中， 最為人所熟悉的一羣人。 這羣人越向內陸城市集中， 越使他們的生活條件更加惡化， 貧窮的情景也就更加明顯。

在美國各大城市中，貧窮家庭越來越多，少數民族尤其呈現出很不相稱的現象。 根據一九七〇年的統計， 黑人佔美國總人口的百分之十一， 然而在貧窮水準以下的家庭中， 有百分之卅四是黑人家庭。 拉丁美洲人與其他人種的情況也類似。拉丁區與郊外地區，因為衛生環境、公共設施與防火與都市交通設備較為不足，已經成為貧窮、失業、環境污染、 犯罪等的溫床。 此地區的文化現象， 有位名叫肯尼斯·卡勃來 (Kenneth Galbraith) 的經濟學家稱它為「貧窮的孤島」，它的貧窮來自於環境因素。在美國許多城市中，有許多強勁的力量在加速這種貧窮文化的擴散；這些力量包括了收入的不足所引發的飲食不當、 缺乏醫療照顧、 居住環境不良、 衛生不佳與暖氣設備不足等。除此之外， 犯罪率加增這個社會物質與心理的困境。

所謂貧窮， 並不只是失業或半失業狀況， 它應該包括士氣低落， 學習能力遭受腐蝕， 致使被稱之為國家棟樑的年輕人遭受各種引誘與敗壞所擊潰。貧窮還包括了經濟行為能力停滯不前、成本太高或風險太大。

六十年代末期到七十年代初期，美國大型產業感受到自己陷入困境中， 以及社會動盪不安所引發的環境現況，致使美國企業紛紛覺醒，擔負解決社會問題的責任。因此，城市中的窮人才漸漸被人注意，被認為是一羣必須去維持關係的公衆。

　　由於美國聯邦政府有計劃的推動所帶來的鼓舞，自一九六七年以後，美國企業對抗貧窮的行動逐有增加，投入更多的資金增加就業率、訓練毫無一技之長的人士、幫助少數民族企業、協助城市與地區計劃的推動與社區的保健活動。私有產業投入大量的金錢，透過各種社會服務機構資助貧窮地區。有一項調查報告顯示，二四七個接受調查的企業中，有一七五家宣稱，他們自一九六七年以來所提供的捐贈慈善基金大多使用在解決城市問題。這些企業要求把這些基金花費在各種用途，包括醫療保健、孩童的照顧、闢建休閒中心、輔導青年人、協助老年人、對少數民族企業的資助與社區的健康服務中心等。

　　一九六〇年到七〇年代初期，美國政府大力推動消除貧窮計劃。一九六一年所頒佈的地區再開發法案，對經濟蕭條地區提供專門職業訓練。緊接着，在一九六二年頒佈了人力資源開發與訓練法案，該法案協助技術工人的再訓練，淘汰原有技術以適應新的科技與經濟環境。同年，並頒佈社會福利修正案，由聯邦政府撥款資助失業人員訓練，協助支領兒童救濟金之家庭。這個反貧窮時代最具結論性的立法是一九六四年所頒佈的經濟機會均等法案，其目標是訓練沒有一技之長人士，讓他們有機會參與國家經濟活動，以減輕存在於現實社會中所得分配不均的現象。

　　政府雖然有如此的措施，但因效果不彰或官吏腐敗遭受詬罵，然而計劃仍然照常進行。一九五九年期間，美國全國人民有百分之廿二·四的人口被列入貧窮水準之下；到了一九七〇年，降到百分之十二·六。換言之，有一千四百萬人口擺脫了貧窮。美國繼而因為聯邦政府削減預算致使各種措施的實施舉步艱難，其長期效果很難以估算。但是這些措施證明一個事實，即工商界和政府可以聯手消除貧窮。

三、不合格的城市居住環境

一九六八年，由美國總統所頒佈的城市居住環境法案，對最低標準的房屋作了如下的評估：

> 貧民區的生活條件等於是否決了美國式民主政治的美好遠景；在美國式的政治遠景下，人民應享有相同的待遇、自由的選擇權、爭取較佳生活水準的機會，以及享受社會福利等權力，但發現有不計其數住在貧民區的人民並沒有獲得這些保證。

一九三四年年初，美國通過全國房屋法案，美國國會責成政府提供「最起碼標準的房屋」給每一個家庭，到現在為止，仍然有八百萬戶人家的房屋低於居住標準以下。根據一九七二年的調查，這些人士大多居住在出租房屋區，以有色人種居多，年齡在六十五歲以上，年收入低於三千美元，基於此，政府與工商界都是着眼於都市裏不合格居住環境的問題。

但是，隱藏在低於標準以下居住環境的問題背後還有更多問題，由於貧民區的窮困家庭所帶來的惡劣情況與不良的居住環境，致使許多中產階級人士紛紛遠離城市，相對的減少政府稅收，解決內陸城市問題的經費益形匱乏，乃是致使許多居住環境不良與無家可供居住等不滿人士渴望獲得房屋的原因。也影響了許多家庭的預算與安居樂業的基礎，產生黑白種族隔離與社會情況的惡化。居住環境問題是所有想要解救「日益惡化的城市」一羣人士最棘手的問題。

城市中土地昂貴又不易獲得，是形成房屋問題最大的原由，雖然房屋營建商能解決三分之一市場需求的問題，但他們對於解決這整個問題的貢獻不大，房屋的成本結合了建材、人工、土地、財源等各種複雜因素。近年來，這些成本增加相當快速，越來越多的人只能望屋興嘆。雖

然房屋建築工業是全國最大產業之一，許多小規模的企業僅能被侷限在偏遠地區經營，這些小型企業所能運作的財源很有限，他們承擔不起其他產業能協助解決內陸城市問題所擔負的風險。而且，根據經濟情況，大量生產「陽春型」的房屋以壓低房價的需要並非很明顯，卽使這些問題獲得解決，尋找足夠的財源以供應更多的房屋仍是相當困難。從經濟環境來看，風險最小的產業想要獲得財源已屬不易，遑論高風險內陸城市的投資。

工商界無力提供大規模可供居住的房屋以供應低收入民眾，政府對私人企業的補助也有同樣的問題，在政府中有個道格拉斯委員會，對房屋的需求作以下結論：

雖然房屋的需求相當龐大，解決城市危機的需要亦十萬火急，但存在着各種複雜的因素：

(一)財力的不足。

(二)議會的牽制。

(三)行政上的束縛。

(四)受社區水準的限制。

(五)私人參與的限制。

雖然私人企業在提供水準以下的房屋有諸多不足之處，但他們仍然願意擔負較大風險，甚至於僅能獲得極為微薄的利潤，提供低收入民眾買得起的房屋。私人企業最早參與提供低收入民眾買得起的房屋，始於一九四二年美國所頒佈的阿利根尼社區發展優惠計劃；這個計劃在匹玆堡實施，總共有二十個再發展工程，企業界以私人投資參與的金額高達五億美元。在費城史密斯克林公司着手社區發展計劃，對提高住屋水準、職業訓練、教育事業與資訊服務所作的貢獻至大。一個由 RCA 電子公司所資助的團體也參與城市房屋的重建工程，銷售給低收入家庭。

西屋電器在一九六九年也建造一批批低價的房屋出售，有幾家大型保險公司同意集資十億美元參與住屋興建計劃。仍然有不少企業相信，售價低廉房屋的廣大需要仍然能創造實質的利潤，並且投入研究與開發，終究必能解決低於水準的居住環境問題。

在美國各大城市市中心所作解決住屋問題的努力，不管是成功或失敗，有一個明顯的結論是，公眾的努力是必須的，包括新的技術發展以降低建築的成本，更多的私有企業參與貧民區的重建，清除老舊過時的房屋，以及政府的獎勵與補助。

四、失業與歧視的問題

在美國，惡劣的居家環境、城市的退化，都與失業、就業不足等因素有直接關係，此問題不斷擴大是由於種族和性別歧視所導致的結果。例如有不少的企業，工資低於貧窮水準就是一種典型的失業狀況，年輕黑人的失業率比一般民眾高出一倍。少數民族的歧視有兩種形態；一種是種族、膚色、宗敎、性別或國家來源的直接歧視；另一種歧視是制度性的歧視，以男性白人爲優先僱用或陞遷條件。

在美國社會中，種族的偏見普遍存在，尤其包括企業的管理。由於其政府的法令與規章，增加了人們對社會責任的認知，企業在僱用員工時由於此種認知，大大的減少了各種歧視的事件。美國有關歧視的立法，最值得注意的是一九六四年所頒佈的民權法案，此法案尤其明令禁止賠償、條件或僱用條款上有任何歧視，並且由美國就業機會平等委員會徹底執行，此單位對企業界人事單位與勞工組織都很有影響力。

美國正當直接歧視的現象漸被根除時，要完全根除歧視實在是困難重重，許多企業雖然在政策上除去了種族、膚色、宗敎、性別或國家來源的歧視，仍然是藉着與工作無關的各種要求，不僱用少數民族。就業

委員會針對這個問題制定法令，禁止僱主把學識標準訂得太高，或者要求受僱人必須通過與工作無關的高標準測驗。美國法院當局認為，凡是不肯僱用少數民族，又不能提出不肯僱用的合理解釋，歧視就可以成立。

美國住在城市的人士常因工廠座落地點或工作的所在地遭受歧視。城市土地不易獲得，價格昂貴，稅賦出奇的高，或各個城市的法令互異。由於這些不利因素，致使許多企業將生產設備安置在窮人羣居之地。因為可以提供工作機會的郊區交通不便，使居住城市人士裹足不前。前往企業所在地不但大費週章，住在貧民區也是這些人士所不願意的，尤其是白人、中產階級人士。

美國許多企業為了解決直接歧視與制度歧視的問題，紛紛與就業委員會通力合作，發展出政策上與作法上可行的辦法。這些辦法視各機構或公司的性質各有不同。但有一個大家都同意的根本觀念，就是在能勝任工作的少數民族人士與傳統找工作方法之間搭起橋樑，設立策略與目標發展，訓練少數民族人士並加以僱用。許多企業同意增設運輸系統。譬如使用交通車以解決城市到郊區工作的交通問題，也有些企業寧願把生產線設立在市中心，雖然郊區的成本較低。譬如，在美國加州有一家專為美國陸軍製造帳篷的公司，就是把工廠設立在洛杉磯的市中心，因為對該公司來說，把工廠設立在市中心對城市窮人是有利的，但這種方法並沒有被廣泛運用，也不見得適用於每個企業。

由於觀念的不斷改進，種族歧視與婦女的歧視等根深蒂固的觀念已經大為減少，這項榮譽應該歸給那些認定他們的企業不該再有各種歧視的企業領袖；美國全錄公司的董事長就是一個最佳實例，他推崇婦女工作人員與少數民族人士為公司最有效的管理人員。從整體來看，一個管理人員的可貴處在於他如何在重要關鍵下做正確的評估，如果他遭遇到

各方的反對而舉棋不定，就不會有令人滿意的評估。

五、少數民族企業

美國另一個會致使城市貧窮日益擴大的重要因素，是少數民族所擁有的企業規模小、員工少、成功比率又偏低。大多數少數民族企業都聚集在內陸城市，而白人掌握了猶太人地區與西班牙語區的經濟，有人鼓勵把少數民族人士的資金用來解決內陸城市的重要問題。如果居住在內陸城市的少數民族人士能掌握控制各種資源，有人認為這麼一來花費在猶太人區的金錢必然會回流到內陸城市與社區，提升這些地區的經濟地位。許多政府官員和企業領袖認為，如果能對少數民族企業善加協助與輔導，其結果必然會增加這些地區的就業機會。一般相信，促進少數民族企業資本的累積，由於自由市場的強勁力量，必然會減輕少數民族地區經濟蕭條、促進地區的繁榮。

美國有幾個政府與民間的團體，就是為了促進少數民族企業資本的累積而成立。 美國少數民族企業輔導署極力促進各項計劃的推展， 包括鼓勵在少數民族人士所開設的銀行存款等各種協助少數民族企業的政策，設立全國購買少數民族企業商品委員會，鼓勵工商界向少數民族企業購買商品，設立教育計劃協助少數民族企業，向少數民族企業放款，為少數民族與聯邦政府合約的擔保人，小型企業行政署亦向少數民族放款。今聯邦政府預算削減，但諸如此類的協助行動必須落在工商界與各種基金會的肩上。

也有許多企業獨立支持少數民族所擁有的公司。瑪提爾公司 (Mattel Inc.) 以財力支持一家由少數民族人士所擁有的辛達那玩具公司 (Shindana Toys)，前者也是一家製造玩具的公司，不顧後者可能危及市場佔有率毅然支持這家少數民族企業。將軍家電尤其是位佼佼者，

支持一家黑人老闆的公司開發與本公司相關的產品，還有許多協助少數民族企業以獲得材料供應的例子。柯達軟片公司在一九六七年組織了羅查斯特公司，以對少數民族企業放款。

雖然有許多的努力，少數民族人士所擁有的企業仍然佔少數。在美國，少數民族企業只佔百分之三，有百分之九十五的少數民族企業員工在十人以下，百分之三十三的企業年收益在一萬美元以下。仍然有許多大型企業竭力的協助內陸城市的少數民族企業擴建廠房或提供資金協助，不少企業因鉅額虧損而紛紛退出，興致勃勃的聯邦政府計劃也落得功敗垂成。一九七二年在芝加哥進行一項調查，有百分之八十黑人所擁有的企業，開設不到一年就宣告倒閉。少數民族企業大半為小型企業，他們集所有小型企業的問題於一身。這個邏輯與經驗給我們一個結論，少數民族企業不容易在內陸城市獲益，而且少數民族不適合經營大規模的專業管理的公司。

六、企業界解決城市問題所扮演的角色

我們探討企業界參與解決內陸城市各樣問題，並沒有因遭受失敗而裹足不前，各項努力仍然在進行着，二十多年來的奮鬥之後，要重新評估一番，對過去的功過作一番檢討，以制定下一步驟的時機已經成熟，一九六〇年代，政府與工商界紛紛感受到拯救內陸城市的燃眉之急，投下大量人力物力以防止繼續惡化，許多計劃都因為匆促行事或考慮欠週詳，一開始就注定失敗的命運。現在，政府與工商界都減緩了這些計劃的步調，工商界必須從過去失敗的教訓，仔細的研判，擬訂往後的作法。有幾位專家認為，如果企業界想要介入城市事務，必須先瞭解問題的真相，並且採取包括以下步驟的有系統管理方法：

第一、必須先決定公司的營業目標，包括對社會一般事務的責任。

第二、設立都市事務部門。

第三、與政府通力合作， 增加稅收， 與政府簽訂各種研究發很合
約。

一個企業有了這些計劃後， 設訂其目標、仔細評估參與這些工作可
能發生的費用。這些計劃的成本與利益分析必須提交上級，以確定有限
資源發揮最大的效果。任何大小企業都應該設立都市事務單位，共同達
成社會目標。一個專司城市事務的部門， 可以盡其功能，完成企業內部
公共關係的基礎工作， 直接呈報掌理此一事物的總經理或副總經理。這
種計劃主要的關鍵， 在於一個企業可以就自己的強弱， 決定如何才能提
供社會最佳服務， 並且就其專業技術， 使用他的資源來協助解決城市問
題。

這些計劃似乎是很清晰明白， 大企業似乎不可能因執行這些工作產
生反效益。事實並非如此， 當他們參與這些工作之後， 反而帶來更多問
題， 而不是依照社區人士所冀求的， 解決各樣問題， 最後只有遣散依靠
該企業賴以為生的員工。如果企業想擔負起政府的責任， 往往是註定要
失敗的， 在企業與政府之間有更多的團體同意讓私人團體參與財力的支
持， 當我們如此作時， 最好還是讓政府仍然發揮應有功能。

第二節　公共關係與城市問題

公共關係的角色， 在協助解決企業界反應貧窮、失業、居住環境不
良與少數民族企業等問題時， 能發揮三方面的功能：

一、企業界的公關人員必須協助管理人員瞭解內陸城市 的 各 種 問
題， 讓企業制定因應之道。

二、公共關係的功能是： 在企業和內陸城市社區之間設立雙向溝通

管道，以建立雙方的共識與瞭解。

三、公關執行人員還必須向社會大眾及政府，解釋企業的運作方向與策略，以獲得執行這些計劃時民眾的支持與信任。柏森（Burson）解釋現代公關執行人員在處理企業的社會責任時說道：

> 公關人員對社會的趨勢作了實質的評估。他們把各種政策作簡明而有系統的解釋，使企業對這些趨勢採取因應之道。他們對內或對外解釋這些政策。公關執行人員在公眾環境中有一個明顯的目標就是要確定「企業是人民的僕人」的原則。

當前公共關係部門經理人員最重要的任務是對社會趨勢的評估，公關人員必須能夠協助他們所服務的企業選擇各種值得注意的社會問題，以針對各種目標與資源加以協調，並且注意公眾對該企業反應其社會責任抱持什麼意見，企業若要在參與城市問題上獲得成效，必須瞭解各種公眾團體所期望的重要關鍵是什麼。時機尚未成熟，就急於要去解決某種問題，會徒增企業成本，損及企業與重要公眾團體之間的相互關係，導致該企業失去市場競爭力。同樣的，企業若在體認大眾需要與反應相關問題太過遲緩，也會導致企業與社區之間的不協調，以致失去法律立場與經濟的認可。

格魯寧（Grunig）的一項研究報告讓我們明白，那些事務是私人不太容易介入，各種公眾團體可以期望企業界能參與的。企業界對社會責任最重要的大前題——根據大家的意見——是提供品質最優良的商品或服務，修正企業先前錯誤的措施所帶來的負面後果：包括對抗環境污染、壓抑通貨膨脹、僱用少數民族人士、注意受僱員工的人性尊嚴。總而言之，此項研究報告敍述有關企業責任的每一件事都與社會計劃有直接關係，包括慈善事業、教育事業或都市腐化等問題，雖然有不少實踐主義人士主張企業不應該介入與企業經營無關的社會計劃。

接受調查的一九二家公司宣稱，各種公眾需要的資料與他們有密切的關係，有許多企業對社會的投資大多針對慈善與教育事業，使我們看到公共關係的資訊與這些決策評估是息息相關。如果公眾認爲，美國企業投入大量資源擔負社會責任，以服務他們所該服務的社會是毫無意義的，公關部門的經理人員就應該發揮他們的功能，去影響企業的決策。

第三節　社會環境的影響

社會環境對企業與居民的發展與安寧均有重大影響。如美國聖克里斯多福醫院在內陸城市某地蓋了一座多層建築物。新病房已啓用二年，卻是乏人問津，主要是因爲醫生對此處不感興趣，也沒有病人前來就醫。其原因是人們對犯罪的恐懼感。醫院座落在高犯罪率地區，以致病人不敢來。曾經有位護士小姐在往醫院上班途中遭人姦殺，其罹難的地點距離醫院很遠，因爲她在醫院工作，大家都以爲她是在此地遇難，醫院不得不在公關方面研究改進之道，該院乃在大樓的頂樓提供免費住宿與辦公室套房，使醫生和護士能安心工作，更使醫療業務力求改進，俾病患亦能得到滿意的照護和醫療。

第三十一章　國際社會的公共關係

在一九五〇年代，我們聽過「醜陋的美國人」這個字眼，這個字眼代表在全球各地橫行無忌的美國人、民族優越感、唯物主義、冷酷無情。一九六〇年代，美國企業受到越戰的牽累，在美國國內，在海外都被人詬罵，尤其像美國銀行和多爾化學公司這類大公司。

一九七〇年代，有好幾家美國人經營的跨國際公司相繼因涉嫌顛覆智利政府，與拉丁美洲、比利時、日本政府官員勾結；在七三到七四年阿拉伯國家石油禁運期間，利用在美國的利息支持安哥拉的共黨叛亂、參與南非的種族隔離制、支持阿拉伯國家對以色列的聯合抵制、操縱國際貨幣市場等舉動，遭受世人非議，美國政府才着手跨國企業的監督與管理。

最近十幾年來，美國的跨國企業面臨了很大的挑戰。他們面對來自西歐、日本、韓國、中華民國、新加坡、巴西等國的跨國企業強烈競爭，腹背受敵，美國跨國企業的經營與擴張手段，在各種不同的政治、經濟、文化環境中圖謀生存，所帶來的影響備受世人爭議。未來，美國跨國企業的經濟能力，與美國跨國企業在其國內或在國際市場所帶來的政治、文化影響相比較，要薄弱得多。因此，從公共關係的廣泛意識來看，美國跨國企業與世界的繁榮，兩者的相互依賴關係是密不可分的。

第一節　跨國企業的發展

雖然跨國企業的起始可以追溯到十七世紀時代，荷蘭人和英國人在亞洲等地經商的歷史，我們所知道的跨國企業其實是二次大戰後，許多公司把經營的觸角從本地向海外伸展的一種經營結構。由於電訊與交通發達，全球性的管理經營方式可以實際加以運用以發展經濟；由於各地的經濟規模不同，運用專業知識來經營，使得跨國際的公司有利可圖。國際間經濟的相互依賴也是跨國企業必須存在的理由。

嚴格說來，所謂跨國企業就是在幾個不同國家間進行直接製造和市場投資。此種在其他國家的投資，和在國內投資的原因相同，就是爲了獲得具有競爭力的成本條件，減低運輸成本，接近原料供應地區和市場，獲得低廉的勞力成本，以及理所當然的希望投下的資金獲得相當的利潤，工商界到海外求發展，以獲得國內市場無法提供的更佳機會。因此，跨國企業成長快速、蓬勃發展。

由於跨國企業在海外許多國家同步運作，在自己國家和在地主國家政府與企業之間產生了許多問題，有些跨國企業的資產和人數超過了地主國，此項事實加重了問題的嚴重性，從國際觀點來看，他們缺乏國際政策的整體運作體制，削減了經濟效益。

二次大戰結束後的三十多年中，美國的跨國企業在世界各地市場上呼風喚雨。但最近十年來，西德、日本、法國、荷蘭、英國、加拿大與其他國家的企業參與國際事務有增無減。由於美元趨於弱勢，美國的經濟成長與其他國家相比趨於緩慢，勞力成本上揚，以及美國政治和經濟的不穩定，都是導引企業界到其他國家投資的誘因。像美國公司在其他國家設立分公司一樣，其他國家在美國設立的跨國企業也遭受指責。譬

如，取消外國公司購買美國農地的限制正說明了外國人在美國設立的跨國際公司也開始體驗到在美國的公共關係的問題，雖然美國企業大多數仍然是私有大財團跨國際形態，他們在自己的國家卻沒有立足之地。

私有跨國際企業目前所面臨的燃眉之急是，全球社會和經濟改變所帶來的壓力，跨國企業的重要性難以預估。一九七五年，美國人在海外的經濟行為佔了國民總生產毛額的百分之十五，整體利潤的平均值是百分之三十，相當於一千萬個工作機會。在美國的許多大企業參與國際運作，所獲得的利潤超過全部利潤的百分之五十。

跨國際企業的重要性與規模成為強烈爭議的主題，這些爭議大多圍繞在幾個有關多國運作的層面上，我們往後要繼續探討這些爭議的內容。

第二節　有關跨國企業的爭議

跨國企業成為最受爭議的一環——經濟、政治、社會與文化等各方面的不協調，跨國企業在本國，在地主國都受到非議。其根本問題在於他們是個人不負責任經濟特權分子的工具，與經濟帝國主義的代理人。代表着壓榨、扣奪。商業哲學家理查‧艾爾斯（Richard Eells）說，超大型的跨國企業都曉得自己是個不顧社會公理的獨立特權中心，喬治‧蘇爾（George Sawyer）則認為跨國企業最大的難題是介乎該企業的需要，希望在法律的允許下運作，與只在某些特定法律上有效調節社會需求的能力。但是我們不可忽略一個事實，若非政府的允許與地主國法律的保障，任何企業都不可能經營。

明確地說，跨國企業所以受爭議有三個重要因素：一是就業與資本的輸出，二是科技與管理知識的轉移，三是對未開發國家的剝削。

第三節　就業與資本的輸出

　　諸如美國聯邦產業工會勞工聯盟的勞工組織，責罵美國的跨國企業把美國的就業機會移轉到國外，增加其他國家的產能，然後把產品銷售到美國市場。成衣與電子產品尤其是最為突出的二大項目。但是，從各方面的調查報告顯示，美國人在海外的投資可以提高美國的就業率，一九六○年到一九七○年期間，美國人的跨國際公司所創造的就業率是一般公司的三倍。

　　吉姆・科克（James Cook）對於跨國企業將其他國家商品帶到美國來銷售這件事作了評估說：「就整體來說，美國人的跨國際公司並不是到海外尋求低廉勞工，像中華民國、香港、韓國、巴西、墨西哥令人羨慕的勞動成本低廉國家，紛紛為增你智、德州儀器、RCA 與蘋果牌等美國公司，製造物美價廉的收音機、玩具、鞋子與成衣，但是美國商務部估計，美國人的跨國公司每年的總收益超過五千一百五十億美元，其中回銷到美國市場的產品只相當於百分之七而已。」

　　為了確定有關跨國公司出口資本與導致美國國際收支不平衡是否屬實，財經雜誌對一○五家跨國企業一九七二會計年度的收支情形進行調查，其中有十家公司宣稱，該年度的赤字是四億四千六百萬美元，其餘的公司則是盈餘七十七億美元，其中淨益是七十二億五千萬美元。

第四節　技術知識的轉移

　　美國國會人士與其他相關人士對跨國企業的指責，乃因其將精密的科技、生產技術與管理知識銷售到國外去，傷害到美國企業在國際市場

的競爭力與國家整體利益。電腦、飛機、車船，先進的工廠設備、自動設備技術、鑽油設備、精鍊設備等都是備受爭議的項目，雖然這些指控很難獲得結論性的答案，跨國企業的支持者對這項指控的反駁有二大綱領：第一，跨國企業基於敏銳的洞察力維護自己的利益，使自己處於市場競爭的有利地位；最近可口可樂與 IBM 停止在印度的營運，顯示了不願屈服於印度政府，以保守自己商業機密。第二，跨國公司自以為傲的是，他們在管理技術與智慧財產技術方面執世界牛耳地位，而且提升未開發國家的技術到應有的世界水準。

　　跨國企業最受人議論的問題是，避不開對未開發國家勞力剝削、消費者剝削與資源剝削等嫌疑，尤其是破壞了地主國文化與社會結構，敗壞地主國政府或工商界領袖等。

　　事實上，美國跨國企業對海外的投資只有四分之一是前往未開發國家，而且大多數國家都非常歡迎，其中開發中國家的投資佔了海外投資的百分之四十，而且以下列十個國家為集中地：墨西哥、巴西、阿根廷、哥倫比亞、秘魯、南韓、中華民國、香港、菲律賓與印尼。這些國家的快速開發，不但是勤奮的人民與豐富的資源所帶來的結果，而且也是這些跨國企業的貢獻與這些國家響應資本主義制度使然。雖然跨國企業在這些國家投資的制衡力量很輕微，但對這些國家的政治、經濟、科技、文化方面的影響力卻相當的大。對這些國家而言，所謂投資就是開發，也就是解決社會問題的必經之道。

　　為了對跨國企業在未開發國家的投資所帶來的影響作目標性的評估，美國國家計劃協會在過去十五年之間作了十二項研究，發現跨國企業對於新產業的開發、科技與管理技術的移轉、刺激投資有革新與催化作用；也就是說，跨國企業對所有不健全的社會提供了開發的機會，包括教育、住宅、保健設備及交通建設等。

指責跨國企業脫不了剝削罪嫌的人士認爲，未開發國家企業界所能享受的利潤水準相當的低。跨國企業則自我抗辯說，他們必須擔負搖擺不定的政治社會體制、尋求開發新資源與擔負市場的風險。地主國的內戰，例如在伊朗與尼加拉瓜的內戰期間就削減資本的運作能力甚至血本無歸，這使跨國企業所面對的風險更加的擴大。跨國企業並且指出，他們對地主國的物質貢獻相當的大，包括增加國家財政收入與個人所得，獲得現代技術與管理技術，而他們不必擔負投資的風險。

在過去，這些未開發國家擔心跨國企業會左右該國的國家事務，對跨國企業的依賴、經濟的壓榨與傳統文化的破壞。這些擔心可能是殖民主義的遺毒，最近這些擔心因越來越多的國家陸續的開發而消除。《基督教科學箴言報》的大衞・法蘭西斯 (David Francis) 指出，有不少國家的官員對跨國企業的看法，比較少意識形態，而是以實踐主義與樸實坦誠的心態來看。資訊分析中心指出，美國人透過跨國企業來協助未開發國家，許多開發中國家都感覺到似乎是一家外國公司向他們的海岸登陸。

第五節　跨國企業的賄賂問題

一九七〇年代中期，如果有人提起跨國企業這個話題，不可避免的一件事實是，人們必然把它和賄賂聯想在一起。企業界都普遍存在着「對相關官員額外付款」的行規，美國航空、海灣石油、固特異輪胎、Braniff、3M、Northrop、Lockheed、United Brands，以及超過二百家以上的企業私下承認有額外付款或有損別國政治聲譽的行爲。他們的承認常常成爲報章的頭條新聞。美國國會在一九七七年通過了海外貪污實施法案。

　　對外國官員的額外付款由來已久。十七世紀英國的東印度公司對滿清政府官員施以昂貴的銅石彫刻品、油畫等的賄賂，因而享受了出口貨品免稅的優惠。社會學家圭妓曼 (M. S. Gwirtzman) 與諾瓦克 (A. R. Novak) 解釋說，在這些國家流傳有關賄賂的觀念：

> 由於跨國企業必須要深入瞭解這些土地上的歷史與社會結構，才能夠大展鴻圖地從事商業活動。亞洲與非洲的市場經濟與我們所知道的，「商品與服務的功能是由品質與價格等競爭來調節」的觀念截然背道而馳。這些地區經濟發展的環節是很錯綜複雜的，部落式的統治與寡頭政治左右了社會的相關性，家庭關係與相互義務、部落式的形態在左右着社會。

　　譬如，在中東地區，付給政府官員的小費就相當於美國餐廳裏的服務費。付點小恩惠可以降低預期的年支出。從安裝電話機到數百萬美元的合約，都離不開小費的。

　　這兩位社會學家又指出，在這些國家中，收受小費並不見得是「無心的貪污」。而且很難在合法的贈予、合法的支付、佣金、保護費、勒索與賄賂之間劃分界限。譬如，南韓執政黨的黨主席要求海灣石油公司付給該黨一千萬美元的額外付款，否則要擱置該公司三億美元的投資案。如果海灣石油要求把該項額外給付降低到三百萬美元，可能會引起很大的爭議。

　　在西德、日本、法國、英國、義大利、瑞士或其他國家，他們的跨國企業付給當地的賄賂卻不會令政府官員，也不會令人民感到尷尬。美國花旗銀行東京分行的副總經理凱雷曼 (Raymund A. Kathe) 說：「違反賄賂法並不會為跨國企業帶來困擾，仍使他們一路笑口常開的來到我們的銀行。」

　　但是在美國，對於賄賂事件的反應就極為強烈。先前有過一個案

子，United Brands 涉嫌對宏都拉斯前總統一百廿五萬美元的賄賂，以減低香蕉產品的稅金，致使該公司總裁自殺，股票下跌了四十個百分點，使巴拿馬採用該稅制與取消對宏國的關稅讓步；其他公司情形亦然，不是較輕，就是較重。譬如美國海灣石油公司與洛克希得公司由於涉嫌巨大國際賄賂醜聞，高級首長紛紛被撤職。

一九七七年美國海外貪污實施法案明令禁止:

一、州際商務使用電話或信件爲工具以推廣。

二、直接或間接的支付，或支付「任何有價值」的物品。

三、海外官員或任何政黨官員或其候選人無條件的授權。

四、如果付款的目的是賄賂以要求收受者執行某項法案或禁止某項法案。

五、以這種法案協助該公司獲得或保有經營權，或直接致使某人獲得或保有經營權。

違背上項規定之公司最高罰金可能高達一百萬美元。公司的執行人員有意的知法犯法，最高可能被判五年徒刑，或一萬美元以下的罰款。商業條例有一條款宣稱，公司的監察人，尤其是負責決算的委員會若疏於督導，致使公司違反上項法令，亦須擔負連帶責任。

各項說明有關海外貪污案，其中之一是伊頓公司 (Eaton Corp.) 揭發大眾傳播的報導，將可疑性付款的內容敍述。另一個案例是有關 AMF 公司在義大利的子公司:無法適應當地市場情形，以特別低廉的價格出售子公司。

一九七七年初，美國設立在克里夫蘭 (Cleveland) 的跨國際大財團伊頓公司自動對轟動世界的「有問題付款」作深入調查案例。該調查由伊頓公司董事會的監察委員會負責。調查的結果提供給外滙與擔保委員會，並透過大眾傳播工具向大眾報導。

伊頓公司揭發一九七六年一到十二月三十一日付給國外的有問題付款總金額四百三十萬美元。此項資料是由外滙與擔保委員會所發佈的報告得知。該資料評論該公司主席溫曼德（Mandell）的自動調查報告指出，該調查發現沒有政治性交待不清的款項、銀行往來的紀錄或任何不宜作公開說明的支出。該報告指出，該公司因某些經銷商和銷售代理商的要求，所有的開支雖然在國外付給，都屬合法，該項給付每年約為八十六萬七千美元。佣金的支付或許違反、或許不違反接受者國家的法律。但付給海外子公司的支出並沒有違反美國的法令。在海外的子公司過去五年來，支付給政府登記有案的受僱者是二千一百七十七美元。非政府登記有案的顧客是二萬五千一百二十六美元。此外，支付給國外代理商的佣金是九萬一千八百三十五美元，這些支付款項大部份是由代理商滙給政府認定的顧客的受僱人。伊頓公司宣稱，沒有任何回扣。

在美國的伊頓公司宣稱，他們的調查發現，有一位受僱人獲得該公司政策性捐款中的一百美元支付餐費，不久該受僱人歸還該筆費用。另外有一位受僱人獲得一星期的休假，休假期間薪資照常發放，該受僱人卻為美國州政府工作，有二位僱員為一個政黨辦事務，獲得一千一百美元。

這項調查報告又宣稱，有某些情況是伊頓公司的內部政策，基於道德考慮，並不適合向外界發佈。溫曼德說，該公司業已禁止再度發生上述事態。

其他如 AMF 公司是製造煙草加工機器的廠商，該公司在義大利附設子公司。其在一九七六到一九七七年之間，揭發一件「有問題的海外支出」，金額為三百四十萬美元，報告中並宣稱，這筆開支的下落勢必影響該公司在海外市場的競爭能力。該子公司牽涉到其總公司問題最大的一筆開支，他最主要的買主是州立煙草專賣廳，最大的競爭對手是德國、英格蘭與義大利的公司。

一九七七年的九月，其總公司將子公司出售，圈內人士宣稱原因是該子公司無力使一切開銷合法化，其總公司認爲子公司缺乏競爭力。一九七六年，子公司的總營業額是五千九百萬美元，淨利是七百萬美元。購買該子公司的是一家義大利公司，以七百萬美元現金購得該子公司的全部資產，其總公司原訂售價是一千四百萬美元現金與抵押品。

第六節　跨國企業的公共關係

跨國企業的公共關係範圍相當遼闊，除公關各項技術與技巧外，還牽涉到各種文化的敏感問題，公共關係在跨國企業的功能可以從三個不同層面來說明：

一、公關執行人員是跨國企業在母國的代表人。從整體來看，代表該企業與該企業的海外機構和公眾意見、政府政策作協調。

二、國際公關是基於企業在國外的運作與分處在世界各地分支機構最高管理人員之間，存在着不可避免的鴻溝，卽國際公關乃兩者之間的橋樑。

三、國際公關運作必須根據公司在世界各地不同地區公司的指導。曾經帶領過二家跨國際公司公關人員提供跨國際公司公關運作的四個重要項目：

(一)指導與查對每個公司在每個國家的公共關係資產與負債。

(二)針對政府特定政策的關係、政治歷史與目前或將來可能發生的問題向公司提出說明。

(三)分析地主國的政治與公眾傾向。

(四)與其他跨國公司交換資訊。

跨國公司在地主國的公共關係，長期以來肯定一個事實：　卽參與

國際經濟活動的成功，是基於他們在國內政策的成功。美國政府支持其跨國企業的歷史相當久遠，可以追溯到一八〇一年美國海軍攻擊巴巴利海盜，以利楊基船隊通暢無阻。一九六五年美國財政部長弗勒(Fowler)稱；自始自終，美國政府一直在尋求以擴張跨國企業的角色，使他們成爲自由世界經濟健康與茁壯的工具。

美國各地政府有三十多種不同政策方針，影響着跨國企業的運作。其國內的政治環境亦受國際的牽累，這些政策方針可分爲八大類型，權力非常明顯，在司法權上亦有十多種不同主張。總而言之，美國跨國企業和美國政府之間的關係很錯綜複雜。

其他國家的跨國企業不像美國的跨國企業那般受到政府的種種約束，包括反賄賂、反貿易抵制等方面的立法、企業的稅捐與美籍員工的約束、政治性的貿易障礙、反托拉斯及環境保護人士所帶來的壓力。美國跨國企業與州立企業或州政府財力支持的企業之間競爭，案例不勝枚舉。《商業週刊》曾經刊出一篇有關美國跨國企業與華盛頓之間關係的特別報導宣稱：美國的跨國企業猶如一個行動不便的龐然大物走進了瞬息萬變的世界市場中，美國跨國企業的執行人員對華盛頓是言聽計從，甚至於當華盛頓頒佈了搖擺不定的政策，危及他們在海外的利益，甚至於會使海外投資血本無歸的法令時，美國的跨國企業依然將之奉爲圭臬。

美國華盛頓方面的冷漠，似乎可以溯源於不明白跨國企業在其國內國外經濟環境所佔的確實重要地位。而且，跨國企業不像國內某些著名且強而有力的政治團體，如工會組織等受重視，尤其根據一九七三年的公衆調查發現，一般民衆認爲美國聯邦政府允許跨國企業在海外的擴張，只會令人失望，因爲如此擴張削減了其國家的收入，譬如削減政府的稅收，使就業機會相對的減少。

　　公眾的敵意與華盛頓的漠不關心，是由於跨國際公司能夠有效而廣大的擴張其在國內的公共關係，此種有效擴張的原因是由於跨國企業具備了說服力，使人信服的特性，與自我辯論的能力。

　　為了改善人們對跨國企業的認識，與跨國企業終必能改善美國的環境品質，公關執行人員必須將跨國企業的決心公諸於公眾。不管任何時間、地點，為了跨國企業本身的利益，他們必須站出來為跨國企業說話，糾正民眾對跨國企業不準確的概念與誤解。因為一般民眾不明白為什麼，也不明白跨國企業如何的影響他們。

第七節　公共關係在本國和地主國間搭建橋樑

　　國與國之間所以會造成組織制度、管理方法等那麼大的區別，可以歸類出四種溝通上的瓶頸 —— 文化、國格、環境與距離。

　　公關執行人員特別關注政府法令運作情形，國際公關人員也一樣，不但要散播資料，也要蒐集各方資料以供企業的決策參考。基於以上所說的瓶頸，國際公關人員在執行工作時倍加的困難。

　　由於跨國企業有各種不同國籍的企業公民，他們每天要面對各種由於國家政策、經濟與社會體系與價值觀所衍生的分歧。在這樣的情況下，公關的專家必須將營運所在地國家政府與民眾心態與措施向國內的管理人員，公眾與政府作詳盡的解釋。柏底溫對此有獨到的見解：

1. 審查研究尚未建立市場地區的環境與未來發展潛力，並且將此項消息徹底的向企業內部人士發佈。
2. 協助市場人員培育人才，使他們明瞭公關問題的重要性，以獲得同僚的支持。
3. 在市場人員和相關的政府官員、勞工領袖之間建立個人關係。

　　國際公關人員對企業的幫助不只在語言的翻譯，並且可以在價值觀。社會傳統習俗、態度、行爲與相互關係上協助、就如金恩（King En）所說的：

　　　　（跨國際）公關人員旣然從市場調查開始，他們當然會影響企業在國外的計劃……完善的公共關係，有利於好的開始，終必使美國企業未來在海外運作時省去許多麻煩。

第八節　　在地主國的公共關係

　　跨國企業在海外長期運作的成功，並不是要表現他逃避當地政府法令的能力；相反的，是要在政府的管理下，表現出有效運作的能力。

　　海外公關人員的任務是帶領一批特殊人士去面對不同的環境，使企業在一個特殊的陌生環境中能夠有效的運作。當企業遇到懷有惡意的情況時，公關執行人員必須尋求合法、雙方都能接受的方法。海外公關人員尤其要面對三種重要人士：政府、一般大衆與勞工。

　　一、公共關係與他國或地主國政府與跨國企業的重要關係。這種關係不可忽視，投資誘因、價格政策、勞資關係、市場因素、投資國所在地的商業環境，對政府政策、法令與行政管理都是非常重要的問題。

　　跨國企業的主要任務是使該企業與當地政府之間的矛盾減輕到最小程度，也就是使國民對該企業的感覺所帶來的不利影響減輕到最小程度，這要作到以下各點：

　　(一)對地主國的確實需要與敏感性有所回應。

　　(二)小心謹愼的避免介入地主國的內政。

　　(三)竭盡一切努力，使企業利益與地主國的利益相一致。

　　(四)不管何時，要遵循地主國的企業慣例，如果有改善計劃時，當

向當地具有權威機構提出諮商。

(五)賦予當地管理部門相當的自主權。

(六)僱用當地人士。

跨國企業使自己與當地之間的矛盾減輕到最小是當務之急，但此不表示企業不該對當地有影響力，或採取自衛的行動是不智的。跨國企業要影響當地政府，最有效的方法有二：即間接的方法是代表該企業說服當地選舉區民衆來影響政府；較直接的方法是僱用遊說人，或由跨國企業的高級主管或高階層人士直接溝通。譬如福特享利二世就曾經力圖影響英國政府重新制定有關勞工的立法。

當跨國企業面對非議，或地主國對該企業有不利的行動，如立法禁止、強制徵收、罷工、抵制等諸如此類的行爲時，企業應該採取必要的，緊急的自我防衛措施。在如此情況下，企業尤應公開地表明它對地主國經濟的貢獻，以及它們所投下的成本與風險，對當地民衆所帶來的福祉。公關執行人員不要以爲，企業運作和當地政府之間可以作完全的解釋，或藉着經濟手段獲得解決。解決緊張時刻最有效的方法是以經濟條件作爲政治、社會、文化變數的前導。採取必要措施必然比坐下來討論分析更爲有效。公關執行人員的建議是，要隨時注意各種非經濟變數，隨時準備行動，並就此認知通知管理人員。

二、公共關係必須適應企業經營所在地的社會文化價值觀。

美國人的公共關係原則上當然很值得向世界各地推廣，但在某些情況下，各個地區文化和社會因素的不同，使得美國人的公共關係原則並非屢試不爽。

其他值得注意的因素還有語言的不同，宗教、文化價值觀與心態的不同，社會結構卽等級與血緣關係等的不同，交通建設、敎育、技術、法律與政策等不同。有些國家，語言是有高度敏感性的話題；譬如在加

拿大的魁北克，法語是一種大衆商業工具，雖然說法語的人士在廣大的英語地區只是少數民族。

　　文化的主流 —— 宗教也是另一個特別敏感的話題，跨國企業必須極力避免對信仰、儀式或宗教法律的傷害。

　　美國人所認許的價值觀與心態，必然會讓許多文化異同地區人士大吃一驚。美國人的高效率、努力細心、守秩序、守時、節儉、誠實、有理性、應變能力、自信心、合作態度、愛惜光陰以及在某些不同事物的成就，對於某些西方國家或非西方世界國家人民而言，就有不同的價值觀。

　　三、跨國公司的受僱大衆:

　　與一般大衆打交道的原則，就是跨國公司的受僱大衆，當然也適用於跨國企業所僱用的外籍員工，也屬同樣的敏感問題。譬如，有關語言的問題就是其一，跨國企業在同一工廠裏可能有數種不同的語言。在此情況下，能採兩種以上語言的人還有另一項工作，就是要充當翻譯者。

　　現有幾個案例來說明美國跨國企業和他們的受僱人，因文化差異所衍生的問題; 跨國企業的公關人員若能瞭解地主國的文化背景，可以在一開業時就極力避免諸如此類的問題發生; 或者在它們發生後，把問題的不良後果減到最小，甚或避免一切不良後果。

　　(一)有一家美國公司的經理，試圖把公司野餐活動運用在西班牙的子公司。舉行野餐那一天，這位美國經理穿戴了厨師制服，開始爲他的西班牙僱員服務。因爲這位美國經理並沒有先創造出歡樂的氣氛，以致於這羣西班牙籍員工相當的困擾。因爲他們還沒有與這位美國老闆混得夠熟，大家只好尷尬的擠在一起，每當這位美國老闆向餐桌走過來，人家一同起立。

　　(二)美國跨國企業的執行人員，和希臘的官員之間的溝通似乎是一

件相當不容易的事；希臘人對美國人似乎懷着戒心，而美國人一向坦白、率直，在希臘人心目中，美國人很優越、很負責任。而且，美國人開會一向盡量縮短開會時間，先決定大原則，稍後再研討細節問題；希臘人則認為這種方式簡直是匪夷所思，因為他們認為用越長的時間來討論細節越好，所以他們之間的協調很難獲得一致的結果。

(三)美國人在南太平洋某地進行一項計劃，他們並不知道他們僱用工作人員的慣例違反了當地部落風俗與社會地位體系，這項錯誤激起島上所有居民的公憤。因為美國人不認為他們犯了錯誤，也不願意加以修正，島上各派領袖集會商討，研究出可行的工作分配計劃之後，全體人員一齊前往這位美國老闆的公館，遞交這份分配計劃書，因為當時正值深夜三點鐘，這位美國老闆不懂當地語言，對當地文化與社會環境亦一無所知，以為自己遭受暴民攻擊，於是向美國海軍陸戰隊駐防部隊求救前來鎮壓。

有許多對跨國企業作深入調查的學者認為，雖然跨國企業面對各種緊張情緒與經營上的困難，他們對世界有正面的效果：

1.跨國企業的延伸可以增進國際交往、縮短各民族之間的距離、減低彼此的陌生與懷疑。由於多種文化的交流，可以建立互相信任與瞭解；跨國企業是促進世界新秩序的最有效率組織。

2.布羅京學院的研究報告指出，美國的跨國企業對於全人類福祉，與美國國家利益都有很大貢獻。

3.公共關係扮演跨國企業商業運作的重要角色，它促進美國人民與他國人民的相互瞭解，有助於跨國企業的管理。

第三十二章　公共關係的未來展望

在面臨九〇年代的開始，邁入第廿一世紀之際，公共關係可預料將是最活潑及最蓬勃發展的時期。

國內自從政府解嚴之後，政治的改革及社會型態的轉變，刺激公共關係的行業高速成長。一般企業已體認公共關係的重要，除了公司體制內成立公共關係部門外，或委託外界公關顧問公司代理公共關係的業務，使整個公關市場如旭日東昇一般，前途光明燦爛。

第一節　公共關係專業公司前途似錦

公共關係的理念已在美國生根，但在臺灣卻剛剛起步，目前仍有不少國人認為公共關係公司是靠講人情、拉關係做事，其實公共關係是一種專業性的藝術工作。

在全世界咖啡奶品市場中，有很高佔有率的雀巢奶粉公司，自從七年前起，開始向非洲未開發國家，大量傾銷嬰兒奶粉，由於沒有教育使用的消費者，被聯合國的世界衛生組織視為有違組織規定，要求雀巢公司加以改善。

雀巢公司先以不合作的態度應付，導致世界衛生組織出動全體義工，在美國發起抵制雀巢公司產品的行動。雀巢奶粉在美國的市場很

小，但另一項重要的產品雀巢咖啡，卻有很龐大的銷售網，受這事件的影響，雀巢公司的咖啡銷售量，一下子掉了五十個百分點。

直到雀巢公司發現事態嚴重，才動用公共關係公司出面處理來自各方面的壓力，並接受聯合國世界衞生組織的要求，重新建立雀巢公司在美國的各種關係管道。兩年前開始銷售雀巢公司的咖啡，在美國的銷售量才逐漸回升。

美國克萊斯勒(Chrysler)汽車公司的總裁李‧艾柯卡 (Lee Iacocca)，前些時日出版了一本自傳式的書《反敗爲勝》，在美國的銷售狀況非常良好，自推出以來，高居紐約時報書評，非文學類書籍排行榜榜首達數月之久。

由於這本書的成功，不僅使李‧艾柯卡的個人形象建立得極爲完美，對克萊斯勒公司來說，知名度和營業額都提高不止一倍以上。

此書整個的構想、策劃及推出，全是由克萊斯勒公司所委託的公共關係公司一手導演出來的，可以算是美國近年來最成功的公共關係案例之一。

一九八八年年底，柯達公司在知悉立即顯像照相機，侵犯了拍立得相機的專利權之後，當機立斷地做成全面回收已出售相機的決定，並與公共關係公司研究擬訂出完整的回收方式，包括雇用電話公司代爲接聽消費者電話，建立經銷商的認知，以多種管道向消費者保證其權益不致受損等。

在這樣完整的一套回收方式的運作下，不僅不會影響柯達公司的形象，甚至在某些方面來說，還可以強化柯達公司勇於負責、處事明快的形象。

從以上幾個案例，可以看得出來，當企業發展到某一程度時，自然需要靠廣告來宣傳企業的營業項目，而當廣告效果無法達成時，就需要

靠公共關係的功能了。

公共關係的理念，這些年來自然已在美國生根，舉凡規模稍大的公司，都會把公共關係的相關工作，委託給專業的公共關係公司負責，每年有關的公共關係計劃，已納入公司企業決策單位的處理範圍。

由於美國在工商業的高度發展，使公共關係的重要性在企業中已穩如泰山，連日本公司要登陸美國時，也入境問俗的正式把公共關係工作委託專業公關公司負責。

美國現行的大型企業，有很多已因跨國經營的型態，成為國際性的大公司，這種在各個不同國家播種的情形，自然把公共關係的理念，逐一帶入每一個分公司中。

公共關係的理念就在這種情況下，開始在我國的企業界發展。經濟的進步，造成經濟型態的逐步改變，使分工越來越精細，越來越注重專業，加上外商在國內設廠投資的情形越來越多，自然而然，西方的經營方式、管理原則，都漸漸影響到國內企業的發展方向。

公共關係的概念因而帶進國內的企業界，公共關係公司也在一片混沌中慢慢理出一片小小的天空。所謂公共關係公司，就是將公共關係的溝通事項，委託由專業的公共關係公司來負責，就像把廣告委託給廣告公司負責一樣。我國的第一家公共關係公司，成立於民國五十七年，但是當時的經濟社會，連廣告都還處於新生嬰兒時期，業務拓展有限。

到了民國六十三年，聯廣公司以其關係企業方式，成立真正從事公共關係的「聯太國際公司」。不過，無可避免的，仍經過一段很漫長的盲目摸索階段，才逐漸步上正軌。前兩年，美國博亞公關公司正式在臺灣設立總代理──博強公關公司，更進一步使公共關係在國內的企業界內紮根。雖然國內的公共關係概念還在萌芽階段，但是已有不少例子，足以證明公共關係的系統處理方式，可以發揮其功用。

關係的新方向。

五、公關在環保、公害、危機問題之處理逐漸扮演重要角色

我國政府解嚴後兩年來政治改革及社會型態轉變，更由於環保意識擡頭，公害問題等層出不窮，允許員工可在公司內成立工會，勞資糾紛的發生，促使企業界重視「危機處理」，使企業考慮並刺激公共關係的高速成長，建立溝通管道、重視員工意見的表達，若干企業多採取明確誠懇的處理方式，學會危機事件的處理原則，化解企業危機，正是公關教育修正企業處理態度。逐漸由危機處理的經驗，使企業界一改昔日老大的作風，開始重視社區居民的關係，儘量以溝通取代漠視、以行動展現誠意，爭取廣大民意支持，以利企業的穩定成長和促進社會和諧，共同為安定社會促進經濟發展而努力。

六、公關活動逐漸走向國際化、專業化的趨勢

由於社會環境的變化，許多人開始不滿現狀；人人希望好，還要更好的願望，造成第二次創業熱潮的來臨，中小企業往國外延伸，到國外創造第二春，趨向國際化、跨國企業的發展。而大企業則多角化發展，由製造業而服務業，乃至金融、資訊、自動化、工商服務、環保等，發展了許多新的企業發展空間，形成蓬勃朝氣。而企業界相繼委聘公關公司進行公關業務，公關專業是服務業中的服務業，現我國外商或本國專業的公關公司逐漸已如雨後春筍般相繼設立，更可擴大公關活動，將逐漸走向國際化專業化的趨勢和方向。

以上種種已反映了我國公關發展過程中最具前瞻的一個階段。在此階段中，從政治層面言：我國政治愈民主，可容許公共關係奔馳的空間愈形寬廣；就經濟層面言：我國經濟活力在未來年代裏仍將持續活躍；

地各界的強烈反彈，深恐會造成環境與生態的污染破壞。

彰化沿海工業區附近的父老，聯合起來擬定了萬人簽名的抗議陳情書，要求政府出面處理。

杜邦公司原來是滿腔熱誠來臺設廠，碰到如此事件，自然只好委託公共關係公司來解決這個問題。杜邦公司的防治污染一向是全世界同業間數一數二的嚴謹，因此，公共關係公司就需要藉助各種方式，來使政府與民間，眞正了解杜邦公司的立場與作法。

公共關係公司接受委託後，曾派員到彰化駐地兩個星期，深入了解民情及輿論的關鍵性人物，並蒐集當地人士所能接受的證明及事實，加以規劃整理。此外，並把政府單位所能接受的各種事實，一一向各單位闡明。

衛生署環保局及經濟部國貿局，因而分別出面說明杜邦公司的優良歷史與傳統，來減輕當地父老的疑慮，這個彼此僵持的局面，開始出現了轉機，但結果杜邦公司暫時放棄在臺投資二氧化鈦工廠的計劃。

除了這些公共關係公司統籌處理的事件之外，還有許多現象可以看出公共關係的理念，已逐漸在國內生根。例如：電視機價格太高，廠商獲得暴利的消息，一九八九年初是報上的熱門的話題，美國艾德蒙電視機利用時機，召開記者招待會宣佈降價，成為各報報導的焦點。這次加值型營業稅，艾德蒙電視機又如法炮製一番，收效也不錯。

又例如；香港地區曾經發現幫寶適紙尿褲中有一隻蟲，美國康得六百感冒藥遭人下毒，美國嘉寶嬰兒食品發現碎玻璃等事件，國內代理商均以企業形象廣告、發表聲明、召開記者會等公共關係的方式來表明立場。

一般來說，公共關係所能用到的正常管道，可以包括很廣的範圍，如新聞界、同業之間、股東會議、政治力量、民間團體、工會、經銷

商及社會大衆，而社會大衆部分，除了溝通解說外，還需要對大衆的反應有預估及判斷。

國內外商博強公司的負責人指出，對中國人來說，公共關係公司想要眞正蓬勃發展，還有一段不算短的時間，事情發生後只想到認識誰而去找誰解決問題，很少想到有系統地解決困難，以致目前知道利用專業公關的只限於外商公司。他表示，企業本身有公共關係的部門，也是公共關係作業的一種方式，但是獨立的公關公司，可以與企業本身站在平等的立場討論問題，也可以有自己的立場，有時反而比較有利。

國內外商聯太公司負責人亦表示，國內公共關係發展眞正的困難，部分在於人才培養不易，需要懂得宣傳、心理、經濟、法律、語文等各種專才，對客戶的各行各業還要有通才。現在從事公關的人很多，但是有正確做法的人卻不夠，眞正的良好溝通，應該是一種重要的專業。

其實，雖然目前擅用公共關係來宣傳的多爲外商公司，國內的大型企業也還是有機會用到這樣的策略，只是運用的不夠完美，還需要經驗的累積。

前些時日味全食品嬰兒奶粉的配方比例不當，味全公司決定予以全面回收，並大量刊登企業形象廣告，以重新在消費者心目中建立形象，這樣的作法，是大企業有魄力的行動。黑松飲料公司在黃樟素事件發生之後，終於在消費者團體的強力要求下，非常有魄力地全面回收市面上的黑松沙士，並迅速推出新配方來挽回市場，實在令人刮目相看。

臺塑企業也是一個擅用公共關係的公司。曾有一度報章雜誌發表報導，各大專院校文法商理工各科學生，畢業後最嚮往的就業機構就是臺塑企業，這完全是利用公共關係的方式所造成的形象，至於王永慶本人也被塑造成爲傳奇性的神話人物，可見得對公關理念運用得非常深入。

企業界與公關公司合作的方式，大致可分爲兩種，長期簽約的部分

是規劃一整年的公關計劃，按月收取服務費，對簽約公司有義務提出諮詢的結果。但是需要特別處理或設計的案子，還要另外報價，餐飲費及印刷費等應照實價收費。

短期簽約的公司，多依特殊活動需要辦理，多半以人力投資總時數來充當服務費計算，場地餐飲等另外收費。

換言之，花費的金額可大可小，全視企業所預期的公關效果有多大而定。長久以來，國內企業界所仰賴廣告的情形極為普遍，但是廣告效果達不到的地方，公共關係還是一個不可缺少的環節。

毫無疑問地，公共關係是未來企業界最值得投注心力的項目，但是美好的遠景究竟有多遠，要靠企業界的自覺、公共關係部門的努力、國內經濟大環境的改善等諸多變數，到底能如何而改變。總之，公共關係專業公司的遠景將越來越好。

第二節　公共關係未來的新展望

公共關係隨着民主政治及自由經濟的發展，由理論的闡述到實務的推動，已有百餘年的歷史。但公共關係的發展趨勢絕不因襲固定的模式，而是與時代的演變相對應，不斷地推陳出新和繼往開來。

因應目前時代的現實需要，政治方面乃在民主浪潮的衝擊之下求穩定，政府如何能滿足人民的需求，才能夠鞏固政權，安定社會秩序。在經濟方面乃指在激烈競爭中，工商企業如何能屹立不搖，再度發展。放眼天下，多少政府由於應付不了澎湃的民意而怨聲載道，多少政黨或政壇領袖由於爭取不到選票而黯然下臺，不少企業由於得不到社會消費群眾的支持而沒落、停滯。社會主義根深蒂固的波蘭、匈牙利、東德、羅馬尼亞等共產政權的垮臺或解體；英國的保守黨、日本的自民黨，長久

以來把持政權，意氣風發，不可一世，如今卻連連挫敗，甚至政權崩潰。詳細分析雖有種種不同的原因，其中公共關係的不彰和失敗，無疑是其重要因素之一。因此，公共關係的發展與未來趨勢，將是政府施政成敗及企業榮枯的重要關鍵。

一、企業形象的加強

企業形象的範圍包括產品的形象、服務的形象和組織的形象等。故企業公共關係的範圍，不僅限於生產者和消費者之間，或廠商與購買者之間的關係，更包括了企業組織和整個社會之間的關係，所以企業公共關係的使命，一方面是經濟性的，而另一方面是社會性的，它不只包括產品的交易過程，而且是社會進步的推動者。

目前我國社會正處在一個轉型期的時刻，解嚴之後，我們的社會迅速開放，邁向民主化的時代；加上資訊的發達，使企業界之間的訊息四通八達，加速彼此間的競爭。再則消費意識的抬頭，對於各種產品及售後服務，消費者經常激烈地表達不滿的意見。倘若企業界不提高警覺，注意產品的品質及加強各項服務，一定難以立足，尤其更應加強企業的形象，強化對顧客的公共關係。

公共關係的長遠發展，應確立良好的企業形象，使企業對外的公共關係能穩健而踏實地推廣。使企業界除能追求合理的利潤之外，建立良好的企業文化，對社會盡責任，爲全民謀福利，造福社會，回饋大眾。

二、重視公共關係專業教育

由於目前國內公共關係正迅速發展，公共關係公司發展蔚爲潮流，然而各大企業需求公關人才益爲殷切，常有供不應求之感，故積極培育公關專業人才，發展公共關係之專業教育實爲目前當務之急。

　　然而目前公共關係的專業教育仍處於逐漸成形的時期，許多從業人員的出身仍來自傳播界，而部份則從由不同的背景，未必完全具備正式的公關訓練，因此公關教育也有兩種不同的對象，一是針對現有的從業人員或主管階層加以專業訓練或補充教育。另外就是從基層做起，由學校開始，對主修公共關係或有志從事公共關係的學生施以專業教育，以期畢業後成為專門的公關人才。

　　關於公關教育的內容，歷年來亦有不同的觀點，一個是重視公關的理論中心，特別是着重於行為的研究、人際關係的形成、相互影響及溝通；另一種主張是側重傳播的技術，執行公關工作的實務；也有認為理論與實務可以相輔相成，即是實務需以理論為基礎，理論應以能實驗認證才有意義。總之，為培養公關的專業人才，以應企業及各機關需求，今後的趨勢更應重視公關的專業教育。

三、增強公共關係的社會功能

　　公共關係專業人員的主要任務在於瞭解社會羣眾集合體的需求，並調整機構的作業，以符合並滿足社會的需要，以克盡各機構的社會功能。

　　社會是個有機體，它內部的羣體相互依賴，互相合作，各有一定的功能，是社會生存相互依存的器官，其中任何部份如果不能盡其功能，也就不能滿足羣體需要，這一個器官必逐漸萎縮而消失。機構能否生存在社會中，不是機構本身所能決定，而是要看社會對該機構是否有需要，以及該機構能否滿足其需要。

　　公關人員應從三種方向來促進社會功能：

（一）、公共關係人員應強調支持羣眾，因而促使各機構改善其自己的行為。

（二）、公共關係能從羣衆的觀點，指出羣衆的利益所在。

（三）、公共關係人員運用其傳播才能，對社會各階層各地區報導，
　　　　以正確消息代替誤會，以事實眞相代替曲解。

有許多建設性的貢獻，都應歸功於公共關係，這種貢獻都分門別類地守在各行各業的功勞簿上，實際上都是公共關係的成績。對企業界爲投資者提供盈餘。爲勞工提供工作機會、爲消費者提供價廉物美的貨品；對教育界爲學校籌募百萬千萬基金、獎學金、研究費；對慈善事業、醫療衞生、文化機構的貢獻更是不勝枚舉；此外更有爲消除種族及宗教歧視而努力，爲全世界人類增進瞭解而奮鬪。合乎道德的、有效的公共關係就是它的特性，卽爭取人類瞭解、維持社會和諧的功能。

四、多元化發展的公關型態

目前是轉型期的社會，任何商業者都不得不脫離埋頭苦幹的時代，而注重與大衆進行良好溝通的公關時代。除各公司內部紛紛設立專責的公關部門之外，專業的公關公司，正成爲市場上大爲看好的行業。

雖然自民國五十七年起，國內已開設了第一家公關公司，但整個公關市場的成熟，卻是最近幾年才達成的，在社會趨勢的互動之下，如臺塑、杜邦等大企業，都格外地重視公共關係的運作。而公共關係的型態，也呈現了多元化的發展。

但是，儘管公關市場似乎一片美景，卻呈現一種傾向混亂的局面，不只少數國內公關公司各有看法之外，國際性外商公司，也試圖介入國內市場，搶得一席之地。

以收費方式言，便缺乏客觀的衡量標準，若採簽約付費，則多看客戶對公關公司的信賴度與交情而彈性議價。若以時間計算，也很難確定公關究竟花去了多少時間。但是一般來說，企業在公關方面投入的資

金，還是不及他們每年在廣告預算上的潤綽花費。

　　曾有業者預測，在社會趨勢要求下，近期內，公關公司將發展極速，在這種高度樂觀的預測下，可以發覺公關市場正開始加速發展。但除了越來越多的公關公司成立外，應期待能建立整體的公關理念及有系統的公關功能，才能使公關公司發揮其無比的功效。

第三節　我國公共關係的新方向

　　一九九〇年代開始將是公共關係發展深遠的年代，公共關係隨着民主政治及自由經濟的發展，由理論的闡述到實務的推動，已有百年的歷史。在我國啓蒙亦有半個世紀。在三十年前，當時私人企業尚未發達，所以推動公共關係的主要力量，是具有規模的國營事業機構，如臺糖公司、電信局、郵政局、電力公司及石油公司等單位。當時公關活動的內容，尚不如今日之完備，技術亦不如今日進步，然而公關的活動已經大大地提昇了這些國營事業的知名度，而有利其經營與擴展。

　　時至今日，情勢丕變，隨着我國經濟的飛速進步，公關的需要亦與日俱增，不但國營事業需要公關活動，民間企業更重視公關活動；而且不但事業需要公關，以利其產品進入市場；政府亦需要公關，以利其與民間之溝通及政策之順利推行。過去三十多年來，我國致力於發展公共關係的人士，在默默耕耘三十年之後，終於苦盡甘來，看到公關黃金時代之來臨。

　　九〇年代將是多變的、多樣的。舊倫理、舊秩序的解體，固然帶來了失序混亂的危機；但新倫理、新秩序的重建，卻也造就了更多可以表現的機會。在新舊交替、已然與或然尚在拉拔之際，專業公關人員的良知良能，將是決定未來歷史方向的關鍵所繫。我國由於現實需要，在社

會多變的開放中，政治民主浪潮衝擊，發揮相互溝通。促進社會和諧安定和經濟更求發展， 在在促使在此新的年代公共關係將趨向於新 的 方向。

一、國內開放社會公關的研究發展愈趨重要

當前我國在國家處境艱困、社會開放多變、政治型態走向自由化、民主化、國際化的體制等各種衝擊，以及外界環境的多變，公共關係理論模式雖逐漸形成，但已無一個機構可以「以不變應萬變」。如核能一、二、三廠進行順利，經驗極爲豐富之後，再建四廠卻遭遇很大阻力，其他工業建廠、環保、公害等問題如何有效處理，賴公共關係的溝通、協調、合作等基礎上，亦不能不斷的研究與發展，其理論、方法、運作，不得不隨時隨地對不同的對象有效調整、靈活運用。今後公共關係的研究與發展，必將愈來愈重要。

二、尊重人權及社會責任的觀念日漸重要

現代先進國家中， 政府或者大企業， 除對一般人提供正常的服務外，更已將目光注意到，例如美加等國的黑人、印第安人、亞裔等、貧困者、失業者、被歧視者等少數人口；在絕大多數政治資源爲白人掌握下，這些少數人口過去無地位，現在不能不照顧其利益和福祉。其他殘障、老人、兒童等在絕大多數經濟資源爲年富力強者掌握下，過去其利益無人注意，但現在則普遍受到照顧，權益受到特別保障。我國現在也同樣必須對這些類似人口予以適當安撫、保障，否則將影響整個社會的安寧。因此自然而然的獲得大多數人的同情與支持。一個政府如不重視這些人的權益和企業社會責任，其政權就會受到嚴重的挑戰。這也可體會到人權的尊重和企業的回饋，正是今日政府或企業開拓公共關係的政

策方向。

三、建立公關活動是一種投資的觀念更趨重視

現代企業主應建立一種觀念，即進行公關活動是一種投資，和製造業必須購買生產設備，貿易業必須開發新客戶是同樣重要。做好公共關係將會吸引更多消費者眼光、擴大市場、爭取更多消費者的信賴與支持，並提昇企業員工士氣等。如你的企業規模不容許成立公關部門，但又迫切需要替企業設計、進行公關整體策劃，專業公關公司是值得考慮的合作對象。公關工作是長期性的投資，拓展公關業務之際，灌輸客戶公關的理念，使公關成爲企業的事業夥伴，是公關公司一致追求的目標，且使公關可發揮最大功能。

四、建立信譽、塑造良好企業形象必須提昇更高境界

過去工商製造業者產品做好，價廉物美；服務業者在其業務範圍內滿足顧客要求，合於水準即獲得利潤。但時至今日，價廉物美、服務週到，是起碼必備條件；更要建立信譽、注重社會道德責任、要維繫企業良好的形象。而國家政府也更要塑造其良好形象，擴大服務，提高其公信力。

企業形象是理念與精神文化合一的具體表徵，只有在全體員工認可接納共同的理念與文化，企業良好形象才能建立，一旦良好形象建立，員工士氣必然高昂。只有品牌形象佳的產品，才能獲得肯定與歡迎，良好企業形象即成爲競爭利器。企業形象的無形表現存在於理念文化、商譽、服務、環境氣氛及人員氣質等，內部逐漸形成的活動指標，自會隨着企業發展與環境的變遷而調整。有良好企業形象的企業，必能回饋社會。凡企業能受到肯定、顧客滿意、同仁樂意、經營得意，也正是公共

關係的新方向。

五、公關在環保、公害、危機問題之處理逐漸扮演重要角色

我國政府解嚴後兩年來政治改革及社會型態轉變，更由於環保意識擡頭，公害問題等層出不窮，允許員工可在公司內成立工會，勞資糾紛的發生，促使企業界重視「危機處理」，使企業考慮並刺激公共關係的高速成長，建立溝通管道、重視員工意見的表達，若干企業多採取明確誠懇的處理方式，學會危機事件的處理原則，化解企業危機，正是公關教育修正企業處理態度。逐漸由危機處理的經驗，使企業界一改昔日老大的作風，開始重視社區居民的關係，儘量以溝通取代漠視、以行動展現誠意，爭取廣大民意支持，以利企業的穩定成長和促進社會和諧，共同為安定社會促進經濟發展而努力。

六、公關活動逐漸走向國際化、專業化的趨勢

由於社會環境的變化，許多人開始不滿現狀；人人希望好，還要更好的願望，造成第二次創業熱潮的來臨，中小企業往國外延伸，到國外創造第二春，趨向國際化、跨國企業的發展。而大企業則多角化發展，由製造業而服務業，乃至金融、資訊、自動化、工商服務、環保等，發展了許多新的企業發展空間，形成蓬勃朝氣。而企業界相繼委聘公關公司進行公關業務，公關專業是服務業中的服務業，現我國外商或本國專業的公關公司逐漸已如雨後春筍般相繼設立，更可擴大公關活動，將逐漸走向國際化專業化的趨勢和方向。

以上種種已反映了我國公關發展過程中最具前瞻的一個階段。在此階段中，從政治層面言：我國政治愈民主，可容許公共關係奔馳的空間愈形寬廣；就經濟層面言：我國經濟活力在未來年代裏仍將持續活躍；

就企業體制言：家族式管理及中小企業將逐漸被淘汰，而公共關係對企業正面的功能漸被重視，公關與企業間，必將融合爲一。期待此時公關熱潮正當旺盛之際，公關專業者盼能秉持其專業涵養與熱忱，共同邁進更好的明天，以發揮公關功能，促進社會和諧和經濟發展。

主 要 參 考 書 目

一、中文部分

梁在平、崔寶瑛合譯:《公共關係的理論與實務》,中國公共關係協會,民國四
　　　　　　十三年。

張在山著:《公共關係學》世界書局,民國六十七年。

王德馨著:《現代工商管理》‧〈企業組織與管理〉,三民書局,民國七十七年
　　　　　增訂版。

俞成業著:《溝通與公關》,電信訓練所,民國七十八年。

崔寶瑛、張在山、鍾榮凱合譯:《實用公共關係學》,世界書局,民國七十五年
　　　　　　初版。

王洪鈞著:《公共關係》,中華出版社,民國七十年。

徐佳士著:《大衆傳播理論》,臺北市記者公會,民國五十五年。

楊乃藩著:《公共關係》,允晨新聞傳播公司叢書,民國七十三年。

李瞻著:〈中央政府的公共關係〉,《報學》二卷一期,臺北市編輯人協會。

崔寶瑛著:《公共關係概論》,臺北市新聞記者公會,民國五十五年。

祝振華著:《公共關係學》,黎明文化公司,民國六十五年。

彭富雄著:《公共關係管理功能論》,三民書局,民國七十三年。

施寄青譯:《公關手冊》,遠流出版公司,民國七十六年。

鄭瑞城著:《組織傳播》,三民書局,民國七十二年。

盛元清譯:《公共關係》,徐氏基金會,民國六十七年。

汪琪著:《文化傳播》,政大新聞研究所,民國七十年。

臧國仁等人編著:《公共關係概論及公關活動實例》,中華企管中心,公關理論
　　　　　　　與實務研討班講義資料,民國七十八年。

彭芸編著:《公關活動程序規劃與企業危機處理》,中華企管中心,公關理論與
　　　　　實務研討班資料,民國七十八年。

袁希光等編著: 《 中國公共關係協會特刊 》， 中國公共關係協會， 民國七十八
　　　　　　年。

蘇伯顯著: 《領導與組織》，國家出版社，民國六十一年。

徐木蘭著: 《行爲科學與管理》，三民書局，民國七十二年。

吳靜吉著: 《組織中的人際關係》，遠流出版社，民國七十一年。

李長貴著: 《組織社會心理學》，中華書局，民國六十四年。

李茂政著: 《傳播學》，時報文化出版公司，民國七十年。

徐立德著: 《人群關係與管理》，中華企管中心，民國六十三年。

許士軍著: 《管理學》，東華書局，民國七十年。

李啓芳譯: 《有效的溝通技巧》，中華企管中心，民國七十四年。

傅秀珠著: 《組織溝通之個案實證研究》，交大管理科學研究所碩士論文，民國
　　　　　　七十二年。

兪成業著: 《溝通基礎》·＜員工心理＞，電信訓練所，民國七十七年。

兪成業著: 《組織中員工溝通滿意度之個案實證研究》，交大管理科學研究所碩
　　　　　　士論文，民國七十一年。

北區電信管理局編著: 《行銷成果發表會特刊》，北區電信管理局，民國七十八
　　　　　　年。

王志剛編譯: 《行銷學原理》，華泰書局，民國七十一年。

兪成業著: 《溝通與管理》，論壇出版社，民國七十四年。

王德馨、江顯新著: 《市場學》，三民書局，民國七十六年增訂版。

王德馨著: 《廣告學》，三民書局，民國七十六年增訂版。

二、英文部分

Graig E. Aronoff, Otis W. Baskin, *Public Relations-The Profession And The Practice.* West Publishing Company, St. Paul, U.S. 1988.

Theodore R. Sills & Philip Lerly, *Public Relations And Procedures* New York, 1973.

Scott M. Cutlip, *Effective Public Relations.* Allen Center, U.S. 1975.

Dessler. Gary, *Applied Human Relations.* Reston Publishing, Weston Virginia, 1983.

William H, Knowlex, *A Human Relations Approach.* L.A. 1978.

Duke, Gordon L, *An Empirical Investigation of the Power of statistical Sampling Procedures.* University of Georgia, U.S. 1980.

Austin Walter, Clement Steven L., *Management Perspectives: A Book of Readings.* Ginn Custom Publishing, Massachusetts, 1982.

Albanese, Robert and Van Fleet, David D., *Organizational Behavior.* The Dryden Press, New York, 1983.

Papageorgion John C., *Management Science and Environmental Problems.* Charles C. Thomas, Spring-Field, Illinois, 1980.

William Agee, *The Role of Public Relations.* Public Relations Journal, September, 1978.

Arlene Hershman, *Public Relations Goes Public.* Dun's Review, September, 1977.

Joyee F. Jones, *Audit: A New Total For Public Relations.* Public Relations Review, Summer, 1979.

David L. Lendt, *The Publicity Process.* The Iowa State University Press, 2nd ed. 1975.

John E. Marston, *Modern Public Relation.* McGraw-Hill Inc. 1979.

Alan D. Monroe, *Public Opion In American.* New York, Dodd Mead. 1975.

Anita H. Thies, *Practicing Public Relation by Objectives.* Case Currents, January, 1978.

Richard Winter, *Professional Guide to Publicity.* New York, Weiner, 1978.

Rene D. Zentner, *Measuring the Effectiveness of Corporate Advertising.* Public Relations Journal, November, 1978.

D.K. Wright, *Social Responsibility in Public Relations: A Multi-Step Theory.* Public Relations Review, Fall 1976.

Barth, Peter S. Hunt, H. Allen, *Worker Compensation and Worked-Related Illnessed and Diseases.* The MIT Press, Cambridge, Massachusetts, 1982.

Raiffa, Howard, *The Art & Science of Negotiation.* Harvard University Press, Cambridge, Massachusetts, 1983.

Stephnou, Stephen E., *The Systems Approach to Social Problems.* Darriel Spencer Publishers, Malibu, California, 1982.

三民大專用書書目——國父遺教

書名	著者	學校
三民主義	孫文著	
三民主義要論	周世輔編著	政治大學
大專聯考三民主義複習指要	涂子麟著	中山大學
建國方略建國大綱	孫文著	
民權初步	孫文著	
國父思想	涂子麟著	中山大學
國父思想	周世輔著	政治大學
國父思想新論	周世輔著	政治大學
國父思想要義	周世輔著	政治大學
國父思想綱要	周世輔著	政治大學
中山思想新詮——總論與民族主義	周世輔、周陽山著	政治大學
中山思想新詮——民權主義與中華民國憲法	周世輔、周陽山著	政治大學
國父思想概要	張鐵君著	
國父遺教概要	張鐵君著	
國父遺教表解	尹讓轍著	
三民主義要義	涂子麟著	中山大學
三民主義要義	柯芳枝著	臺灣大學
國父思想	周世輔、周陽山著	政治大學

三民大專用書書目 —— 法律

公司法要義	柯芳枝著	臺灣大學
民法繼承論	羅鼎著	
民法繼承新論	陳棋炎、黃宗樂、郭振恭著	臺灣大學
商事法新論	王立中著	中興大學
商事法		
商事法論（緒論、商業登記法、公司法、票據法）（修訂版）	張國鍵著	臺灣大學
商事法論（保險法）	張國鍵著	臺灣大學
商事法要論	梁宇賢著	中興大學
商事法概要	張國鍵著、梁宇賢修訂	臺灣大學
商事法概要（修訂版）	蔡蔭恩著、梁宇賢修訂	中興大學
商事法要義	劉渝生著	東海大學
商事法	潘維大、羅美隆、范建得合著	東吳大學
公司法	鄭玉波著	臺灣大學
公司法論（增訂版）	柯芳枝著	臺灣大學
公司法論	梁宇賢著	中興大學
公司法要義	柯芳枝著	臺灣大學
票據法	鄭玉波著	臺灣大學
海商法	鄭玉波著	臺灣大學
海商法論	梁宇賢著	中興大學
保險法論（增訂版）	鄭玉波著	臺灣大學
保險法規（增訂版）	陳俊郎著	成功大學
合作社法論	李錫勛著	政治大學
民事訴訟法概要	莊柏林著	律師
民事訴訟法釋義	石志泉原著、楊建華修訂	文化大學
民事訴訟法論（上）（下）	陳計男著	司法院大法官
破產法	陳榮宗著	臺灣大學
破產法論	陳計男著	司法院大法官
刑法總整理	曾榮振著	律師
刑法總論	蔡墩銘著	臺灣大學
刑法各論	蔡墩銘著	臺灣大學
刑法特論（上）（下）	林山田著	臺灣大學
刑法概要	周冶平著	臺灣大學
刑法概要	蔡墩銘著	臺灣大學
刑法之理論與實際	陶龍生著	律師
刑事政策	張甘妹著	臺灣大學
刑事訴訟法論	黃東熊著	中興大學
刑事訴訟法論	胡開誠著	監察委員

最新六法全書　　　　　　　　陶 百 川 編　　　國 策 顧 問
基本六法
憲法、民法、刑法（最新增修版）　　　黃　　異 著　　　海 洋 大 學
行政法總論

三民大專用書書目——政治·外交

三民大專用書書目——行政・管理

企業概論	陳定國	著	臺灣大學
管理新論	謝長宏	著	交通大學
管理概論	郭崑謨	著	中興大學
管理個案分析（增訂新版）	郭崑謨	著	中興大學
企業組織與管理	郭崑謨	著	中興大學
企業組織與管理（工商管理）	盧宗漢	著	中興大學
企業管理概要	張振宇	著	中興大學
現代企業管理	龔平邦	著	逢甲大學
現代管理學	龔平邦	著	逢甲大學
管理學	龔平邦	著	逢甲大學
文檔管理	張翊	著	郵政研究所
事務管理手冊	行政院新聞局	編	
現代生產管理學	劉一忠	著	舊金山州立大學
生產管理	劉漢容	著	成功大學
管理心理學	湯淑貞	著	成功大學
品質管制（合）	柯阿銀	譯	中興大學
品質管理	戴久永	著	交通大學
品質管制	徐世輝	著	臺灣工業技術學院
品質管理	鄭春生	著	元智工學院
生產與作業管理	潘俊明	著	臺灣工業技術學院
可靠度導論	戴久永	著	交通大學
人事管理（修訂版）	傅肅良	著	中興大學
人力資源策略管理	何永福、楊國安	著	政治大學
作業研究	林照雄	著	輔仁大學
作業研究	楊超然	著	臺灣大學
作業研究	劉一忠	著	舊金山州立大學
作業研究	廖慶榮	著	台灣技術學院
作業研究題解	廖慶榮	著	台灣技術學院
數量方法	葉桂珍	著	成功大學
系統分析	陳進	著	聖瑪利大學
秘書實務	黃正興	編著	實踐學院
市場調查	方世榮	著	雲林技術學院